Niepel • Welpenspielstunde

Gabriele Niepel

Welpenspielstunde

Hunde richtig prägen im ersten halben Jahr

Müller Rüschlikon

Einbandgestaltung: Nicole Lechner

Titelbilder: Dr. Gabriele Niepel

Bildnachweis: Dr. Gabriele Niepel

Aufgrund der besseren Lesbarkeit wurden personale Begriffe in diesem Buch nur in ihrer männlichen Form benutzt. Dies soll keinesfalls heißen, dass es sich primär an Männer richten würde. Tatsache ist, dass vor allem Frauen in die Welpenspielstunden kommen und dass hauptsächlich Frauen Welpenspielgruppen anbieten.
Die in diesem Buch zu findenden Informationsblätter dienen als Anregung. Ihre Verwendung im Rahmen eigener Welpenspielstunden ist nur unter Angabe des Copyrights zulässig.

ISBN 3-275-01372-6

3. Auflage 2005

Lektor: Rosemarie Wild
Druck und Bindung: Fortuna Print Export, Bratislava
Printed in Slovakia

Inhalt

Vorwort

Dieses Buch wurde aus der Praxis für die Praxis geschrieben. Erwarten Sie daher bitte weder einen streng wissenschaftlichen Wortgebrauch noch eine theoretische Abhandlung über die Entwicklung und Erziehung eines Welpen. Ich möchte ganz einfach praxisnahe Tipps geben, die aus meiner jahrelangen Erfahrung mit Hunderten von Welpen in meiner Welpenspielstunde resultieren. Ich habe dieses Buch zum Einen für Menschen geschrieben, die einen Welpen haben, bzw. bald einen bekommen werden, und die etwas über Welpenspielstunden gehört haben und sich nun näher informieren möchten: Was ist das eigentlich? Warum ist so eine Stunde gut für meinen Welpen? Was erwartet mich da? Wie erkenne ich gute und seriöse Anbieter? Es wurde aber auch für Spielgruppenleiter geschrieben, die eine *gute* Welpenspielstunde anbieten wollen – also für diejenigen, die in der Welpenspielstunde nicht die Chance zur schnellen Mark sehen, sondern die das potenzielle Förderpotential einer solchen Stunde möglichst optimal nutzen wollen und dazu nach möglichst viel Anregungen, kreativen Ideen und Problemlösungsstrategien suchen.
So ist dieses Buch zugleich als ein Handbuch für Welpenbesitzer und Spielstundenleiter gedacht. Ich hoffe, dass beide darin ihre brennendsten Fragen beantwortet finden, dass Sie als Welpenbesitzer sich voller Begeisterung in das Abenteuer Welpenspielstunde stürzen und Sie als Spielstundenleiter eine wirklich gute Spielstunde anbieten können, die mehr ist als ein unkontrolliertes Toben von Welpen.

Mein Dank gilt allen Welpenbesitzern und ihren Welpen, die in meine Spielstunde gekommen sind. Ohne sie hätte dieses Buch nie geschrieben werden können.
Zugleich gilt er aber auch meiner Briardhündin Lisa. Sie hat mir in der Aufzucht ihrer Welpen fernab von all meinem Bücherwissen gezeigt, wie Hunde Hunde erziehen – und wie man mit minimaler körperlicher Einwirkung eine positive Autorität verkörpern kann.

Mein Dank gilt ferner den Teilnehmern an meinen Seminaren. Die Diskussionen mit ihnen haben dazu beigetragen, mein Konzept der Welpenspielstunden stetig fortzuentwickeln.

Teil I: Welpenspielstunden – Ratgeber für Welpenbesitzer

Einführung

Wer heute neue Bücher über Hundeerziehung oder Artikel in Hundezeitschriften liest, der findet immer wieder den Hinweis darauf, dass man als frischgebackener Welpenbesitzer unbedingt zu einer Welpenspielstunde gehen sollte. Auch viele seriöse Züchter legen ihren Welpenkäufern nahe, eine solche zu besuchen. Bis vor wenigen Jahren war das noch überhaupt kein Thema, geschweige denn, dass es ein flächendeckendes Angebot von Welpenspielstunden gegeben hätte.

Doch so sehr dieser neue Trend auch zu begrüßen ist – es ist Vorsicht angebracht. Welpenspielstunde ist nicht gleich Welpenspielstunde. Es gibt erhebliche Qualitätsunterschiede, die zum Teil in der schlichten Unwissenheit der eigentlich wohlmeinenden Übungsleiter begründet sind, z.T. aber auch leider darin, dass nicht wenige Anbieter in Welpenspielstunden die Chance sehen, zu einer schnellen Mark zu kommen. Eine schlecht durchgeführte Welpenspielstunde zu besuchen bedeutet nicht nur, das mögliche Förderpotenzial einer gut geführten zu verpassen, sondern kann auch bedeuten, dass der Welpe für seine Entwicklung negative Erfahrungen macht.

Ich möchte Sie mit diesem Buch einerseits davon überzeugen, wie wichtig gute Welpenspielstunden für Ihr neues Familienmitglied sind und Sie dazu ermutigen, keine Mühen zu scheuen, um Ihren Welpen, aber auch sich selbst in den Genuss einer guten Spielstunde zu bringen. Aber genauso möchte ich Ihnen zeigen, wie eine gute von einer schlechten Welpenspielstunde zu unterscheiden ist, sodass Sie eine richtige Auswahl treffen können. Schließlich möchte ich Sie auch auf das vorbereiten, was Sie in einer guten Welpenspielstunde erwartet, damit Ihnen von Anfang an klar ist, dass auch *Ihr* Engagement in der Spielstunde gefragt ist.

1. Weshalb Welpenspielstunden so wichtig für Ihren Welpen sind

Die hilflosen Maulwürfe

Die meisten Züchter geben ihre Welpen im Alter zwischen acht und zehn Wochen ab. Von einer späteren Abgabe ist abzuraten, weil der Welpe in diesem Alter unbedingt an all die Herausforderungen eines Hundelebens in unserer Gesellschaft gewöhnt werden und sich in seine neue Menschenfamilie einfinden muss.

Ihr Welpe hat in seinen bisherigen acht Lebenswochen eine rasante Entwicklung durchgemacht. Geboren wurde er als blindes, taubes Wesen, das seine Hinterbeine noch gar nicht richtig koordinieren konnte. Er vermochte gerade mal im Kreis kriechen, wobei die eigentliche Kraftarbeit zunächst nur die Vorderbeinchen erledigten. Er konnte Wärme empfinden und riechen – Voraussetzung dafür, dass er seine wärme- und milchspendende Mutter fand. Er konnte an den Zitzen saugen, mit seinen Vorderpfötchen den Milchtritt ausführen, um die Milch zum Fließen zu bringen, und er konnte sie trinken – alleine verdauen konnte er sie aber nicht. Die Mama musste ihm sein Bäuchlein massieren, indem sie es in kreisenden Bewegungen kräftig geleckt hat, damit er Kot und Harn absetzen konnte. Ihr Welpe konnte auch noch nicht unterscheiden, dass er außer Mama auch noch Geschwister hat – er merkte nur, ob neben ihm etwas anderes Warmes lag oder nicht.

Doch jeden Tag tat sich etwas in der Entwicklung Ihres Welpen. Er wuchs nicht nur einfach und

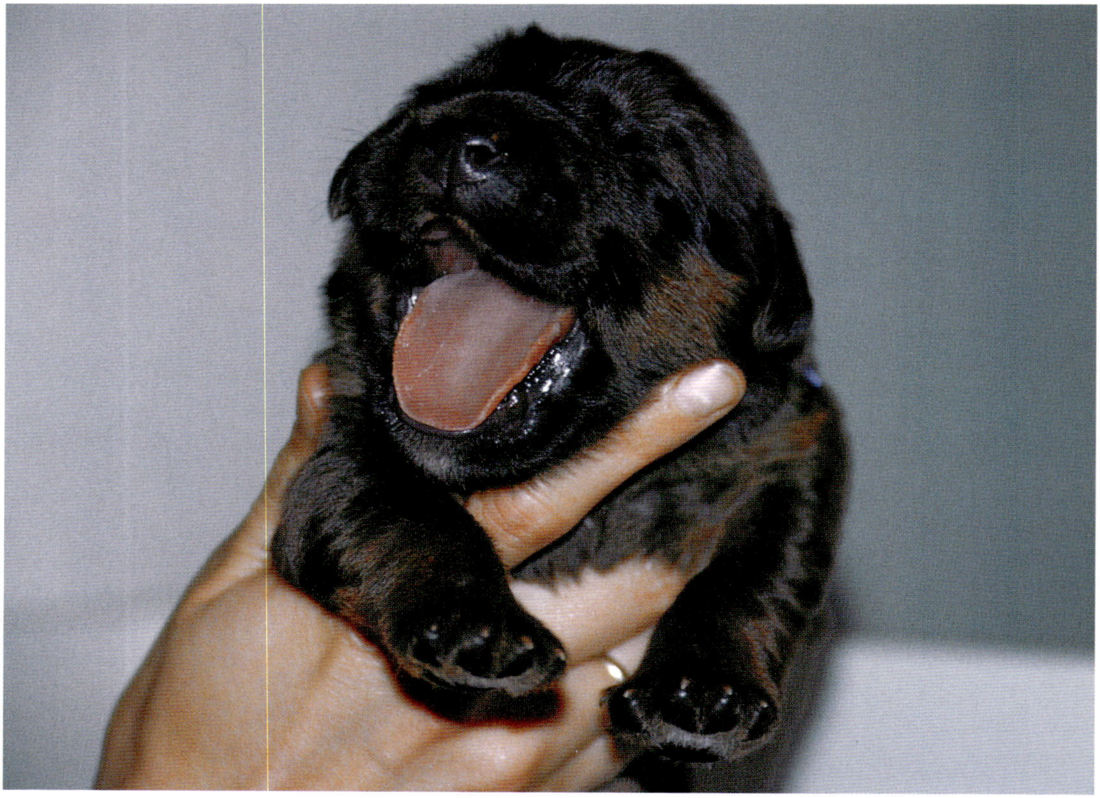

Maulwurf oder Welpe?

wurde kräftiger. Je nach Rasse unterschiedlich begannen sich seine Augen ca. ab dem achten Lebenstag langsam zu öffnen, und bis zur vollendeten dritten Lebenswoche konnte er richtig sehen. Gleiches gilt für das Gehör. Die Ohren öffneten sich schrittweise, bis er mit spätestens drei Wochen auch richtig hören konnte. Statt nur im Kreis zu kriechen, begann er, sich nun auf seine wackeligen Hinterbeinchen zu stellen, erste Gehversuche im Kreis zu machen, dann aber auch schon geradeaus zu laufen. Er schwankte dabei noch hin und her, plumpste immer wieder hin, aber seine Neugierde trieb ihn an, seine Umwelt zu erkunden. In seiner dritten Lebenswoche begann er, Mama, Geschwister, aber auch die Menschen, die sich um ihn kümmerten, bewusst wahrzunehmen. Er fing an, sie zu beriechen, zu belecken und mit seinen langsam durchbrechenden Zähnchen zu bearbeiten. Die Geschwister beschäftigten sich untereinander mit kleinen Beißspielchen und gegenseitigem Bepföteln, was alles wirkte, als sei es in Zeitlupe gedreht.

Drei Wochen nach seiner Geburt konnte Ihr Welpe also seine Umwelt mit allen Sinnen wahrnehmen und schon wackelig hin- und herlaufen. Sein Schwänzchen konnte wedeln, seine Stimme wurde immer kräftiger, und er brachte variantenreichere Töne hervor.

Zwischen der vierten und achten Lebenswoche ging es dann mit seiner Entwicklung rasant weiter. Mit vier, spätestens mit fünf Wochen zeigten er und seine Geschwister all die Verhaltensweisen, die wir von unseren erwachsenen Hunden kennen: Sich selber putzen, lecken, im Fell her-

umbeißen, kratzen. Andere zum Spielen auffordern, wilde Verfolgungsjagden veranstalten, um die Beute kämpfen, Kräfte messen: Wer ist stärker, aber natürlich auch: Wie komme ich aus einer brenzligen Situation wieder heraus?
Die gesamten Wachphasen Ihres Welpen waren durch Action geprägt: Entweder beschäftigte er sich mit seinen Geschwistern oder der Mama, oder er erkundete seine Umwelt. Voller Begeisterung spielten, schmusten und knautschten die Welpen mit ihren Menschen, kamen begeistert angerannt, wenn diese sie riefen, folgten ihren Menschen und ihrer Mama auf Schritt und Tritt. Sie übten ihre Körperkoordination mit beherzten Sprüngen und Kletterversuchen. Abstürze, Bauchlandungen, Ausrutscher etc. wurden locker weggesteckt – die Freude an der Entdeckung der eigenen körperlichen Möglichkeiten war größer. Alles Neue übte einen magischen Reiz aus und musste unbedingt erkundet und untersucht werden.

Die Hundemama als Lehrmeisterin fürs Leben

Hatte Ihr Welpe bislang weitgehend Narrenfreiheit bei seiner Mama gehabt, so setzte meist in der siebten Woche ein anderes Verhalten der Mutter ein: Die Welpen wurden bewusst reglementiert. Mama brachte z.B. ihr Schweineohr mit in die Nähe der Welpen und legte es vor sich hin. Die Kleinen rochen die Köstlichkeit natürlich und machten sich auf den Weg, um auch dran zu knabbern – und plötzlich grollte Mama. Die einen blieben verdutzt stehen, die anderen staunten zwar auch, marschierten aber weiter – und plötzlich fand sich ihre Schnauze in Mamas Schnauze wieder oder sie sahen sich kurz und heftig auf den Boden gedrückt. Die Hundemama setzte Grenzen, hier: »An mein Schweineohr kommst du nicht heran« – und zeigte ihnen, dass nicht mit ihr zu spaßen ist, wenn die Kleinen diese Grenze übertreten. Diese Lektionen wurden immer häufiger. So mussten die Kleinen z.B. auch zu ihrem Erstaunen feststellen, dass Mama sie ziemlich heftig wegdrohte, wenn sie noch immer an die Zitzen wollten, oder dass Mama plötzlich richtig ungemütlich wurde, wenn man sie beim Mittagsschlaf störte.

Abenteuerland beim Züchter

Wenn Sie Ihren Welpen von einem verantwortungsvollen Züchter haben, so hat dieser den Welpen eine optimale Umwelt geboten: Es war immer mindestens ein Mensch da, der sich mit den Welpen beschäftigt hat. Der Züchter hat andere, fremde Menschen – Kinder, wie alte Leute – eingeladen, damit die Welpen möglichst viele verschiedene Menschentypen kennen lernen. Er hat sich intensiv mit der Gruppe der Welpen, aber auch mit jedem einzelnen beschäftigt, geschmust, gespielt, in den Schlaf gewogen und damit das Geselligkeitsbedürfnis und das Bedürfnis des Welpen, sich an einen Menschen zu binden, entscheidend gefördert. Weil er die Mama bei ihrer Welpenaufzucht unterstützt und ihr auch immer Gelegenheit gegeben hat, sich mal von den nervenden Bälgern zurückzuziehen, haben die Welpen eine entspannte, gelöste Mutter kennen gelernt, die viel mit ihnen gespielt hat.
Die Welpen sind im Haus untergebracht gewesen, haben also alle Alltagsgeräusche mitbekommen. Sie durften im Garten spielen und da erkunden, was die Natur so zu bieten hat. Der Züchter hat ihnen einen Abenteuerparcours gebaut, der sie mit den verschiedensten Reizen konfrontiert hat: *optische*, z.B. flatternde Tücher, *akustische*, z.B. aufgehängte Blechdosen, die im Wind aneinander schaukeln, *taktile*, z.B. unterschiedliche Bodenbeläge, wie Plastikfolien, Holz, Gras, Stein, im Haus Fliesen und Teppichböden etc. Gemeinsam mit der hoffentlich sicheren Mama und seinen Geschwistern hat Ihr Welpe so gelernt, sich an viele Dinge, die erst einmal potenziell angsterregend sind, zu gewöhnen.
Ein gut aufgezogener, acht Wochen alter Welpe hat begonnen, im Spiel mit Mama, aber vor allem auch in dem mit seinen Geschwistern, die Grundbegriffe des Hundeknigges zu lernen. Er hat den Menschen als liebenswerten Sozialpartner kennen und akzeptieren gelernt. Durch die Konfrontation mit immer neuen, seinem Entwicklungs-

Die Hundemutter als Lehrmeisterin fürs Leben.

stand angepassten Reizen, hat sich sein kleines Gehirn enorm fortentwickeln können. Und durch die ausgiebige Gelegenheit zur Umwelterkundung und zum Spiel ist er nun motorisch, also in seinem Bewegungsapparat, schon ganz schön fit. Nichts erinnert mehr an den neugeborenen Kleinen, der eigentlich eher wie ein Maulwurf aussah als wie ein Hund.

Ihre Aufgaben als Welpenbesitzer

Wenn Sie nun Ihren Welpen zu sich nehmen, geschieht das in einer Entwicklungsperiode Ihres Hundes, in der sich viel tut: In den kommenden Wochen würde Ihr Welpe, wenn er in seinem Hunderudel bleiben würde, vermehrt in die Gemeinschaft auch der anderen vorhandenen Alttiere integriert. Er müsste lernen, sich auch mit diesen auseinander zu setzen, und er müsste vor allem lernen, dass die Narrenfreiheit passé ist – er muss Benimmregeln lernen. Gleichzeitig rangeln die Geschwister natürlich weiter um Privilegien; man testet seine Stärke aus.

Es ist also wichtig, den Welpen spätestens jetzt in seine neue Menschenfamilie zu integrieren, wo im Prinzip das Gleiche ablaufen sollte wie im Hunderudel: Ihr Welpe muss seinen Platz in der neuen Gemeinschaft finden. Er braucht klare Rudelführer, die ihm zeigen, was erwünscht ist, was unerwünscht ist. Sie müssen ihn anleiten, wie es sich in der Gemeinschaft lebt, ihm aber auch die große weite Welt zeigen und ihm z.B. klarmachen, dass man vor Fahrstühlen genauso wenig Angst haben muss wie vor zischenden LKW-Bremsen etc. Und Sie müssen ihm auch klarmachen, dass man eben bestimmte Dinge, die man allzu gern tun würde – z.B. einem Jogger hinterher zu rennen, weil der sich als Jagdbeute anbietet – nicht tun darf.

Ihr Welpe bringt alle Voraussetzungen mit: Er ist neugierig, lernbegierig, möchte in Ihnen einen

Ersatz für den verlorenen Kontakt zu Mama, Geschwistern und seinen bisherigen Menschen finden – es liegt an Ihnen, nun die Entwicklung in richtige Bahnen zu lenken.

Die Gehirnentwicklung des Welpen ist mit der 16. Lebenswoche, neuere Forschungen sprechen gar von der 12. Lebenswoche, abgeschlossen. Je mehr der Welpe in seinen ersten 12 bis 16 Wochen gefördert wird, desto mehr Verschaltungen bilden sich in seinem Gehirn. Damit wird die Grundlage dafür, wie gut Ihr Hund in seinem weiteren Leben lernt, gelegt.

Welpenspielgruppen – wozu?

Nun fragen Sie sich vielleicht, was das alles mit Welpenspielgruppen zu tun hat? Nun, indem wir die Welpen in einer ganz entscheidenden Entwicklungsphase ihren neuen Familien geben, unterbrechen wir einen wichtigen Lernprozess zwischen den Welpen und ihren gleichaltrigen Artgenossen: Es sind keine anderen Geschwister mehr da, mit denen man Sozialverhalten weiter einüben und festigen kann.

Ein im Haushalt lebender erwachsener Hund oder Kontakte zu anderen erwachsenen Hunden auf dem Spaziergang sind zwar gut, können dieses Lernen unter Gleichaltrigen aber nicht ersetzen. Althunde spielen anders als junge. Oft sieht man zwei Extreme: Erwachsene Hunde, welche die wieselnden Welpen einfach nur lästig finden und erwachsene Hunde, die sich von dem Kleinen wirklich alles gefallen lassen. Wer als Welpe bei solch einem duldsamen Althund aufwächst, lernt häufig, viel zu frech und ungestüm zu sein und bekommt dann von der restlichen Hundewelt oft eine schmerzhafte Quittung. Welpen untereinander kennen keine Rücksicht: Wer beim Spiel zu

Integration groß geschrieben: Bei Welpenspielstunden sollten alle aktiv sein.

fest zubeißt, wird sofort reglementiert, oder man bricht das Spiel eben ab – eine schlimme Strafe für die spielversessenen Welpen.

Eine Welpenspielstunde bietet die Möglichkeit, Ihrem Welpen das zu geben, was Sie ihm leider nehmen mussten – den Kontakt zu (nahezu) gleichaltrigen anderen Welpen.

Aber eine Welpenspielstunde sollte eben mehr sein. Sie sollte nicht nur Gelegenheit zu kontrolliertem Spiel zwischen den Hunden geben, sondern sie sollte da anknüpfen, wo die Arbeit des Züchters aufgehört hat: den Welpen mit verschiedensten Herausforderungen zu konfrontieren, um seine geistige und motorische Entwicklung zu fördern, sein Selbstbewusstsein zu stärken, seine Umweltsicherheit zu festigen, ihm weiter die Erfahrung zu vermitteln, dass fremde Menschen nichts sind, wovor man Angst zu haben braucht.
Doch wenn Sie an das denken, was Sie gerade im Hinblick auf die Einordnung des Welpen in sein neues Menschenrudel gelesen haben, so wird noch ein weiteres Ziel deutlich: Ihnen dabei zu helfen, eine funktionierende vertrauensvolle Beziehung zum Welpen aufzubauen und Ihnen zu zeigen, wie Sie Ihren Welpen sanft, aber bestimmt führen.
Tja – das Wort »Ziel« ist damit gefallen – widmen wir uns also im nächsten Schritt einer genaueren Betrachtung der Ziele, die eine gute Welpenspielstunde verfolgen sollte.

2. Diese Ziele verfolgt eine gute Welpenspielgruppe

Ihr Welpe hat Spaß

Welpen und junge Hunde sind im Allgemeinen sehr spielfreudig. Das ist sozusagen ein kluger Mechanismus der Natur.

Die Spielfreude des jungen Hundes treibt ihn dazu, sich im Spiel mit seiner Umwelt auseinander zu setzen, seine eigenen körperlichen und geistigen Fähigkeiten zu trainieren und zu lernen, wie man am besten durchs Leben kommt.

Eine gute Welpenspielstunde bedeutet für den Welpen: Spaß am Spielen mit anderen Hunden, Spaß an den gemeinsamen Aktionen mit seinem Besitzer, Spaß am Erkunden von Dingen und an der Erfahrung, welch toller Hund er doch ist.
Wenn Sie zu einer Welpenspielstunde fahren und sich den dortigen Betrieb zunächst einmal anschauen, bevor Sie mit dem eigenen Welpen teilnehmen, so ist die Reaktion der eintreffenden Welpen schon ein wichtiges Zeichen: Sind sie in ihrer Mehrheit kaum aus dem Auto zu bewegen, sperren sie sich in die Leine, wollen sie um keinen Preis auf den Platz? Oder sehen Sie im Gegensatz dazu Welpen, die im Auto schon aufgeregt bellen, von den Besitzern kaum daran gehindert werden können, aus dem Auto zu stürmen und die ihre Besitzer mit ihrem Gezerre hin zum Ort des Vergnügens zur Verzweiflung treiben? Die Augen der Welpen glänzen erwartungsfroh, der Schwanz wedelt aufgeregt. Man sieht den Welpen regelrecht an: »Juchhe – jetzt geht's auf ins Vergnügen.« Kaum abgeleint, stürzen sie sich auch schon ins Getümmel.
Man sieht einfach, dass die Welpen ihren Spaß haben und selbst dann noch in voller Aktion sein wollen, wenn sie eigentlich total k.o. sind.
Also, – selbst wenn man überhaupt nicht über positive Lernerfahrungen, Sozialisierung an die Artgenossen etc. nachdenken würde – allein der Faktor Spaß für den Welpen spräche schon für sich. Bloß, – Spaß hat der Welpe natürlich nur dann, wenn die Spielstunde so gestaltet ist, dass er sich auch wohl fühlen kann – und nicht unter Dauermobbing anderer Hunde, Langeweile durch einstündiges angeleintes »Im Kreis gehen« oder Überforderung durch Zwang zur Meisterung

bestimmter Hindernisse um jeden Preis zu leiden hat – aber dazu später mehr.

Ihr Welpe lernt, sich anderen Hunden gegenüber richtig zu verhalten

In der Einführung zu diesem Buch haben Sie bereits gelesen: Welpenspielstunden werden vor allem unter dem Gesichtspunkt einer Sozialisierung an die Artgenossen gesehen. Die Elemente Umweltgewöhnung, Kontakte zu anderen Menschen, kleine Erziehungsübungen etc. könnten Sie im Prinzip natürlich auch ohne den Besuch einer Welpenspielstunde erreichen (und der Besuch der Welpengruppe entbindet Sie natürlich nicht davon, sich auch in Ihrem Alltag um all dies zu kümmern), aber Ihrem Welpen den Kontakt zu einer Gruppe anderer Welpen zu ermöglichen – das wird schwierig.

Welpen werden nicht mit einem funktionierenden Sozialverhalten geboren – sie werden lediglich mit den Anlagen geboren, dieses Verhalten zu erlernen. Das setzt aber voraus, dass man ihnen diese Lernerfahrungen auch ermöglicht.

Wenn Ihr Kleiner nicht das traurige Schicksal eines Einzelwelpen gefristet hat, dann hat er im Spiel mit seinen Geschwistern schon viel gelernt – der Grundstock ist gelegt. Aber leider ist es damit noch nicht getan, denn Kommunikation ist alles.

Kommunikation ist alles

Ihr Welpe befindet sich nun in einer Entwicklungsphase, in der – wäre er bei seinen Geschwistern geblieben – besonders viel in Sachen Umgang miteinander passiert. Das Nichterkennen der Bedeutung der Körpersprache seines Gegenübers kann fatale Folgen haben – man wird schmerzhaft verprügelt. Gleiches gilt für die Selbsteinschätzung: Der Welpe muss lernen, wem er überlegen ist und was man sich als Überlegener herausnehmen kann. Aber er muss auch erkennen lernen, wann er unterlegen ist, wie er aus einer brenzligen Situation herauskommt, wie er einem überlegenen Gegenüber klarmacht, dass er nicht auf Konfrontation aus ist. Aber auch: Mit welchen kleinen Tricks bekommt er sein Gegenüber am ehesten dazu, dass der mit ihm spielt? Wie kann er einem anderen dessen Beute abluchsen? Wie signalisiert er, dass er jetzt seine Ruhe haben will?

Er muss lernen, dass es feinste körpersprachliche Ausdrucksmöglichkeiten gibt, die er selbst anwenden kann, um seinem Gegenüber eine Botschaft zu vermitteln. Will er sein erbeutetes Quietschtier behalten, dann darf er bei Annäherung eines anderen Welpen, der dieses auch gerne hätte, nicht gleich mit einer harten Vertreibungsattacke auf diesen reagieren. Oft reicht es, mal kurz die Lefzen zu lüften – das ist doch viel ökonomischer, als seine Kraft für unsinnige Kämpfe zu verschwenden.

Genauso muss er aber auch lernen, einen anderen Hund genauer zu beobachten – um z.B. das leichte Anheben der Lefzen zu sehen und die richtigen Schlüsse daraus zu ziehen, anstatt erst bei der Attacke des anderen Hundes die Flucht zu ergreifen.

Sehr junge Welpen, die im Umgang mit ihresgleichen noch unsicher sind, zeigen zunächst häufig zwei bevorzugte Strategien, wenn sie neu in eine Welpengruppe kommen: In höchsten Tönen schreien und kreischen, wenn sich ein fremder anderer Welpe nur interessiert nähert – und wegrennen. Tja, und sie lernen dann ganz schnell, dass beide Methoden nicht die besten sind. Das Kreischen zieht andere, bis dahin unbeteiligte Welpen an, doch mal nachzusehen, was da los ist. Also sieht man sich als Neuling plötzlich gleich mit vier, fünf anderen konfrontiert, die einen abschnüffeln und körperlich bedrängen – wodurch die Angst ja nur größer wird. Völlig verkehrt ist die Weglaufstrategie, denn so bietet sich der Welpe als wunderschönes Beuteobjekt an, dem man doch hinterherlaufen kann. Und siehe da – plötzlich wird der arme Neuling nicht nur

»Ich will doch nur spielen – ehrlich!«

von einem Welpen, sondern gleich von einer ganzen Meute gejagt, die ihren Spaß am fröhlichen Beutespiel hat. Der Welpe merkt also, dass seine Strategie die falsche ist. Ein ewig kreischender, auf seinem Hosenboden sitzender Welpe findet keinen Anschluss an das lustige Spieltreiben und ein ewig Wegrennender wird nur gejagt, ohne dass sich das Beutespiel umdreht, d.h. dass Jäger und Gejagte ihre Positionen tauschen.

Er wird merken, dass das Unterlassen von hysterischem Kreischen und dafür ein normales Herumlaufen wesentlich besser geeignet sind, wenn er sich wohler fühlen und gar ins Spiel mit einsteigen will.

Groß und Klein im Spiel vereint

Bislang hatte Ihr Welpe in seinen Geschwistern eher gleich große Sparringspartner (es sei denn, es handelt sich um einen Mischlingswurf mit extrem voneinander abweichenden Hunden). Aber unsere heutige Hundewelt zeichnet sich nun einmal dadurch aus, dass wir es mit immensen Größenunterschieden zu tun haben. Ein Yorkshire Terrier wird zeitlebens viel kleiner sein als eine Dogge, daran ändert auch das Älterwerden nichts. Es ist realitätsfern anzunehmen, man könnte seinem Hund nur Kontakt mit gleich großen und gleich starken anderen Hunden bieten. Alle Größen- und Kräfteverhältnisse treffen sich im alltäglichen Leben – zumindest, sofern der Hundehalter seinem Hund ein artgerechtes Leben bieten will und ihm Kontakt zu anderen Hunden ermöglicht.

Das bedeutet, dass sowohl die Kleinen als auch die Großen lernen müssen, wie man so miteinander umgeht, dass man zusammen seinen Spaß hat – oder zumindest neutral seines Weges ziehen kann. Viele Hundehalter denken, dass ein kleiner Hund per se gefährdet sei, denn die großen sind ja so viel kräftiger und schwerer. Und natürlich kann man mögliche Gefahren nicht wegdiskutieren: Ein freundlicher Prankenschlag eines ausgewachsenen Neufundländers auf das Rückgrat eines Whippet kann ebenso fatale Folgen für den Whippet haben wie das entschlossene im Nacken Packen und Wegwerfen, das der Berner Sennenhund mal eben mit dem nervigen West Highland White Terrier praktiziert. Aber solche Fälle sind absolut selten, in der Regel können die unterschiedlichsten Größen miteinander unbeschadet spielen.

Kleine Hunde haben dabei einen immensen Vorteil: sie sind flinker, wendiger, meist körperlich geschickter als größere Hunde und oft auch noch schneller. Nicht selten ist es der große Hund, der beim wilden Verfolgungsspiel den Kürzeren zieht, weil er eine enge Kurve eben nicht so elegant nimmt wie ein wendiger Kleiner und eine üble Bauchlandung hinlegt.

In der Welpenspielstunde lernen die Hunde durch Versuch und Irrtum, wie man spaßig miteinander spielen kann, obwohl der eine klein und der andere groß ist.

Es ist immer wieder schön, zu beobachten, wie Hunde sich aufeinander einstellen. Der Labrador reduziert seinen Prankenschlag im Umgang mit dem Dackel, während er beim Rottweiler voll zulangt. Der Jack Russel nutzt seine wieselige Gewandtheit geschickt aus, um immer so zu laufen, dass der ihn verfolgende Briard keine Chance hat, mitzukommen. Glauben Sie mir: **Die Welpen spielen sich im wahrsten Sinne des Wortes aufeinander ein – doch auch hier gibt es ein Aber: Das Gesagte gilt nämlich nur dann, wenn ein erfahrenes Übungsleiterteam erkennt, wann ein Welpe zu sehr in Bedrängnis gerät und dann entsprechend eingreift.** Die Devise, nach der in einigen Gruppen verfahren wird: »Lasst das mal die Hunde allein untereinander ausmachen, die bekommen das schon geregelt«, ist nämlich als so absoluter Satz verkehrt – aber auch dazu später Näheres.

Wenn Sie einen Welpen haben, der mal ein mittelgroßer oder großer Hund werden wird, so ist es für Sie natürlich wichtig, sich darauf verlassen zu können, dass Ihr großer Hund anständig mit Kleinhunden umgeht. Er lernt in der Welpengruppe, dass man eben etwas zartfühlender agieren muss, wenn man spielen möchte, und in dem Alter möchte man das als Hund noch. Er lernt aber auch, dass das Hetzen eines Hundes, der sich als »Opfer« anbietet – weil der klein ist, wegrennt und alle Anzeichen höchster Panik zeigt – nicht erwünscht ist und unterbunden wird. Sie haben so bei Ihren Spaziergängen eine größere Sicherheit, Ihren Hund beruhigt zu anderen Kleinhunden laufen und Kontakt aufnehmen zu lassen, ohne sich zu fürchten, dass Ihr Kraftpaket seine Kraft voll ausnutzt und als Erstes in bester spielerischer Absicht den Zwergpudel mit einem Prankenschlag zum Spielen auffordert, worauf dieser schreiend das Weite sucht, was Ihr Hund dann als Startsignal für ein Verfolgungsspiel fehlinterpretiert, worauf er den Pudel bis zum Horizont jagt. Und Ihr Hund kann größere Freiheit genießen, weil er nicht einen Besitzer im Schlepptau hat, der ihn grundsätzlich panisch zu sich ruft, wenn ein kleiner Hund in der Ferne auftaucht.

Umgekehrt wird aber genauso ein Schuh daraus: Wenn Sie Besitzer eines Welpen sind, der ein kleiner Hund werden wird, so sollten Sie sich als Erstes vor der falschen Schlussfolgerung hüten, nach der klein = schwach ist. Viele der gerade heute weit verbreiteten kleinen Hunde gehören zu den Terrierrassen – und die sind kernige kleine Kämpfer, die hart im Nehmen, aber auch hart im Austeilen und oft alles andere sind als die unschuldigen Opfer. Gleiches gilt für unsere beliebten Dackel. Aufgrund des ursprünglichen Zuchtziels, mutige kleine Kämpfernaturen zu züchten, die furchtlos in Dachs-, Fuchs-, und Rattenbauten kriechen (daher auch die kurzen Beine), um diese Tiere entweder selbst zu erledigen oder dem Jäger vor die Flinte zu treiben, bringen diese Rassen ein nicht zu unterschätzendes Aggressionspotential mit. Werden sie zu sehr bedrängt, wehren sie sich kräftig.

Ein echter Jack Russel hält überall mit.

Leider sieht man bei Hundebegegnungen zwischen Groß und Klein oft folgendes Bild: Kleine Hunde, die beim Anblick eines großen Hundes kläffend nach vorne stürzen, ohne aber direkt in seine Reichweite zu gelangen. Während sich der Großhundbesitzer abmüht, seinen Hund unter Kontrolle zu bringen, reagiert der Kleinhundbesitzer entweder gar nicht, oder mit einem beruhigenden Zureden nach dem Motto: »Du brauchst doch keine Angst zu haben, der Große tut dir nichts«, oder mit einem anderen salbungsvollen Gerede wie: »Nun lass' das mal, das musst du aber nicht« – natürlich im allerfreundlichsten Tonfall.

Der kleine Hund wird dabei nicht ernst genommen, weil er ja keine so schlimme Schäden anrichten kann. Dass er durch sein Verhalten aber entsprechende Gegenaggression seines großen Gegenübers erst provoziert, wird dabei vergessen.

Der Motor dieses bei vielen kleinen Hunden verbreiteten Verhaltens liegt ursprünglich in Angst und Unsicherheit begründet. Man kann ja durchaus nachvollziehen, dass sich ein kleiner Border Terrier vor dem schwarzen Ungetüm Riesenschnauzer erst einmal fürchtet. Tja, und Angriff ist eben eine Form der Verteidigung. Da der Besitzer den Kleinen nicht reglementiert und der Besitzer des großen Hundes eher versucht, seinen Hund aus dem Schlamassel herauszuhalten, endet das in einem Erfolgserlebnis für den Kleinen: »Ich muss nur ordentlich die Klappe aufreißen und schon kommt dieses beängstigende Ungeheuer nicht weiter auf mich zu. Und ehrlich gesagt, macht das ja auch mal Spaß, so eine kleine Attacke zu reiten. Frauchen/Herrchen findet das auch eher amüsant – also mache ich das beim nächsten Mal genauso«.
Endet die ganze Sache so, dass der große Hund aber nicht vom Besitzer zurückgepfiffen wird und der Kleine vom Großen reglementiert wird, fühlt sich der Kleine in seiner Ansicht, dass große

Hunde schwer gefährlich sind, natürlich bestätigt, und er hat beim nächsten Mal nur noch mehr Angst. Und je nach Natur des Kleinen wird er sich zur Flucht oder eben zum Angriff entschließen. Es kommt also ein Teufelskreis in Gang.
Für Sie als Kleinhundebesitzer bedeutet das einen Spaziergang in Furcht davor, dass Ihr Kleiner in Panik bei Annäherung eines Großen kopflos davonläuft, oder davor, dass ein Großer seine frechen Attacken eben nicht hinnimmt und ihn maßregelt.
Ein Welpe jedoch, der in der Welpenspielstunde immer wieder Gelegenheit bekommt, große Hunde kennen zu lernen und sich mit ihnen auseinander zu setzen, lernt, dass groß eben nicht gleich Gefahr bedeutet. Er wird sich im Alltag nicht oder zumindest weniger bedroht von entgegenkommenden großen Hunden fühlen, nicht flüchten, bzw. auf seinen Präventivangriff verzichten.

Fremdsprachen lernen
Mit dem Thema der Größen- und Gewichtsunterschiede sind wir schon beim nächsten wichtigen Grund, der für eine Teilnahme an Welpenspielstunden spricht:

Unterschiedliche Rassen sind nicht einfach nur unterschiedlich groß, stark oder schnell – sie unterscheiden sich auch in ihrem Verhalten sowie in ihren Ausdrucksmöglichkeiten und -formen.

Denken Sie z.B. an die Mimik eines Bobtail im Vergleich zu jener eines weißen Schäferhundes. Die lange Behaarung des Bobtail verlangt, dass das Gegenüber genauer hinschauen muss, um z.B. drohendes Nasenrückenrunzeln zu erkennen. Umgekehrt signalisieren Hunde mit sehr faltigem Gesicht (denken Sie z.B. an eine Bulldogge) durch ihr permanentes Runzeln Aggression, obwohl sie gar nicht so gestimmt sind. Woher soll ein Welpe wissen, dass der aufgestellte Kamm des Rhodesian Ridgeback dessen normales Aussehen ist, während er bei anderen Rassen im Mindesten Erregung, häufig aber bereits ein Drohen signalisiert? Wie soll ein Welpe wissen, dass der ständig steil nach oben weisende Stummelschwanz des West Highland White Terrier zu dessen normalem Aussehen gehört, während die gleiche Rutenhaltung beim Labrador meist nichts Gutes verheißt?

Der Welpe muss lernen – wie Sie übrigens auch –, dass man verschiedenste Körpersprachensignale zusammen betrachten muss, um zu entschlüsseln, was der andere meint. Und er muss lernen, dass sich verschiedene Hunde unterschiedlich ausdrücken.

Eine Welpenspielgruppe mit Vertretern unterschiedlichster Rassen-Mixe bietet dazu eine wunderbare Gelegenheit.

Die feinen Unterschiede
Rassen unterscheiden sich nicht nur in ihren Ausdrucksformen, sondern auch in ihrem Verhalten. Dabei geht es nicht nur um Unterschiede der Art, dass die eine Rasse temperamentvoller, arbeitseifriger, lauffreudiger, geräuschempfindlicher etc., als die andere ist. Sie unterscheiden sich z.B. auch darin, wie schnell sie unbefangen zu anderen Hunden Kontakt aufnehmen, wie spielversessen sie sind und wie ihr bevorzugtes Spiel aussieht.
Wenn z.B. Labrador Retriever auf Briards treffen, gibt es häufig Probleme. Der Grund: Der Labrador ist in der Regel sehr stürmisch, reagiert begeistert auf den Anblick eines Artgenossen und brettert darauf zu nach dem Motto: »Hallo hier bin ich, wer bist du? Komm lass' uns toben«. Der Briard dagegen ist anfangs zurückhaltender, will, dass man einander erst einmal gesittet beriecht, und abtestet, bevor er sich entscheidet, okay, wir spielen – oder wir spielen eben nicht. Der Briard empfindet es als Frechheit, so plump angemacht zu werden; der Labrador versteht die Welt nicht,

warum auf sein fröhliches Freundschaftsangebot der Briard mit Grollen oder gar Drohschnappen reagiert.
D.h.: Die Welpen müssen lernen, dass man sich nicht jedem Hund gegenüber unterschiedslos gleich verhalten kann, sondern dessen Signale genau beachten sollte, um dann auch die richtigen Schlüsse zu ziehen, wenn man Spaß am gemeinsamen Spiel haben will oder wenn man wenigstens keine Abreibung bekommen möchte. Daher sind rassespezifische Welpenspielstunden, wie sie z.B. einige Rasseklubs veranstalten, wenig sinnvoll, denn die Welpen lernen dort, mit ihresgleichen auszukommen – sie lernen aber nicht die Vielfalt der Hundewelt kennen und lernen so auch kein auf das jeweilige Gegenüber abgestimmtes Verhalten.
Auch in Bezug auf das Spielverhalten unterscheiden sich Rassen erheblich. Die einen bevorzugen wilde Rennspiele, die anderen knautschen lieber ineinander herum. Die einen lieben Beutestreitigkeiten, die anderen lassen dabei aber sofort los. Die einen steigen ganz schön ruppig ein, die anderen sind darüber sofort entsetzt und möchten einen zartfühlenderen Spielpartner. Und natürlich muss der Welpe erst durch Versuch und Irrtum herausfinden, dass man den pelzigen Eurasier kräftig in die Seiten zwicken kann, der dünn behaarte Dalmatiner das aber gar nicht witzig findet und das Spiel sofort beendet.

Ihr Welpe lernt, dass er vor fremden Menschen keine Angst zu haben braucht

Wenn Ihr Welpe seine Züchter mag und seine neue Familie heiß und innig liebt, bedeutet das durchaus nicht automatisch, dass er grundsätzlich Vertrauen zu anderen Menschen hat und sich vor denen nicht fürchtet. Wir Menschen sind nicht alle gleich und werden daher von Hunden auch nicht einfach alle als »Kategorie Mensch« einsortiert, nach dem Motto: »Kenn' ich einen, kenn' ich alle, und wenn der eine nett ist, sind alle nett«. Wir Menschen unterscheiden uns nach unserem Geschlecht, unserem Alter, unserem Geruch, unserer Körpersprache, unserer Stimme, unserem Aussehen. Wer kennt nicht folgende häufig zu hörende Aussagen von Hundebesitzern, die sagen: »Mein Hund hat kein Problem mit Menschen, nur Männer mag er nicht.« Oder: »Mein Hund kommt mit erwachsenen Menschen wunderbar klar, bei Kindern muss ich aber aufpassen.« Oder: »Wenn wir alkoholisierten Personen begegnen, wird mein Hund immer so komisch.« Oder: »Mein Hund versteift sich so, wenn uns Leute entgegenkommen, die sich aufgrund einer körperlichen Behinderung merkwürdig bewegen.«
Männer wirken häufig aufgrund ihrer größeren Statur, ihrer entschlosseneren Körpersprache und ihrer tieferen Stimme für viele Hunde bedrohlicher als Frauen. Das Kreischen, die wilden, oft ruckartigen Bewegungen und die Unberechenbarkeit von Kindern ängstigen viele Hunde. Die Supernasen der Hunde riechen natürlich noch mehr als wir den unangenehmen Dunst von Alkohol, aber die Hunde merken natürlich auch, dass sich da jemand unnatürlich benimmt: schwankt, stolpert, von rechts nach links wankt, lallt etc. Ein Mensch mit motorischen Störungen ist vom Erscheinungsbild her natürlich für einen Hund auch höchst ungewohnt. Und das ist das Entscheidende: Was ein Hund nicht kennt, hat das Potential, auf ihn bedrohlich und Angst einflößend zu wirken. Wer sich fürchtet, der versucht wegzulaufen oder den wahrgenommenen »Angreifer« mittels Drohen, Knurren, Bellen oder gar Attacken in die Flucht zu schlagen.

Es dürfte klar sein, dass ein Hund, der mangels Erfahrungen mit vielen verschiedenen Menschentypen beim Anblick bestimmter Menschen kopflos davon stürmt oder gar Menschen attackiert, in unserer dicht besiedelten Gesellschaft für alle Beteiligten eine Gefahr ist.

Der Hund lebt in ständig wiederkehrender Angst, also praktisch im permanenten Stresszustand, die Besitzer bekommen Schweißausbrüche beim

Anblick eines Fremden und unbeteiligte Passanten haben plötzlich den Kiefer eines Hundes in der Wade hängen.
Was ich damit sagen will, ist Folgendes: Wenn Sie beispielsweise Ihren Welpen nur mit Erwachsenen eines Alters zusammenkommen lassen, oder Sie als Frauenhaushalt mit vielen Freundinnen, aber wenigen Freunden Kontakt haben oder wenn Sie sehr zurückgezogen leben, weil Ihnen Menschentrubel nicht zusagt, dann lernt Ihr Welpe nicht genügend unterschiedliche Menschentypen kennen. Er wird sich z.B. sagen: »Nur ca. 30-jährige Frauen sind vertrauenswürdig, bei allen anderen Menschen sollte ich erst mal misstrauisch sein oder gar lieber gleich die Flucht ergreifen«.
Wer in der Stadt lebt, seinen Hund überall mit hin nimmt, dessen Welpe erlebt in der Regel die unterschiedlichsten Menschen. Aber auch ein bloßes Passieren in der Fußgängerzone ist noch etwas anderes, als direkt von einem fremden Menschen angeschaut, angesprochen, gestreichelt, vielleicht sogar körperlich bedrängt zu werden.
In der Welpengruppe erlebt Ihr Welpe in der Regel verschiedenste Menschen, auch wenn es dort erfahrungsgemäß immer einen starken Frauenüberschuss gibt und ältere Menschen leider stark unterrepräsentiert sind. Häufig kommen Kinder mit in die Welpengruppe und können so mit einbezogen werden. Gezielte Übungen mit Fremdpersonen, bei denen der Welpe andere Menschen als grundsätzlich vertrauenswürdig und nicht bedrohlich erlebt, sind daher fester Bestandteil einer guten Welpenspielstunde.

»Jetzt wird es mir aber entschieden zu eng hier.«

Ihr Welpe lernt, dass es zwar viel Unheimliches auf der Welt gibt, er sich davor aber nicht fürchten muss

Nicht nur »fremde Menschen« muss der Welpe kennen lernen, sondern all die Dinge unseres Alltags, die ihm Angst machen können.
Versetzen Sie sich bitte einmal in die Lage eines jungen Welpen: Je nach Rassezugehörigkeit erleben Sie die Welt von unten, sagen wir einmal so ca. 40 cm über dem Boden. Begeben Sie sich einmal in diese Position an einer viel befahrenen Straße oder im Gewühl einer Einkaufspassage. Stellen Sie sich bitte dazu vor, dass Sie viel, viel besser hören können, als Sie es bislang tun. Stellen Sie sich weiter dazu vor, dass Sie in einem unglaublich stärkeren Maße riechen können, als Sie es tun. Stellen Sie sich weiterhin vor, dass Ihre empfindlichen Fußsohlen nicht durch Schuhe geschützt sind und abwechselnd über heißen Asphalt, rutschige Böden, Gitterroste über Lüftungsschächten, eine Aluminiumabdeckung eines Baustellenbereichs und eine Stahltreppe laufen sollen. Wenn Sie sich dann noch zusätzlich vorstellen, dass Ihr Welpe eben nicht aus einer guten Aufzucht stammt, sondern bislang nur die geräuscharme und ewig gleiche Kulisse eines Zwingers oder einer Scheune kennen gelernt hat, dann können Sie vielleicht zumindest ein wenig ermessen, was da alles auf das kleine Hundehirn und die kleine Hundeseele einströmt. Und am anderen Ende der Leine ist dann vielleicht auch noch ein ungeduldiger Mensch, der partout nicht versteht, warum sein frischgebackenes Familienmitglied, das man jetzt auf einen kleinen Einkaufsbummel mitnehmen will, in der Leine bockt wie ein Eselchen, nicht weitergehen mag, sich gar aus dem Halsband windet und kopflos davonrennt. Sie spazieren nicht mit einem fröhlich tippelnden jungen Hund daher, bei dem Passanten stehen bleiben und sagen »Oh, wie niedlich« und Sie mit stolz geschwellter Brust erzählen können, wie er heißt und was für eine interessante Mischung er ist. Sie stehen mit einem Häufchen Elend an Ihrer Seite, das eventuell auch noch unter sich pillert und nach außen den Eindruck eines geprügelten Hundes macht.
Man braucht auch gar nicht einmal so weit zu gehen und an all die Dinge außerhalb des Haushalts zu denken – selbst bei Ihnen zu Hause gibt es Dinge, die zumindest für einen schlecht aufgezogenen Welpen schon mächtig ungewöhnlich sind: Das Piepen des Weckers oder des Wäschetrockners, das brummende und sich zu allem Überfluss auch noch wild bewegende Ungetüm Staubsauger, um nur einige Geräuschproduzenten unseres Haushalts zu nennen. Wo man als Welpe gerade noch so schön mit dem Bällchen auf dem Rasen gespielt hat, flattern jetzt seltsame Dinge über einem (Wäscheleine), abends verdunkelt sich alles plötzlich nach einem kurzen, aber lärmenden »Rumms«, lässt man die Rollläden hinunter. Brauchen Sie noch mehr Beispiele?
Wir selber erschrecken uns doch auch, wenn plötzlich ein Motorrad vorbei donnert – und dabei hören wir nur einen Bruchteil des Krachs, den unser Hund hört. Wie vielen Menschen wird im Fahrstuhl schlecht, obwohl wir Menschen uns immerhin sagen können, dass wir nach kürzester Zeit wieder draußen sind – ein Hund kann das nicht.
Vielleicht fragen Sie sich, warum Hunde all diesen neuen Reizen zunächst zumindest vorsichtig gegenübertreten? Ist doch eigentlich unpraktisch. Für Sie als Menschen mag das vielleicht unpraktisch sein, für den Hund als Lebewesen sieht die Sache aber ganz anders aus:

Die Natur hat einen überlebenswichtigen Mechanismus eingebaut – »Vorsicht, was ich nicht kenne, davor bin ich erst mal auf der Hut«.

Es wäre doch äußerst unsinnig und in dem Fall auch tödlich, wenn ein Hund mitten auf den Gleisen säße und fasziniert den sich ihm nähernden ICE betrachten würde.

Neugierde als Motor

Die Natur hat unseren Hunden aber nicht nur die Vorsicht eingebaut, sondern es gibt bei unseren Welpen noch einen zweiten, ebenso lebenswichtigen Mechanismus: die Neugierde und die Lernfähigkeit. Was man häufig beobachten kann, ist dieses: Da springt z.B. die Waschmaschine an, im Guckloch wirbelt die bunte Wäsche. Der Welpe macht erst mal einen Satz nach hinten, um sich dann, langgestreckt wie ein Kaugummi, auf vorsichtig tastenden Schritten ruckweise in Richtung Waschmaschine vorzutasten, die Nase vor Anstrengung stetig am zittern. Er macht wieder einen kleinen Schritt zurück, tastet sich weiter vor, ist angekommen und: oh Wunder, da ist ja gar nichts gefährlich – abgehakt, wenden wir uns wieder unseren sonstigen Beschäftigungen zu. Auch wenn die Welpen erschrecken oder zunächst einmal höchst unbehaglich aus der Wäsche gucken – die Neugierde treibt sie, das Neue, was da in ihrem Leben auftaucht, untersuchen zu müssen. Tja, und dabei stellen sie in der Regel fest, dass die meisten, ach so gefährlichen Dinge des Alltags ungefährlich sind, man von anderen aber wirklich besser die Pfoten lässt.

Dieser Neugierdemechanismus ist so wichtig, weil er die Welpen dazu treibt, nicht einfach nur vor etwas Neuem davonzurennen, sondern das Neue zunächst einmal auf dessen mögliche Gefährlichkeit hin zu überprüfen.

Ein Hund, der diesen entscheidenden Schritt nicht tut, würde immer wieder auch vor den glei-

»Das muss ich mir doch mal genauer untersuchen.«

chen Dingen Angst haben. Immer wegzurennen kostet aber Kraft. Ein Hund, der sich in der Natur selbst ernähren muss, kann sich nicht leisten, Energien mit ständiger Flucht vor harmlosen Dingen zu vergeuden.

Auch Ihr Welpe wird von Neugierde angetrieben und ist extrem lernfähig in seinen ersten vier Lebensmonaten. Wenn Sie ihm da die Chance geben, sich mit möglichst vielen Dingen bekannt zu machen, dann schaffen Sie die Basis für einen selbstsicheren Hund, den unser belastender Alltag nicht mehr schockt, sondern der weiß, was er als gefahrlos ignorieren kann und wo er berechtigt Zurückhaltung üben sollte.

Abenteuer Welpenspielparcours

Dementsprechend ist ein wesentlicher Bestandteil einer guten Welpenspielstunde die dosierte Konfrontation des Welpen mit verschiedensten optischen, akustischen und taktilen Reizen. Da gibt es z.B. Taststrecken, auf denen sich der Welpe auf Gras, Sand, Holz, Gitterosten, wippenden Schüsseln, Kieseln, kleinen Bällen, Plastikplanen und Alufolien bewegt. Windräder drehen sich, Dosen kullern über die Erde, Tücher und Baustellenabsperrbänder flattern vor und über ihm. Zelte und Tunnel bieten dunkle Verstecke. Es wird getrötet, gepfiffen, geklatscht und geknallt, Spielzeugautos mit Polizeisirenen fahren zwischen den Welpen durch, von einer Geräusch-CD hören sie Silvestergeballer, Gewitter und das Zischen von Heißluftballons. Auf Laufstegen und kleinen Plateaus kann man in die Tiefe schauen, im Bollerwagen wird man spazieren gefahren. Ein Mensch kommt an Krücken vorbei, zu einer Spielstunde erscheinen alle Welpenbesitzer mit möglichst verrückten Kopfbedeckungen – und zur Weihnachtszeit kommt dann auch noch der Nikolaus.

Natürlich kann eine Stunde Welpenspiel nicht ausgleichen, was der Welpe alles noch nicht kennen gelernt hat. Natürlich ist es wichtig, dass Sie die ersten Wochen des Welpen gezielt als Erkundungswochen gestalten und mit Ihrem Welpen viele unterschiedliche Umwelten erleben, z.B. auch Straßenbahn fahren oder ihn mit auf den Bahnhof nehmen. Natürlich kann eine Welpenspielstunde nicht all das simulieren, was auf den Hund im Alltag einströmt. Doch eine gute Spielstunde macht eben auch aus, dass Ihnen der Übungsleiter hilft, mit diesen alltäglichen Situationen umzugehen.

Hilfestellung durch den Übungsleiter

Ein erfahrener Spielgruppenleiter kann Sie hinsichtlich Ihres Welpen gezielt beraten. Zeigt dieser etwa besondere Ängstlichkeit, die über das Normale hinausgeht? Wo hat er besondere Schwächen? Was sollten Sie gezielt im Alltag mit ihm üben? Wie sollten Sie sich ihm gegenüber verhalten?

In der Welpenspielstunde sieht man als Leiter oft zwei Extreme von Welpenbesitzern. Die einen sind total schockiert, wenn ihr Welpe Angst zeigt und halten das für abnormal – obwohl der Welpe einfach nur eine natürliche, der Situation angemessene und keineswegs übersteigerte Vorsicht zeigt. Das andere Extrem sind die Besitzer, die gar nicht mitbekommen, dass ihr Welpe Angst hat. Das ist besonders bei den Welpen der Fall, die nicht generell durch ein vorsichtiges oder gar ängstliches Verhalten auffallen, sondern die nur in einem Bereich besondere Schwierigkeiten haben. Die für ihre Geräuschempfindlichkeit bekannten Bearded Collies z.B. zeigen keine Ängste in Bezug auf die Menschen, tollen fröhlich umher, machen den Eindruck eines ausgelassenen Gummiballs – dass sie aber beim Rasseln einer Dose erschreckt zusammenfahren und einige Meter davonstürzen, wird oft nicht wahrgenommen. Der Besitzer dieses Beardies müsste aber seine Konzentration vor allem auf die Konfrontation seines Hundes mit akustischen Reizen legen.

Herdenschutzhundrassen sind dagegen durch Krach meist nicht zu schocken, aber sie mögen die Bedrängung durch Fremdpersonen nicht, also muss man bei ihnen mehr daran arbeiten, eine freundliche Grundhaltung gegenüber fremden Menschen aufzubauen.

Der kompetente Leiter einer Gruppe kann Sie als Besitzer auf mögliche Defizite aufmerksam machen oder aufgrund seines Wissens über rassespezifische Besonderheiten auffordern, auf bestimmte Dinge bei Ihrem Welpen ganz besonderen Wert zu legen.

Er kann Sie anleiten, indem er Ihnen sagt, wie Sie sich in der Gruppe verhalten sollten, wenn Ihr Hund Angst zeigt. Er wird Ihnen vielleicht auch einmal sagen, dass Sie Ihren Hund an einem Tag vielleicht ganz aus der Gruppe herausnehmen sollten, weil er überfordert ist – oder er kann Ihnen auch sagen, dass Sie sich nicht beunruhigen und den Welpen einfach in Ruhe erkunden lassen sollten. Ihnen wird gezeigt, worauf Sie achten müssen, wenn Sie Ihren Hund mit Neuem konfrontieren und wie Sie reagieren sollten, wenn es für den Welpen kritisch wird.

Ein erfahrener Welpengruppenleiter kann Ihnen sagen, wann Ihr Welpe tatsächlich Angst hat und wann er nur eine Masche abfährt, um etwas nicht tun zu müssen, zu dem er keine Lust hat. Er wird Sie darüber aufklären, wie Sie selbst unbewusst die Ängste Ihres Welpen noch fördern, weil Sie ihn z.B. trösten. Er wird Ihnen auch zeigen, wie Sie damit umgehen sollten, wenn Ihr Welpe aus Angst heraus aggressiv wird.

Lernen am Modell

Die Welpenspielgruppe hat noch einen weiteren wesentlichen Effekt. Welpen lernen ganz stark am Modell. D.h. sie beobachten die anderen Hunde und ahmen diese nach. Wenn nun ein von seinem Wesen her eher unsicherer Welpe beobachtet, wie alle anderen Welpen der Gruppe vergnügt weiter tollen, obwohl es da hinten scheppert wie Teufel oder ein Mensch gerade einen Rollator über den Platz schiebt, so lernt er: aha, die anderen kümmert es nicht, also brauche ich mich nicht zu beunruhigen.
Eine kleine Anekdote: Bei einer Welpenspielstunde arbeiteten Landschaftsgärtner neben der Welpenspielgruppe, sie verlegten Pflastersteine. Anstatt nun auf den Einsatz des Rüttlers zu verzichten, wurden sie angewiesen, nach Absprache mit den Übungsleitern den Rüttler anzuwerfen. Zuvor wurden die Welpenbesitzer informiert, dass gleich ein Höllenlärm losgeht und ihnen wurde gesagt, wie sie sich verhalten sollten: Unbefangen weiter über den Platz gehen, sich unterhalten, sich mit dem Hund beschäftigen, kurzum – so tun, als würde keiner etwas hören. In der Welpengruppe befand sich auch ein geräuschempfindlicher Collie. Nun ging also der Höllenlärm los. Die meisten Welpen stutzten kurz, tobten aber sofort weiter. Der Collie raste kurz zu seinem Besitzer, setzte sich hin, extrem unbehaglich blickend, schaute zu, wie die anderen Welpen einfach weiter in ihr Spiel vertieft waren und nach einer halben Minute schaltete er sich wieder ins Spiel ein, ohne noch weiter auf den Rüttler Acht zu geben. Also:

Das positive Beispiel anderer Mitstreiter kann Welpen helfen, Situationen zu bewältigen.

Natürlich gilt das umgekehrt genauso. Die beschriebene Übung hätte man nicht durchführen können, wenn der Übungsleiter gewusst hätte, dass mehrere der Welpen extrem geräuschempfindlich sind und kaum ein stabiler dabei ist. In dem Falle hätten sich die wegrasenden Welpen gegenseitig in ihrer Angst bestärkt.
Bei aller Wichtigkeit der Konfrontation mit potenziell belastenden Reizen kommt es also auf das Fingerspitzengefühl der Spielgruppenleiter an: Was kann diesen Welpen hier und heute zugemutet werden und was nicht. Denn diese Form

der Gewöhnung kann auch nach hinten losgehen – wenn die Gruppe als Ganzes oder einzelne Welpen aus der Gruppe mit Situationen unausweichlich konfrontiert werden, die sie nicht bewältigen können. So etwas führt nur zu Blockade beim Welpen mit negativen Auswirkungen auf künftige Situationen.

Sie lernen, wie Sie mit der Angst Ihres Hundes umgehen können

Wenn die Welpen in der Spielstunde mit Dingen konfrontiert werden, die ihnen Angst machen könnten, so geht es nicht nur darum, die Spielstunde dafür zu nützen, den Welpen möglichst viele solcher möglicherweise unheimlichen Dinge zu zeigen, sondern es geht um mehr:

Der Spielgruppenleiter kann sich ein Bild davon machen, wie sicher sich jeder einzelne Welpe den unterschiedlichsten Situationen gegenüber verhält, welcher Welpe welche Probleme in welchen Bereichen hat, ob ein Welpe dabei ist, der durch ein generell unsicheres Verhalten auffällt. Schon acht oder zwölf Wochen alte Welpen verhalten sich höchst unterschiedlich, wenn man ihre Reaktionen auf verschiedene optische, akustische oder taktile Reize testet.

Da gibt es die Draufgänger, die auf alles Neue mit sofortigem brennenden Interesse reagieren und es sofort furchtlos untersuchen müssen. Entscheiden sie, dass es nicht weiter interessant ist, setzen sie ihr bisheriges Spiel fort. Bietet sich das Neue als Spielobjekt an (Rasselbüchsen kann man z.B. selber schütteln), wird mit dem bis eben noch völlig unbekannten Objekt herumgetollt.

Dann gibt es die vorsichtigen Beobachter, welche die Situation zunächst etwas aus der Ferne abchecken müssen und sich dann vorsichtig den unheimlichen Dingen nähern. Nach kurzer Prüfung erfolgt in der Regel das gleiche Verhalten wie bei den Draufgängern: Wenn sich der Welpe entscheidet, dass z.B. die Sirene des Polizeiautos nicht weiter zu beachten ist, fahren sie fort mit dem, was sie bisher getan haben – oder sie nutzen das neue Objekt zum Spielen.

Dann gibt es die Welpen, die sich vor bestimmten Dingen ängstigen. So gibt es z.B. Welpen, die über alle Hindernisse gehen, sicher auch auf dem rutschigsten Untergrund herumlaufen, denen das Gefühl von Gitterosten unter den Fußsohlen gar nichts ausmacht, die eine Vogelscheuche nur interessant finden – die aber bei ungewohnten Geräuschen wie Tröten, Sirenen, klappernden Büchsen oder auch Tierstimmen vom Band völlig verängstigt reagieren. Diese Welpen haben ein Problem mit einer gesteigerten Geräuschempfindlichkeit. Die Ursache kann dabei sowohl in einer bisherigen schlechten Aufzucht im Sinne einer reizarmen Umgebung in absoluter Stille und Ruhe liegen, sie ist aber oft rassetypisch verankert. Die Collierassen z.B. neigen eher zu Geräuschempfindlichkeit.

Wieder andere Welpen stellen selbst beim lautesten Krach die Ohren auf Durchzug, sind aber nicht dazu zu bewegen, über eine knisternde Alufolie oder eine rutschige Plastikplane zu gehen.

Und dann gibt es die Welpen, die weder Geräusche noch ungewohnte Bodenbeläge schocken, die aber auf optische Merkwürdigkeiten wie bunte Flatterbänder, ein Gespenst, eine Person mit einer Karnevalsmaske etc. verängstigt reagieren.

Tja, und dann gibt es die Welpen, die nur vor den fremden Menschen oder nur vor den anderen Hunden Angst haben.

Neben diesen Welpentypen, die vor spezifischen Reiz-Gruppen Angst haben, gibt es dann noch diejenigen, die auf alles Neue mit deutlicher Furcht, vielfach geradezu mit Panik reagieren. Sie versuchen zu flüchten, aus dem Gelände herauszukommen, suchen Deckung in Verstecken oder zwischen den Beinen ihrer Besitzer. Sie sind von allem überfordert.

Die Rolle des Übungsleiters

Spielgruppenleiter müssen über viel praktische Erfahrung verfügen, um sich sehr schnell von jedem neu eintrudelnden Welpen ein Bild machen zu können hinsichtlich der Frage, ob und wenn ja in welchen Bereichen dieser Welpe Unsicherheit zeigt.

Wichtige Erfahrung: »Mir kann nichts passieren.«

Das ist einmal deswegen wichtig, um diesen Welpen nicht in Situationen zu bringen oder vor Anforderungen zu stellen, die er nicht bewältigen kann. Man kann einem Welpen nicht auf Biegen und Brechen seine Ängste im Hauruckverfahren zu nehmen versuchen – das geht nur einfühlsam in dosierten Schritten.

Zum anderen ist es wichtig, damit der Gruppenleiter Sie als Besitzer des Welpen auf Verhaltensweisen Ihres Welpen aufmerksam machen kann, die Ihnen vielleicht so noch gar nicht bewusst gewesen sind. Und er wird Ihnen zeigen, wie man mit Angst des Welpen umgeht.

Genauso wenig wie eine Hauruckmethode hilft das, was die meisten Welpenbesitzer tun, wenn sie sehen, dass ihr geliebtes kleines Familienmitglied so offensichtlich Angst hat: Trösten, Behüten, Beschützen.

Dies ist der falsche Weg, weil Sie Ihren Welpen so darin bestärken, dass die Situation wirklich ganz furchtbar ist und Sie ihn mit Ihrer Zuwendung für sein Angstverhalten auch noch belohnen – denn Ihre Zuwendung empfindet ein Welpe als Belohnung. Ohne dass Sie es wollen, unterstützen Sie die Furcht des Welpen.

Ein guter Gruppenleiter weiß, was er Ihrem Welpen zumuten kann und wird ihn evt. stärker herausfordern, als Sie es dem Welpen zutrauen würden. Angst lässt sich nur überwinden, wenn sich der Welpe der Situation stellt – und genau da braucht es das Fingerspitzengefühl, den Grad zu finden, sich so weit vorzutasten, dass Ihr Welpe noch nicht vor Angst blockiert ist und wirklich lernen kann, dass er sich nicht zu fürchten braucht. Spätestens wenn Sie das erste Mal die Reaktion eines Welpen sehen, der sich nach langem Zögern endlich etwas getraut hat – z.B. durch einen dunklen Tunnel zu kriechen -, wird Ihnen deutlich, wie wichtig dieses Erlebnis für

den Welpen ist: Berauscht von seinem Erfolg rast er dann nämlich unermüdlich ständig wieder durch diesen Tunnel. Die eigene Angst überwunden zu haben, stärkt das Selbstbewusstsein Ihres Welpen enorm.
Im Alltag werden Sie normalerweise immer wieder mit der Situation konfrontiert werden, dass Ihr Welpe vor etwas Angst hat. In der guten Welpengruppe aber haben Sie gelernt, wie Sie mit Ihrem spezifischen Welpen in einer solchen Situation umgehen können.

Ihr Welpe wird selbstsicher, weil er lernt, mit Dingen richtig umzugehen

Und damit sind wir bei einem weiteren, entscheidenden Punkt:

Je mehr Situationen Ihr Welpe kennen lernt, aber auch, je öfter er seine Angst zu überwinden lernt und das Hochgefühl verspürt, das ihn nach einer solchen »Mutprobe« befällt, desto mehr wird sein Selbstbewusstsein gestärkt.

Nun sagen Sie sich vielleicht: Ich will gar keinen so selbstbewussten Hund, denn ich habe Angst, dass der mir dann auf dem Kopf herumtanzt. Oder: Was soll mein Hund in der Stadt, ich gehe doch sowieso nur in Feld und Wiesen mit ihm spazieren?
Der Gedanke ist zwar auf den ersten Blick verständlich, aber tatsächlich verhält es sich anders: Vielleicht sind Ihre momentanen Lebensumstände so, dass Sie außerhalb wohnen, ohne Verkehr, fremde Menschen, Krach, kreischende Kinder etc. Hunde werden aber durchschnittlich zehn Jahre alt, viele Kleinhunderassen wesentlich älter. Können Sie für sich mit Sicherheit sagen, dass sich in zehn Jahren Ihre Lebensumstände überhaupt nicht geändert haben werden? Vielleicht sind Sie aus familiären oder beruflichen Gründen zu einem Umzug gezwungen, vielleicht sind Sie plötzlich auf die Inanspruchnahme öffentlicher Verkehrsmittel angewiesen etc.? Ihrem erwachsenen Hund dann die Ängste in ihn völlig überfordernden Situationen abzugewöhnen, ist sehr schwer und in vielen Fällen auch nicht möglich. Da ist es wirklich besser, dass Ihr Welpe frühzeitig lernt, sich an alles zu gewöhnen. Es geht nicht nur darum, dass Sie mit Ihrem Hund an einer viel befahrenen Straße entlanggehen können, ohne dass er wie ein Eselchen bockt, weil er dort keinen Schritt machen will, oder dass Sie mit ihm einen Besucher vom Bahnhof abholen können, ohne dass Ihr Hund auf dem Bauch rutschend nur schnell dem Ausgang zustrebt. Das ist für Sie nervend, aber vielleicht sagen Sie sich: dann meide ich solche Situationen eben.
Es geht aber darum, wie Ihr Welpe sich fühlt. Wir wissen aus der Forschung, dass unsere Hunde den gleichen Gehirnabschnitt wie wir selber haben, der sie und uns dazu veranlasst, in bedrohlichen Situationen reflexartig zu reagieren, ohne nachzudenken. Wir wissen, dass Hunde starke Angst empfinden können. Und wir wissen, dass Angst Stress bedeutet und dass Stress krank macht, seelisch wie körperlich.

Nicht alles zu unternehmen, um unseren Hunden ein weitgehend angstfreies Leben zu ermöglichen, ist also genau genommen eine Form der Tierquälerei.

Sie können das Pech haben, einen Welpen gekauft zu haben, der bedingt durch genetische Fehler und eine schlechte Aufzucht niemals zu einem selbstsicheren Hund heranwachsen wird, egal wie sehr Sie sich auch bemühen. Aber Sie sollten versuchen, möglichst alles für ihn zu tun, um das Ausmaß seiner Ängste zu mildern.

Angst und Aggression

Ein sicherer Hund geht nicht nur glücklicher durch das Leben, sondern es kommt noch ein weiterer Aspekt hinzu: Angst schlägt sehr oft um in Aggression. Der Hund nimmt subjektiv etwas als Bedrohung wahr und entschließt sich, präventiv anzugreifen, bevor diese Bedrohung ihm an den Kragen geht. Dieses Verhalten sieht man häufig gegenüber fremden Menschen oder anderen Hunden. Wenn es Ihnen nicht durch gezielte Gewöhnungsübungen gelingt, Ihrem Welpen seine – wie auch immer entstandene – Angst vor Menschen oder anderen Hunden zu nehmen, so werden Sie zeitlebens ein wirklich ernstes Problem haben: einen Hund, der selbst auf freundliche Annäherung einer Fremdperson mit Knurren, Bellen, Scheinattacken oder tatsächlichem Zuschnappen reagiert. Er stellt somit eine Gefahr für andere Lebewesen dar und gefährdet sich selbst natürlich auch: Nicht jeder Hund sagt sich angesichts der Attacke eines anderen ängstlichen Hundes: »Der Kleine hat ja nur Angst vor mir, also werde ich mich mal nicht wehren«. Und in Zeiten von »Kampfhunddebatten« und hysterischer Öffentlichkeit brandmarkt ein solch aggressives Verhalten Ihres Hundes einer friedlichen Fremdperson gegenüber den Hund als gefährlich und Sie als »Kampfhundbesitzer«.

Ein in sich gefestigter Hund wird in seinem Leben auch Belastungen, die Sie nicht steuern können – wie z.B. eine längere Abwesenheit von Ihnen, weil Sie ins Krankenhaus müssen etc. – seelisch besser wegstecken, als ein Hund, dessen Lebensgrundgefühl von zumindest latenter Angst geprägt ist.

Und falls Sie glauben, dass ein unsicherer Hund Ihnen wenigstens nicht in dem Sinne auf der Nase herumtanzt, dass er Sie und Ihre Chefposition im Familienrudel nicht antesten wird, so haben Sie sich auch darin getäuscht: Viele nach außen eher unsichere Hunde schwingen innerhalb ihres Heims in der vertrauten Umgebung und mit den vertrauten Personen trotz allem das Zepter. Und viele ängstliche Hunde haben darüber hinaus durchaus gelernt, wie sie das Zeigen von Furcht dafür gezielt einsetzen können, um sich Dingen zu entziehen, die sie einfach nicht tun wollen, weil sie keine Lust haben – und nicht, weil sie sich fürchten.

Ihr vordringlicher Job als frisch gebackener Welpenbesitzer ist es daher nicht, Ihrem Kleinen möglichst schnell Sitz und Platz beizubringen, sondern ihm in einer sensiblen Entwicklungsperiode, in der er sehr offen und empfänglich dafür ist, Dinge zu lernen und in der ihm seine Neugierde hilft, Ängste zu überwinden, an all das zu gewöhnen, mit dem er in seinem Leben konfrontiert sein könnte. Die Welpenspielstunde ist dafür ein Anfang, und Sie lernen, wie Sie diese Aufgabe im Alltag fortführen können.

Die Bindung des Hundes an Sie wird gefördert

Gemeinsam beunruhigende Situationen durchzustehen, fördert die Bindung zwischen Ihrem Welpen und Ihnen. Mit Bindung meine ich ein festes Band gegenseitigen Vertrauens und gegenseitiger Zuneigung.

Ihr Welpe lernt Sie als sicheren Führer kennen, dem er blind folgen kann. Er lernt, dass Ihre Aufforderung, zu Ihnen durch einen Tunnel zu laufen nicht nur damit endet, dass er merkt, es war gar nicht schlimm, sondern mit dem oben beschriebenen Hochgefühl. So werden Sie für ihn zu einer Person, die für Spaß und Freude steht. Wenn Sie sich mit ihm beschäftigen und mit ihm neue Dinge in Angriff nehmen, so macht das Spaß und man fühlt sich hinterher stolz. Voraussetzung dafür ist natürlich, dass Sie Ihrem Welpen wirklich das abverlangen, was er bewältigen kann. Überfordern Sie ihn ständig, nur weil Sie z.B. in der Welpengruppe sehen, dass alle schon durch den Tunnel laufen, nur Ihr Kleiner nicht, dann findet das Gegenteil statt: Ihr Welpe erlebt Sie als Person, die ihn mit Dingen konfrontiert, die für ihn in Frustration und Versagenserlebnissen, also mit extrem schlechten Gefühlen enden. In der Spielgruppe werden Sie aber angeleitet, genau diesen Fehler zu vermeiden, damit eben dieser immens wichtige Effekt der Bindungsförderung eintritt.

»Wir zwei gehören zusammen.«

So wichtig wie die Gewöhnung an die Umwelt ist, so wichtig ist es in den ersten Wochen, dass Ihr Welpe Sie als absolut vertrauenswürdigen Partner kennen lernt, mit dem das Leben gemeinsam einfach Spaß macht. Ist Ihr Welpe auf Sie bezogen, sind Sie für ihn das Größte auf der Welt. So fällt die Erziehung wesentlich leichter, weil Ihr Welpe Ihnen gefallen will, oder weil er sich im Zweifelsfall einfach entschließt, doch lieber zu Ihnen als zu einem anderen Hund zu laufen, wenn Sie ihn rufen, weil er gelernt hat, dass es bei Ihnen Spaß gibt.

Bindung baut man nicht nur über engen Körperkontakt, Schmusen und gemeinsames Spielen auf. Bindung baut man eben auch darüber auf, dass man mit dem Welpen ihm unheimlich erscheinende Situationen übersteht und ihm Dinge beibringt.

Auf Gemeinsamkeit kommt es an

Bestandteil einer guten Welpenspielstunde ist z.B. die Aufforderung an Sie, dass Sie mit Ihrem nicht angeleinten Welpen spielen – obwohl um ihn herum der Bär tobt und all die anderen rennenden Spielgefährten da sind. Es wird Sie anfangs vermutlich schwer frustrieren, zu sehen, dass Sie Ihren Hund kaum zum gemeinsamen Spiel bewegen können oder er stets nur kurz bei Ihnen ist und dann wieder wegfegt. Aber Sie werden merken, dass sich das über die Zeit ändert und er auch inmitten des Pulks mit Ihnen spielt.

Stehen Sie als Besitzer nur herum, schauen ihm beim Spielen zu und freuen sich darüber, dass er Spaß hat, so laufen Sie in eine nicht zu unterschätzende Gefahr: Ihr Welpe lernt, dass er woanders seinen Spaß, seine Erfolgserlebnisse und seine Lustbefriedigung erlebt, indem er allein Dinge ausprobiert, von Fremdpersonen willig gestreichelt wird oder wild mit anderen Hunden tobt. Tja, und dann wird er sich auf Spaziergängen ähnlich verhalten: Er rennt zu anderen Menschen, um zu gucken, ob die auch so nett sind wie die, die er im Welpentreff kennen gelernt hat. Er sieht einen anderen Hund und rast weg, weil für ihn der Anblick eines Hundes gleichbedeutend ist mit Spiel. Er macht sich mit zunehmendem Alter in immer größeren Radien daran, seine Umwelt zu erkunden, wobei er dann z.B. auf ein Mäuseloch stößt, was man ausbuddeln, oder ein Häschen, dem man hinterherlaufen kann. Sie sind nur sein Anhängsel, das irgendwo da draußen auch herumrennt.

Macht Ihr Welpe aber im Gegensatz dazu in der Welpenspielstunde die Erfahrung, dass Sie ihn immer mal wieder zu sich rufen, er auf sein Kommen mit Leckerchen, Schmusen oder Spiel belohnt wird und Sie z.B. mit ihm gemeinsam ins Zelt kriechen, so wird er auch auf Spaziergängen viel stärker die Erwartungshaltung haben, dass Sie sich dort mit ihm beschäftigen – vorausgesetzt, Sie beschäftigen sich draußen auch tatsächlich mit ihm und lassen ihn nicht einfach nur frei herumlaufen und sich seinen Spaß alleine suchen.

Richtiges Spielen

Nun fallen hier ständig die Wörtchen »Spiel« und »Loben«. Eigentlich sollte man meinen, dass es doch einfach ist, mit einem Hund zu spielen und ihn zu loben. Fakt ist jedoch, dass beides gelernt sein will. Wir spielen häufig viel zu stereotype Spiele, wie z.B. immer nur Bällchen wegwerfen und bringen lassen. Nun gibt es zwar Ball- und Stockfanatiker unter den Hunden, die sich damit Stunden beschäftigen können, aber die meisten Hunde sind doch schnell gelangweilt. Außerdem sind Sie in den Augen Ihres Welpen so nur eine Wurfmaschine. Ganz anders sieht es aus, wenn man sich gemeinsam um eine Beute streitet und z.B. an zusammengeknoteten Socken zergelt oder wenn man gemeinsam nach einem versteckten Leckerchen sucht etc. Hunde haben auch deutlich unterschiedliche Spielpräferenzen. Es gibt Hunde, die spielen überhaupt nicht mit Objekten wie Bällen, Beißwürsten, Quietschies etc. Sie spielen nur einen »Körperkampf« mit ihrem Menschen. Es gibt Hunde, die Zergelspiele über alles lieben, die aber nicht hinter etwas herrennen. In der Welpenspielstunde lernen Sie, wie man mit Hunden im Allgemeinen spielt und wie Sie mit Ihrem speziellen Hund im Besonderen so spielen können, dass dieses Spiel für Ihren Welpen wirklich toll und wichtig ist und Ihnen somit als wichtige Belohnungsform dienen kann, womit wir beim zweiten Wörtchen wären, der »Belohnung«.

Richtiges Belohnen

Neutral gesprochen meint Belohnung einfach nur, dass das, was auf das Verhalten des Hundes folgt, dazu führt, dass der Hund dieses Verhalten wieder zeigen wird. Ein Beispiel: Der Welpe wird gerufen, kommt sofort dicht zu seinem Besitzer gerannt und erhält dafür ein Leckerchen. Da der Hund erstens hungrig ist und es sich zweitens um ein besonders wohlschmeckendes Leckerchen handelt, ist ihm die Erfahrung, die auf den Ruf und das Kommen gefolgt ist, äußerst angenehm, sodass er bei nochmaligem Rufen wieder angerannt kommt, um sich das Leckerchen abzuholen. Der Besitzer hat seinen Hund also mittels Leckerchen belohnt. Das funktioniert aber nur, wenn dieses Leckerchen auch einen Reiz für den Hund besitzt. Ist der Welpe sowieso pappsatt und lockt lediglich ein harter Futterbrocken, so wird er eine Abwägung treffen zwischen seinem Bedürfnis, weiter mit den anderen Hunden zu rennen, was ihm solchen Spaß bereitet und sich einen Futterbrocken abzuholen. Seine Entscheidung kann in dem Fall vermutlich so aussehen, dass er weiter spielen will.

Das bedeutet, dass Sie Ihren Welpen mit etwas belohnen müssen, was für ihn wirklich einen Reiz darstellt – und das ist von Hund zu Hund sehr verschieden. Manchen Hunden reicht das begeisterte verbale Loben, das freundliche Anlächeln, das Streicheln. Andere sind nur darauf aus, etwas zu fressen abzustauben; wieder andere möchten, dass man mit ihnen um eine Beute zergelt. Und dann gibt es noch die, die nur für bestimmte Leckerchen etwas tun. Sie müssen herausfinden, was Ihr Hund toll findet – und dabei hilft Ihnen der Welpenspielleiter.

Damit Sie Belohnungen so einsetzen können, dass damit das erwünschte Verhalten Ihres Welpen bestärkt wird, bedarf es aber nicht nur der richtigen Belohnung, es bedarf auch des richtigen Timings – und daran scheitern viele Hundebesitzer. Damit ein Hund in seinem Gehirn verknüpft, also lernt: »Wenn meine Chefin meinen Namen ruft und ich sofort komme, dann gibt es ein Leckerchen«, darf der Zeitintervall zwischen seinem Handeln (er kommt angerannt) und Ihrer Belohnung (Sie geben ihm ein Leckerchen) maximal zwei Sekunden betragen. Brauchen Sie länger, bringt er den Erhalt des Leckerchens nicht mehr mit seinem Akt des Herankommens auf Ihren Ruf hin in Verbindung. Er hat dann nicht gelernt, dass er ein Leckerchen bekommt, weil er auf Ruf gekommen ist. Zwei Sekunden sind sehr kurz, Sie müssen also sehr stark an Ihrem Timing arbeiten: **Blitzschnell reagieren und im richtigen Moment loben.**

Richtiges Timing

Wohin ein falsches Timing führt, kann man oft beobachten, wenn man zuschaut, wie Menschen ihren Welpen »Sitz« beibringen. Einem Welpen Sitz beizubringen ist sehr einfach, weil das zu seinem normalen Verhaltensrepertoire gehört. Außerdem hat er ab einem bestimmten Alter an der Milchbar seiner Mutter im Sitzen getrunken. Er verbindet also in der Regel durchaus angenehme Gefühle mit dem Sitzen. Nun sagt der Mensch also »Sitz« und der Welpe setzt sich. Der Mensch nestelt in seiner Manteltasche, um ein Leckerchen hervorzuholen, der Welpe schaut zu. In dem Moment, indem das Leckerchen sichtbar wird, steht der Welpe in freudiger Erwartung auf und sein Mensch gibt ihm das Leckerchen. Hat der Welpe gelernt, dass er für das Sitzen belohnt wird? Nein! Er hat soeben gelernt, dass er für das Aufstehen belohnt wird, denn unmittelbar nach seinem Aufstehen hat er die Belohnung kassiert, wodurch er in seinem Gehirn verknüpft: »Aus dem Sitzen aufstehen wird belohnt – also bleibe ich auch in Zukunft natürlich nicht lange auf meinem Hosenboden sitzen«.

In einer guten Welpenspielstunde wird Wert darauf gelegt, Ihnen zu zeigen, wie und wann Sie Ihren Welpen belohnen – um die Belohnung zum Aufbau erwünschten Verhaltens einzusetzen, bzw. um zu verhindern, dass Sie unbewusst falsches Verhalten belohnen.

Und damit sind wir beim Thema Erziehung – oder dem, was so landläufig darunter verstanden wird:

Sie lernen, wie Sie Ihrem Hund wichtige Dinge beibringen können

Menschen, die einen Welpen zu sich nehmen, sind natürlich daran interessiert, ihm Erziehung angedeihen zu lassen. Unter Erziehung wird im Allgemeinen verstanden, dass der Hund nicht an der Leine zieht, sich setzt und hinlegt, wenn man es ihm sagt, auf Ruf kommt, keinen Unrat vom Boden frisst. Aber auch das Nichtanspringen von anderen Menschen, das Nichtjagen von Joggern, Radlern etc., das Ausgeben von gefundenen Gegenständen gehört dazu.

Ihr Hund ist nie wieder so lernfähig wie in seinen ersten 16 Lebenswochen. Allein daraus ergibt sich, dass Sie sofort beginnen sollten, ihm spielerisch Dinge beizubringen, die einfach wichtig sind. Und so gehört es zum Programm einer guten Welpenspielstunde, Ihnen zu zeigen, wie Sie Ihrem Welpen zeigen können, was Sie mit Sitz, Platz, Aus, Pfui, Nein, Komm etc. meinen, und wie Sie Ihren Welpen motivieren können, das zu tun, was Sie sich von ihm wünschen.

Über die richtige Form von Belohnung und das richtige Timing haben Sie soeben bereits gelesen. Aber richtig belohnen können Sie natürlich erst das, was der Welpe zeigt. Wie Sie ihn dazu bringen, das wird Ihnen in der Welpenspielstunde erklärt und dann wird es praktisch eingeübt.

Aber: Pro Welpenspielstunde macht man eine, maximal zwei solcher Übungen. Der Spielgruppenleiter erklärt zunächst das Prinzip, also z.B. wie man einem Hund das Platzmachen beibringt. Dann macht er es selber vor und erklärt dabei die einzelnen Schritte, auf die man achten muss.

Nicht von oben herab: Wenn Sie sich auf gleiche Höhe zu Ihrem Hund begeben und ihn mit einem Leckerli belohnen, lernt er das »Platz« viel leichter.

Dann probieren Sie es unter Anleitung des Leiters aus – und dann ist erst mal wieder Toben angesagt.

Welpengruppen, die so ablaufen, dass eine Gruppe von Welpen eine Stunde im Kreis marschieren, Bei Fuß gehen, Sitz und Platz machen soll, sind absoluter Unsinn: Sie überfordern die Konzentrationsmöglichkeit eines Welpen und führen letztlich nur dazu, dass Ihr Welpe das Zerren an der Leine und das unkorrekte Ausführen von Befehlen lernt.

In einer guten Gruppe dagegen wird das Spielen der Hunde untereinander oder mit ihren Besitzern durch kurze Pausen unterbrochen, in denen dann eine Übung gemacht wird. Dieses Vorgehen hat mehrere Vorteile:

- Es überfordert den Welpen nicht in seiner Konzentrationsfähigkeit.
- Es erinnert ihn daran, dass er ja mit Ihnen zusammen da ist und sie auch zusammen etwas machen.
- Es kühlt die eventuell im Spielrausch überdrehten Welpen wieder etwas ab.
- Der Welpe lernt von Beginn an, dass er Befehle eben auch unter massiver Ablenkung befolgen muss und nicht nur im stillen Kämmerlein.
- Sie erhalten eine kompetente Anleitung für das Üben zu Hause.

Hundeerziehung ist nicht nur eine Frage des Timings, der Belohnung und des richtigen Handlings – also der Technik – sondern auch eine Frage des Verstehens von Körpersprache und des richtigen Einsatzes der eigenen Körpersprache.

Sie lernen, Ihren Hund besser zu verstehen und sich ihm besser verständlich zu machen

Wir Menschen drücken uns, wenn wir mit unseresgleichen kommunizieren, sowohl über unsere Körpersprache, unsere Mimik, unsere Gestik, als auch in einem hohen Maße über unsere verbale Sprache aus. Bei Hunden ist das anders: Ihre verbale Sprache, also Bellen, Knurren, Winseln etc., hat gegenüber ihren körpersprachlichen Ausdrücken einen geringeren Stellenwert, wobei Untersuchungen zeigen, dass es erhebliche Unterschiede zwischen den einzelnen Rassen gibt: Es gibt Rassen, die sich gerne über Bellen ausdrücken, dabei aber wenig sagen. Es gibt Rassen die ein recht ausgefeiltes stimmliches Verständigungssystem haben und es gibt ausgesprochen »stille« Rassen, bei denen es nur selten zu Lautäußerungen kommt. Aber über alle Rassen hinweg gilt: Der Körpersprache kommt die Hauptbedeutung zu, die Lautäußerungen unterstützen diese.

Für Ihren Umgang mit Ihrem Welpen bedeutet das, Sie müssen lernen, seine Körpersprache zu entschlüsseln: Was bedeutet das Ohrenspiel, welche Stimmung drückt ein Welpe aus, der die Ohren nach vorne legt oder eng zurück an den Kopf trägt? Was sagt eine Rute aus, die zwischen den Beinen, die hoch über der Rückenlinie oder die in verlängerter Rückenlinie peitschenartig hin und her wedelt? Was sagt die Gesichtsmimik eines Hundes, sein Nasenrunzeln und Lefzenhochziehen in unterschiedlichsten Stadien über seine Stimmung aus? Um wirklich zu verstehen, was ein Hund gerade ausdrückt, muss man die Gesamtheit seiner Körpersprache ansehen. Es reicht nicht zu sagen: der fletscht die Zähne, also ist es ein »dominanter« Hund, also wird er angreifen – während zugleich die Rute unter dem Bauch klebt, der ganze Hund in sich zusammengebuckelt ist, die Augen verängstigt hin und her huschen und sich nicht trauen, den Gegner mit dem Blick festzuhalten.

Die Welpengruppe bietet Ihnen gleich zwei Chancen: Zum einen werden Sie durch die Spielgruppenleiter angeleitet, Ihren Hund zu beobachten und herauszufinden, welche Körperhaltung Ihnen welche Botschaft über seinen momentanen Gemütszustand gibt. Zum anderen können Sie normalerweise viele verschiedene Rassen und Rasse-Mixe beobachten. Sie werden feststellen, dass es zwar universelle Gemeinsamkeiten im Ausdrucksverhalten gibt, darüber hinaus jedoch auch deutliche Unterschiede. Diese liegen allein schon im Exterieur begründet: Wer viel Fell im Gesicht hat wie z.B. ein Bobtail, bei dem sieht man die Gesichtsmimik nicht so ausgeprägt wie bei einem kurzfelligen Hund wie z.B. dem Dalmatiner. Ein Rhodesian Ridgeback zeigt durch seinen Ridge ein permanentes Nackenfellsträuben, ohne dass er sich in Erregung oder gar Angriffsbereitschaft befinden muss. Hunden mit Stummelschwänzen fehlt die komplexe Ausdrucksmöglichkeit über ihre Rutenhaltung.

Neben diesen rein äußerlichen Unterschieden zählt aber auch, wie stark eine Rasse generell zur deutlichen Körpersprache neigt oder wie subtil sie mit ihrer Körpersprache arbeitet. So können sich Hunde z.B. stark darin unterscheiden, welche verschiedenen Stufen des Drohverhaltens sie zeigen. Manche steigern sich kontinuierlich in kleinen Schritten, andere beschränken sich auf ein, zwei Schritte: z.B. imposantes Aufbauen, starrer Blickkontakt – und stürmen dann plötzlich los.

In der Welpengruppe werden Sie angeleitet, wirklich genau hinzusehen und sich vor vorschnellen Schlüssen in Acht zu nehmen.

Indem Sie Sicherheit in der Interpretation der Stimmungslage Ihres Hundes finden, sind Sie selber natürlich auch sicherer im Umgang mit diesem. Sie können auf dem Spaziergang einen herrenlosen fremden Hund, der Ihnen entgegenkommt, besser daraufhin abschätzen, ob er eher friedlich gestimmt ist oder ob es sich vielleicht anböte, einen Umweg einzuschlagen. Sie können bei Ihrem eigenen Hund ablesen, ob er einen bestimmten Befehl verweigert, weil er ihn nicht versteht, weil er wegen einer anderen Sache vor Angst gelähmt ist oder weil er Sie herausfordern

will. Das ist für den erzieherischen Umgang mit ihm von entscheidender Bedeutung.
Und damit sind wir auch wieder beim Thema Erziehung: Unsere Hunde verstehen uns wesentlich besser, wenn wir auf körpersprachliche Hilfen zurückgreifen.
Ein simples Beispiel: Ein Hund wird das »Platz« schneller lernen, wenn wir neben dem Wörtchen »Platz« auch eine deutliche Handbewegung nach unten machen. Wenn man Hunde sowohl auf Hand- als auch auf Hörzeichen trainiert, wird man immer wieder eine faszinierende Entdeckung machen: Lässt man das Hörzeichen weg, klappt es trotzdem noch, lässt man aber das Handzeichen weg, wissen viele Hunde nicht mehr, was sie eigentlich machen sollen.

Hunde orientieren sich stärker an unseren Bewegungen als an dem, was wir sagen. Daher ist es wichtig, sich der eigenen Körpersprache bewusst zu sein und sich im Umgang mit dem Welpen kontrolliert zu verhalten.

In der Welpenspielstunde lernen Sie z.B. sich hinzuhocken, den Oberkörper zurückzulehnen und Ihre Arme dicht am Körper zu haben, wenn Sie Ihren Welpen rufen, anstatt aufrecht zu stehen. Tabu dagegen ist: den herankommenden Welpen auf Armeslänge vor sich abzufangen, sich über ihn zu beugen und ihm auf dem Kopf herumzupatschen. Letzteres nämlich interpretiert Ihr Welpe als Bedrohungssignale, mit der Folge, dass er gar nicht oder nur zögerlich zu Ihnen gelaufen kommt.

Gut gemeint, aber einen sich herabbeugenden Menschen empfindet ein Hund als Bedrohung – auch wenn es das Frauchen ist.

Sie lernen also in der Welpenspielstunde auch, die Körpersprache der Hunde zu verstehen und Ihre eigene Körpersprache zu kontrollieren. Und da Sie dann auch noch den anderen Welpenbesitzern zusehen können, wird Ihnen sehr anschaulich werden, warum der eine Hund fröhlich auf das erste Rufen hin angerast kommt und warum der andere Welpe keine Neigung zeigt, zum Besitzer zu laufen.

Sie werden in allen Fragen rund um den Hund beraten

Wenn man Ersthundebesitzer ist, dann hat man sowieso Fragen über Fragen, was den Umgang mit dem Welpen betrifft. Wenn man schon Hunde gehabt hat, so weiß man zwar mehr, aber jeder neue Hund wirft neue Fragen auf, weil Hunde eben auch Individuen sind. Wer drei Jahrzehnte hintereinander immer nur Schäferhunde gehabt hat, kann von seinem vierten Schäferhund trotzdem zur Verzweiflung getrieben werden, weil der sich plötzlich ganz anders verhält als seine Vorgänger und all das, was bei denen funktioniert hat, bei diesem nicht funktioniert.

Eine gute Welpenspielgruppe bietet Ihnen die Chance, Ihre Fragen zu stellen und soll Hilfemöglichkeiten aufzeigen. Sie können jedoch nicht erwarten, dass Sie während der Spielstunde den Gruppenleiter gänzlich für sich in Beschlag nehmen und ihm zehn Minuten von Ihren Problemen erzählen können. Er ist primär dafür da, das Spielgeschehen im Auge zu haben, einzugreifen, wenn es nötig ist, Hundebesitzer anzuleiten, die gerade dabei sind, einen Fehler im Umgang mit ihrem Hund zu machen, die Hunde daraufhin zu beobachten, ob einer auffälliges Verhalten zeigt etc. Da kann er Ihnen nicht lange konzentriert zuhören und dann noch einen Einzelvortrag halten. Deswegen gilt: Gezielte Fragen im Anschluss an die Stunde stellen, eventuell einen Gesprächstermin vereinbaren (was in Hundeschulen kein Problem sein dürfte, in Vereinen mit ihren ausschließlich ehrenamtlich Tätigen meist schon eher), damit Sie beide in Ruhe reden können. Natürlich kann man kurz zu beantwortende Fragen – Welcher Tierarzt kennt sich in Zahnheilkunde aus? Wo muss ich meinen Hund anmelden? Wo gibt es diese Leinen? etc. – auch im Rahmen der Spielstunde stellen. Geht es jedoch um Probleme wie solche, dass Ihr Welpe z.B. eines der Kinder immer in den Hosenboden zwickt, er nicht stubenrein wird, er nicht dazu zu bewegen ist, Ihr Grundstück zu verlassen, so ist das nicht in zwei Sätzen zu beantworten.

Zum Konzept einer guten Welpenspielgruppe gehört es natürlich, theoretisches Wissen rund um den Hund zu vermitteln. Themen wie Ernährung, Gesundheit, richtige Bewegung, aber eben auch Hundeverhalten, Körpersprache des Hundes, Lernverhalten des Hundes, der Hund als Rudeltier und was daraus für die Einordnung des Hundes ins Familienrudel folgt, sollten angesprochen werden.

Dazu sind verschiedene Wege denkbar und praktikabel: Sie erhalten eine umfassende Infobroschüre und/oder einen gezielten Buchtipp. Sie erhalten Kurzinfoblätter zu verschiedensten Themen, die Sie auch am Ende dieses Buches finden. Es werden separate Infoabende angeboten, auf denen es einen Vortrag zu einem bestimmten Thema gibt und bei denen dann auch Möglichkeiten zu Nachfragen bestehen. Innerhalb der Welpenspielstunde wird eine kurze Pause eingeschoben, in welcher der Gruppenleiter zu einem Thema in Kürze das Wichtigste erzählt. Nach der Stunde wird grundsätzlich Zeit eingeplant, damit der Gruppenleiter für Einzelfragen zur Verfügung steht kann.

Viele Fragen erübrigen sich allein dadurch, dass Sie dem Gruppenleiter wirklich genau zuhören, wenn er einzelne Übungen erklärt oder exemplarisch an einem Hund etwas erläutert. Auch lohnt es sich, die ausgeteilten Infobroschüren oder auch die Buchtipps ernst zu nehmen und zu lesen.

Ein Spielgruppenleiter muss in der Lage sein, Ihnen Ihre wichtigen Fragen verständlich zu beantworten und in Fällen, in denen er selbst nicht weiterweiß, Ihnen Ansprechpartner nennen zu können, die ihnen weiterhelfen können.

Sie können sich mit anderen Welpenbesitzern austauschen

Schließlich kann es auch sehr hilfreich sein, sich mit anderen Welpenbesitzern auszutauschen. Man kann sich gegenseitig Tipps geben, aber auch z.B. dadurch ermutigen, dass der andere Welpe auch die Schuhe verschleppt, den Teppich annagt, den Mülleimer ausräumt oder beim Spielen zu fest zubeißt. Indem Sie hören, was andere kleine Wirbelwinde zu Hause so alles »verbrechen«, relativiert sich Ihr eigener Anspruch an das, was Ihr Welpe schon können muss, doch erheblich. Sie fühlen sich gleich weniger unfähig, wenn Sie hören, dass es anderen auch nicht besser geht. Stellt man dann noch fest, dass man gar nicht weit voneinander entfernt wohnt, sind schnell Verabredungen zum gemeinsamen Spazieren gehen getroffen. Und schließlich findet man immer mal wieder jemanden, der so sympathisch ist, dass man sich anfreundet. Der Welpentreff bietet so auch die Gelegenheit, andere Hundebesitzer kennen zu lernen und sich eventuell zu gemeinsamen Verabredungen zu treffen.

Bitte: Der Welpentreff ist keine Dauerplauderstunde zwischen den Besitzern.

Damit bringen Sie nicht nur den Gruppenleiter zur Raserei, weil Sie z.B. ständig nicht mitbekommen, dass jetzt eine neue Übung angesagt ist und Sie Ihren Hund anleinen sollen. Viel wichtiger ist, dass Sie damit blockiert sind für Aktivitäten mit Ihrem Hund. Bitte erinnern Sie sich daran: Sie sind hauptsächlich da, um gemeinsam mit Ihrem Hund eine lustige Stunde zu haben. Entweder beschäftigen Sie sich mit ihm, oder aber Sie können beobachten, wie er mit anderen Hunden, mit anderen Menschen umgeht, wie er auf neue Reize reagiert, wie die Hunde sich untereinander arrangieren etc. Verplauschen Sie sich mit einem anderen Besitzer, vertun Sie damit wertvolle Chancen. Also: Reden kann man vor und nach der Stunde und man kann sich verabreden zu gemeinsamen Treffen. Während der Stunde sind nur kurze Gespräche erlaubt.

Sie haben Spaß

Am Anfang dieses Kapitels wurde gezeigt, warum es sich lohnt, wenn Sie mit Ihrem Welpen eine Welpenspielstunde aufsuchen: Weil Ihr Welpe da Spaß hat. Und ähnlich soll dieses Kapitel enden: Weil auch Sie dabei Spaß haben.

In einer guten Spielgruppe herrscht eine lockere, lustige Atmosphäre. Sie sehen fröhliche Hunde und gut gelaunte Besitzer, die mit ihren und den anderen Hunden herumtollen. Sie können sich am offensichtlichen Spaß, den Ihr Welpe hat, erfreuen. Sie können sich darüber amüsieren, welche Kapriolen die Hunde miteinander drehen und wie das noch ungelenke Kurvenlaufen der Hunde in Bauchplatschern endet. Sie erfahren, wie Ihr Welpe Sie erwartungsvoll anguckt nach dem Motto »Und was machen wir jetzt zusammen?« und merken, dass sich zwischen Ihnen und dem Welpen ein Band festigt. Irgendeiner hat immer einen Scherz auf den Lippen und Dreckspitzer im Gesicht und grüne Knie zeugen nur vom gemeinsamen Engagement.

Wenn Sie sich in der Welpengruppe unter Leistungsdruck gesetzt fühlen und/oder als Aussätzige, weil Sie einen Hund haben, der im öffentlichen Sprachgebrauch als »Kampfhund« diffamiert wird, dann stimmt etwas mit der Gruppe nicht. Dann ist das nicht nur Ihre persönliche Angelegenheit, sondern dann hat der Leiter die Gruppe nicht im Griff. Ein guter Spielgruppenleiter weiß zu verhindern, dass einzelne Welpen und Ihre Besitzer ausgegrenzt werden; er versteht es, unmissverständliche Regeln auch im zwischenmenschlichen Umgang durchzusetzen. Er übt durchaus Kritik – aber solche, die Ihnen weiterhilft und die Sie nicht einfach nur herunterzieht.

Ein Mensch, der sich in der Gruppe aufgrund bestimmter Faktoren nicht wohl fühlt, wird auch nicht locker mit seinem Welpen umgehen können und deswegen können weder er noch der Welpe die Vorzüge einer Welpenspielstunde voll genießen. Allein deshalb muss es auch Anliegen des Gruppenleiters sein, dass auch die Menschen sich wohl fühlen.

In einer guten Gruppe haben die Menschen und die Hunde Spaß!

3. So finden Sie eine gute Welpenspielstunde

So kommen Sie an Adressen

Das Angebot von Welpenspielstunden ist mittlerweile breiter gefächert als es noch vor wenigen Jahren gewesen ist. Trotzdem kann es sein, dass Sie eine halbe oder gar eine Stunde Fahrzeit kalkulieren müssen, um mit Ihrem Welpen an einer Welpenspielstunde teilnehmen zu können. Es gibt sie nicht an jeder Ecke – und vor allem: Die wirklich guten Spielstunden sind nicht so breit gesät. Aber nachdem Sie das erste Kapitel gelesen haben, werden Sie sich bestimmt sagen: Es lohnt sich, über einige Monate hinweg diese Zeit zu investieren, denn von den positiven Folgen zehren Sie und Ihr Hund Ihr gemeinsames Leben lang.
Um herauszubekommen, wo es überhaupt Spielstunden gibt, können Sie verschiedene Wege zugleich einschlagen:

1. Fragen Sie Ihren Tierarzt. Manche verweisen von sich aus auf eine Welpenspielstunde, wenn Sie Ihren Welpen dort zum ersten Mal vorstellen und geben Ihnen die entsprechende Adresse. Andere helfen Ihnen erst auf Ihre konkrete Nachfrage hin weiter. Bei vielen Tierärzten wird es Ihnen jedoch passieren, dass Sie Folgendes zu hören bekommen: »Sie dürfen mit dem Welpen erst zu einer solchen Spielgruppe, wenn er komplett durchgeimpft ist – sonst ist die Ansteckungsgefahr zu groß.« Das heißt dann im Klartext: Nicht vor der 12. Lebenswoche, in der Regel erst nach der 14. Lebenswoche – dann ist aber wichtige Zeit bereits verstrichen. Leider stellen viele Tierärzte noch immer die höchstmöglichste Risikominimierung im Hinblick auf eine Ansteckung über die notwendigen Schritte zur Sozialisierung und Umweltgewöhnung des Welpen. Aber vielleicht ist Ihr Tierarzt ja aufgeschlossen und hat sogar Adressen parat.
2. Schauen Sie in der Tageszeitung unter Kleinanzeigen, Rubrik Tiermarkt, nach, wo Hundeschulen Ihre Angebote platzieren. Sie können dann dort anrufen und nachfragen, ob die Hundeschule auch Welpenspielstunden anbietet.
3. Gleiches gilt für einen Blick in die Gelben Seiten unter Hundeschulen, Hundeausbildung, Hundeerziehung etc. Erfahrungsgemäß inserieren dort aber nur wenige Hundeschulen.
4. Schauen Sie auf die Anschlagbretter in Zoohandlungen, an denen auch oft Werbung für Erziehungskurse, Welpenspiele etc. diverser Anbieter hängen.
5. Hundesportvereine inserieren in der Regel nicht, aber es gibt regionale Dachverbände, bei denen man die Adressen der Mitgliedsvereine in Ihrer Nähe erfragen und sich so erkundigen kann, ob Spielstunden angeboten werden.
6. 1997 hat die Zeitschrift DER HUND ein Sonderheft herausgebracht zum Thema Prägungsspieltage, das auch eine Adressenauflistung der damals bekannten Welpenspielanbieter enthält (Bezugsquelle s. Anhang)
7. Fragen Sie Ihren Züchter, ob er eine empfehlenswerte Welpengruppe kennt.
8. Hilfreich ist es, andere Hundebesitzer zu fragen. Gerade wenn Sie Menschen mit jungen Hunden treffen, sollten Sie die Gelegenheit beim Schopf packen und nachfragen, ob die vielleicht in einer Spielgruppe gewesen sind und wie ihnen diese gefallen hat. Gute Welpenspielstunden benötigen keine Werbung in

Zeitungen oder Geschäften, zu ihnen kommen die Welpenbesitzer aufgrund von Mund-zu-Mund-Propaganda. Tipps von anderen Hundebesitzern, die mit ihrem Hund in einer Spielgruppe gewesen sind und denen es dort gefallen hat, können Ihnen also schon einmal die Richtung weisen.

Aber: Es bleibt Ihnen nichts anderes übrig, als sich persönlich die verschiedenen Angebote anzuschauen und die für Sie richtige Gruppe auszuwählen.

Der richtige Zeitpunkt, eine Spielstunde auszuwählen

Am besten sollten Sie das in Angriff nehmen, bevor Ihr Welpe bei Ihnen einzieht. Es braucht Zeit, um Adressen herauszubekommen und noch mehr Zeit, um sich die Gruppen anzuschauen und ein Gespräch mit dem Gruppenleiter zu führen. Wenn Ihr Welpe dann kommt und sich einige Tage lang bei Ihnen eingelebt hat, können Sie frohgemut zur Ihrer gewählten Spielstunde gehen, weil Sie sich zuvor nach Anschauen des Betriebs bereits von deren Qualität überzeugt haben. Und da Sie zugleich auch mit dem Gruppenleiter gesprochen haben, wissen Sie, was Sie und den Welpen dort erwartet.
Und: Es empfiehlt sich, zunächst ohne den Welpen hinzugehen. Was nützt es Ihnen, wenn Sie nach Ablauf der Stunde für sich erkennen, dass Sie niemals wiederkommen werden, Ihr Welpe aber schon eine Stunde lang höchst negative Erfahrungen gemacht hat, die ihn unter Umständen sehr weitreichend beeinflussen?

Testen Sie eine Spielstunde, bevor Sie sich anmelden

Nur Spielen oder mehr?

Nachdem Sie das Kapitel über die Zielsetzung von Welpenspielstunden gelesen haben, dürfte Ihnen klar sein, dass gute Welpenspielgruppen sich dadurch auszeichnen, dass mehr passiert als »nur« das »Spielen lassen« der Welpen. Haben Sie also zwischen zwei Gruppen die Auswahl, bei der in der einen die Hunde lediglich auf einer Wiese herumtollen dürfen, bei der es in der anderen Gruppe aber zusätzlich einen Abenteuerparcours für die Welpen gibt und kleine Übungen gemacht werden, so würde die Wahl eher in Richtung der letzten Gruppe gehen.
Das soll aber nicht heißen, dass eine Welpenspielgruppe, in der »nur« gespielt wird, automatisch schlecht ist. Erfolgt dieses Freispiel kontrolliert und zeichnet sich das Spielgeschehen weder durch ständiges Eingreifen der Leiter bei jeder Kleinigkeit noch durch absolutes »Laissez-faire» aus, so hat Ihr Welpe immerhin eine schöne Spielstunde mit seinen Artgenossen. Kann er jedoch das Gleiche in einer Gruppe genießen, in der es zusätzlich noch anderes Schönes gibt, so ist diese vorzuziehen.
Anders herum ist es unter Umständen besser, nur zu einer reinen Spielgruppe zu gehen, wenn in der anderen Gruppe die Welpen permanent irgendwelche Übungen machen müssen, Freispiel kaum erlaubt ist und/oder dabei zu viel oder zu wenig reglementiert wird.
Häufig besteht jedoch eine Beziehung zwischen dem »Nur spielen lassen« und der Qualität der Ausbilder: Mit Welpenspiel lässt sich ohne viel Aufwand eine schnelle Mark machen, wenn eine Hundeschule lediglich eine Wiese zur Verfügung stellt und die Welpen dann tollen lässt. Man zieht sich potentielle Kunden heran, die dann in die Erziehungskurse übergehen. Steht der Leiter nur pro forma mit dabei, während die Hunde untereinander alles allein ausmachen, hat er natürlich bis auf den Zeiteinsatz keinerlei Arbeit. Und so werden Spielgruppen angeboten, ohne dass Sie sich sicher sein können, dass der Leiter wirklich etwas von Welpen versteht, es versteht, die Welpen optimal zu fördern, das Sozialspiel in richtige Bahnen zu lenken und Ihnen gute Informationen und Ratschläge zu bieten.
Einen immer wieder wechselnden Abenteuerparcours aufzubauen, in jeder Stunde immer wieder andere kleine Übungen einzubauen, fordert den

Hundeglück: Toben macht Spaß.

Anbieter natürlich wesentlich mehr. Wer das macht, dem liegen in der Regel die Welpenspielstunden wirklich am Herzen, er möchte diese so optimal wie möglich gestalten und Mensch und Hund möglichst viel bieten.

Hundeverein oder Hundeschule?

Was Welpengruppen in Hundesportvereinen betrifft, so herrscht leider noch verbreitet die Meinung vor, dass das ja sowieso nur Kinderkram ist. Man stellt die willigen, aber bislang eben unerfahrenen Ausbilder oder Möchtegernausbilder ab, damit sie »ein bisschen mit den Welpen spielen« – das sei ja längst nicht so ernsthaft wie eine »richtige« Ausbildung zum Sporthund. Die Folge ist, dass dort dann häufig gutmeinende, aber unerfahrene Leute mit den Welpen herumpfuschen.

Man kann aber keinen Tipp geben in der Richtung: Besuchen Sie eine Welpenspielstunde bei einem kommerziellen Anbieter, weil Sie dann davon ausgehen können, dass dort mehr Fachverstand im Hintergrund steht. Leider gibt es unfähige Ausbilder in Hundevereinen genau wie in Hundeschulen, daher macht es keinen Sinn, eine Vorabauswahl nach dem Motto: »Es kommt nur ein Verein« oder »Es kommt nur eine Hundeschule in Frage« zu treffen.

Die Tatsache, dass Sie in der Regel in einer kommerziellen Hundeschule mehr für die Teilnahme zahlen müssen als in einem Verein, sollte für Sie kein Auswahlkriterium sein. Der kommerzielle Anbieter muss mehr Geld nehmen, er will schließlich von seinem Beruf leben. Vereine dürfen keine großen Gewinne machen, wenn sie als gemeinnützig anerkannt sind. Ein teurer kommerzieller Anbieter ist daher nicht automatisch ein geldgieriger Abzocker. Andersherum sagt nur das Faktum des teuren Angebots noch nichts über dessen Qualität aus.

Viele oder wenige Welpen?

An der Frage, wie groß eine gute Welpenspielgruppe sein darf, scheiden sich die Geister. Manche bevorzugen vier Welpen in einer Gruppe, andere sagen, bei zwölf sollte Schluss sein. Einigkeit herrscht jedoch, dass spätestens ab 15 Welpen die Sache kritisch wird.

Nur: So einfach ist das auch wieder nicht zu sagen. Es kommt natürlich auch darauf an, wie viel Fachpersonal das Spielgeschehen beaufsichtigt. Eine Person allein für 15 Welpen ist haarig, sind jedoch drei kompetente Leute anwesend, sieht das schon anders aus. Je nach Erfahrung eines Gruppenleiters, kann der eine locker zehn Welpen im Griff behalten, während der andere schon bei vier Welpen die Kontrolle verliert. Pauschal zu sagen: die Gruppe ist groß, also ist sie schlecht, würde über das Ziel hinausschießen. Zudem haben Anbieter von Welpenspielgruppen ein großes Problem: Während man die Besitzer erwachsener Hunde locker auf zwei Monate vertrösten kann, wenn die derzeit laufenden Kurse voll sind, geht das im Falle von Welpen nicht. Man kann keinem Welpenbesitzer, der mit seinem zwölf Wochen alten Welpen kommt, sagen: tut mir leid, wir sind zu voll, kommen Sie in drei Monaten wieder – dann ist die wichtige Welpenzeit vorbei. Gute Gruppen haben oft einen Zulauf, der dann in kritische Bereiche führt. Optimal ist es, wenn bei einem Angebot die Möglichkeit besteht, die Gruppe kurzfristig in zwei Gruppen zu splitten, um ein überschaubares Geschehen herzustellen – z.B., indem man stets zwei nebeneinander liegende Wiesen und zwei Ausbilder für ein Welpentreffen parat hat, so dass die Gruppe flexibel geteilt werden kann. Die Gruppengröße betrifft natürlich nicht nur die Frage, ob die Gruppenleiter noch alles unter Kontrolle halten können. Von ihr ist auch abhängig, ob die Wartezeiten bei den eingeschobenen Übungen zu lang werden.

Aber die Gruppengröße hat natürlich auch einen Einfluss auf das Wohlbefinden der Welpen. Zurückhaltende Welpen werden von zu großen Gruppen total überfordert und fühlen sich wohler, wenn sie sich nicht mit so vielen anderen Welpen auseinandersetzen müssen. Anders herum wird aber auch ein Schuh draus: Ist die Gruppe klein, fehlt es an Auswahlmöglichkeiten für den geeigneten Spielpartner. Eigentlich spielunwillige Welpen werden von den anderen traktiert, weil die verzweifelt jemanden suchen, der endlich mit ihnen spielt.

Ich persönlich würde als Wunschwert eine Gruppe von acht Welpen mit zwei Ausbildern angeben, aber das hängt eben stark von der Qualität der Ausbilder ab – und von den teilnehmenden Welpen.

Manche Vierergruppen stellen ein totales Chaos dar, weil drei der Welpen nur Raufen im Kopf haben und der verbleibende vierte sich eigentlich nur verkrümeln möchte. Und dann gibt es Gruppen mit zwölf Welpen, die absolut harmonisch verlaufen, weil man weder extrem ängstliche noch extrem aggressive Welpen und Raufer dabei hat, sondern nur friedliche, genügsame, nicht allzu temperamentvolle Welpen.

Zusammengefasst: Sie können nicht einfach die Zahl der Welpen abzählen und auf die Zahl der Betreuer umrechnen, um so auf einen akzeptablen (oder eben nicht akzeptablen) Schlüssel zu kommen. Sie können sich nur die Atmosphäre des Ganzen, das Verhalten der Übungsleiter und das Verhalten der Welpen anschauen. Wenn Sie das Gefühl haben, dass alle Welpen sich wohl fühlen und dass der Übungsleiter alles im Griff hat, kann eine Gruppe mit zehn Welpen genauso gut sein wie eine mit fünf.

Groß und Klein gemischt?

Auch hier gibt es durchaus konträre Standpunkte, sowohl was das Alter der Welpen, als auch was ihre Körpergröße betrifft.

Zunächst zum Alter: Vom eigentlichen Welpenalter spricht man bis zum Ende des vierten Lebensmonats. Viele Welpenspielgruppen nehmen aber

Hunde bis zum vollendeten sechsten Lebensmonat auf. Im Allgemeinen geht man davon aus, dass die »Baby- und Kleinkindphase« beim Hund mit dem sechsten Lebensmonat abgeschlossen ist. Dann ist der Hund natürlich noch lange nicht erwachsen, der junge Hund kommt in die Pubertät und bis er wirklich erwachsen ist, vergehen oft noch zwei, drei Jahre. Aber diese Altersangaben sind letztlich Durchschnittswerte. Die verschiedenen Hunderassen und also auch deren Mischlinge reifen in sehr, sehr unterschiedlichem Tempo. Zum Teil kann man das schon am Äußeren erkennen. Der Curly Coated Retriever z.B. verliert sein Babyface sehr schnell und sieht im Grunde bereits mit zehn Wochen aus wie ein erwachsener Curly, nur eben in Miniatur. Der Bearded Collie dagegen hat auch mit vier Monaten noch sein Welpengesicht.

So, wie beim Hund die äußeren Merkmale sehr unterschiedlich reifen, ist es auch mit der geistig-seelischen und natürlich auch mit der motorischen Reife bestellt.

Ein sechs Monate alter Riesenschnauzer hat immer noch Probleme mit dem Kurvenlaufen und ist der reinste Kindskopf, während der sechs Monate alte Jack Russell Terrier wie ein Erwachsener wirkt, er muss nur noch ein kleines bisschen wachsen.

Wissenschaftliche Untersuchungen mögen sagen können, wann Gehirnentwicklungen abgeschlossen sind und damit Altersbegrenzungen dafür liefern, bis wann man vom Welpen sprechen kann. Die Praxiserfahrung zeigt, dass gleichaltrige Wel-

Wem ist hier wohl unbehaglicher zumute, dem Großen oder dem Kleinen?

pen noch lange nicht gleich reif sind. Von daher halte ich nichts von einer strikten Altersbegrenzung nach dem Motto: Älter als 16 Wochen dürfen Welpen in der Welpengruppe nicht sein. Die meisten Hunde sind auch mit sechs Monaten noch unglaublich verspielt, kindsköpfig, noch nicht zu langen Konzentrationsleistungen fähig.

Es kommt nicht auf das biologische Alter an – also auf das Alter nach Geburtsdatum, sondern auf den Reifegrad eines Welpen – und da kann u.U. sogar ein 16 Wochen alter Hund in der Welpengruppe fehl am Platz sein, ein sechs Monate alter dagegen könnte auch noch einen weiteren Lebensmonat in der Gruppe bleiben.

Es ist Sache des Übungsleiters, zu erkennen, wann ein Hund aus der Gruppe heraus muss, sei es, weil er für die Gruppe nicht mehr tragbar ist, oder weil er selbst schlechte Erfahrungen macht, oder weil er merkt, dass er mit seinen Raufallüren grundsätzlich Erfolg hat und so lernt: »Raufen macht Spaß, das mache ich zu meiner Lieblingsfreizeitbeschäftigung«. Aber auch zu Tode gelangweilte Hunde sind zu beobachten: Ein sechs Monate alter Australian Shepherd möchte nicht nur Action mit anderen Hunden, er will gefordert werden, während der sechs Monate alte Labrador noch im Rundumspiel mit seinesgleichen sein Lebensglück findet.
Wichtig ist, dass kein Störfaktor in der Gruppe ist – und das ist nun einmal nicht einfach am Lebensalter festzumachen.
Die Frage »Groß und Klein gemischt« betrifft natürlich auch die Körpergröße und ist weiter vorne schon besprochen worden, als ich Ihnen von den rassetypischen Unterschieden erzählt habe. Warum sollte der Yorkie in der Welpengruppe den Schonraum erleben, nur mit annähernd gleich Großen zu spielen, in der freien Wildbahn aber trifft er auf Hunde aller Größenklassen? Natürlich bleibt ein Risiko, dass ein allzu wildes Spiel mit einem Großen eine Verletzungsgefahr beinhaltet – aber mit dem Risiko muss jeder Kleinhundebesitzer im Alltag leben. Der Begrüßungsprankenschlag durch den Leonberger kann üble Folgen haben.

In der Welpengruppe kann der Kleine aber im geschützten Raum Umgangsstrategien entwickeln und dosierte Erfahrungen machen, wobei aber auch in der bestgeführtesten Welpenspielgruppe letztlich immer ein Verletzungsrisiko für alle teilnehmenden Hunde besteht.

Wer das bestreitet, der lügt Sie als Welpenbesitzer an. Bei einer wilden Verfolgungsjagd kann man als Welpe vor eines der Hindernisse des Abenteuerparcours laufen, man kann auf einer Plane ausrutschen oder unter zwei sich kugelnde größere Hunde geraten – doch all dies kann Ihrem Hund im Alltag genauso passieren.
Deshalb:

Für den Erfahrungsschatz Ihres Welpen und seine Entwicklung ist es gerade gut, wenn er mit unterschiedlich großen und auch schon unterschiedlich entwickelten anderen Hunden zusammentrifft, solange der Übungsleiter alles im Griff hat.

Neun Punkte, an denen Sie ungeeignete Spielstunden erkennen

Gibt es Spielstundenangebote, um die man einen Bogen machen sollte? Woran erkenne ich sie? Nach all dem bisher Gesagten lassen sich diese Fragen schnell beantworten:

1. Finger weg von Welpengruppen, in denen Hunde frei durcheinanderlaufen, ohne dass ein erfahrener Leiter das Ganze beobachtet und von Fall zu Fall einschreitet. Häufig sind dies

noch dazu Gruppen, die sich durch ein Altersspektrum von sieben Wochen bis zu einem Jahr auszeichnen, auch 20 bis 30 Hunde auf einem Haufen, bei noch dazu nur einer Aufsichtsperson, sind keine Seltenheit.

2. Finger weg von Welpengruppen, bei denen beim ersten Anzeichen einer aggressiven Kommunikation – Knurren, Zähnefletschen, Aufreiten, Kopf auf den Nacken des anderen Hundes legen etc. – sofort vom Übungsleiter eingeschritten wird, nach dem Motto: »Wir dulden hier keine Aggression, wir wollen friedliche Hunde«.

3. Finger weg von Welpengruppen, bei denen Ihnen der Übungsleiter oder das ganze Team den Eindruck vermitteln, dass die ganze Sache sie eigentlich überfordert.

4. Finger weg von Welpengruppen, deren Leiter Ihnen keine kompetenten Auskünfte geben können, nur banale Sätze von sich geben, auf intensives Rückfragen nichts weiter erklären können und sich in stereotype Antworten flüchten wie: »Das ist eben so«, »Wir machen das immer so«, »Da muss Ihr Welpe durch«, »Trösten bringt nichts« etc. Anweisungen, die Sie erhalten, müssen ruhig und kompetent erläutert werden.
   Es geht dabei nicht nur darum, dass Ihre Fragen vielleicht unbefriedigend beantwortet werden. Dieses Unvermögen des Leiters findet in der Regel seine Entsprechung in seiner Einschätzung der Hunde. Das bedeutet dann für Ihren Welpen ganz konkret: Es wird nicht erkannt, dass er von der Situation überfordert ist; es wird nicht erkannt, dass er im Begriff steht, ein Fehlverhalten zu erlernen etc.

5. Finger weg von Welpengruppen, in denen Sie die Anweisung erhalten, auf keinen Fall mit Ihrem Hund zu kommunizieren, weil der ja lernen müsse, ganz allein mit den anderen Welpen klarzukommen. In solchen Gruppen werden Sie schlimmstenfalls sogar angewiesen, sich außerhalb des eingezäunten Geländes aufzuhalten und lediglich zuzuschauen.

6. Finger weg von Welpengruppen, in denen die Welpen gar nicht spielen dürfen, sondern die als Frühförderungskurse in Sachen Unterordnung angeboten werden. So, wie herkömmlich leider immer noch auf vielen Hundeplätzen gearbeitet wird (die ganze Gruppe läuft eine Stunde im Kreis, macht gemeinsam Sitz und Platz etc.), so wird diese Methode dann auf die Welpen übertragen, die eben auch eine Stunde brav an der Leine herumlaufen sollen – was natürlich in der Regel in einem unsinnigen Krampf ausartet.

7. Finger weg von Welpengruppen, in denen bestimmte Rassen grundsätzlich nicht zugelassen werden. Hinter diesem Rassismus steht oft ein genereller Unverstand in Sachen Hund, der sich negativ auf die Leitung einer solchen Gruppe auswirken wird.

8. Wenn Sie die Wahl haben, bevorzugen Sie gemischtrassige Gruppen vor den Angeboten von Zuchtverbänden, die Welpenspielgruppen nur für Angehörige einer Rasse oder einer Rassegruppe anbieten. Die Arbeit da kann qualitativ sehr hochwertig sein – aber Ihr Welpe lernt eben nur ein sehr eingeschränktes Rassespektrum kennen. Sollte es jedoch keine andere Gruppe geben, sollten Sie natürlich dann immer noch lieber in diese Gruppe gehen, als ganz darauf zu verzichten.

9. Gleiches gilt für die Wahl zwischen einer Gruppe, in der die Welpen nur spielen und einer, in der all das gemacht wird, was ich Ihnen beschrieben habe. Gibt es nur eine reine Spielgruppe und wird die gut geführt, nehmen Sie daran teil – so ermöglichen Sie Ihrem Hund zumindest die wichtigen Lernerfahrungen mit anderen Hunden. Und wenn die »Actiongruppe« zwar viel anbietet, die Leiter

sich aber dennoch durch Inkompetenz auszeichnen, gehen Sie lieber in die gut geführte reine Spielgruppe.

Das erste Mal: der richtige Zeitpunkt

Die erste Spielstunde sollten Sie mit Ihrem Welpen so früh wie möglich absolvieren, aber erst, wenn sich Ihr Welpe bei Ihnen eingelebt hat, Sie als seinen Partner kennt und schon weiß, wie er heißt. Dazu bedarf es in der Regel einiger Tage intensiver Beschäftigung mit dem neuen Familienmitglied.

Bevor Sie sich in das aufregende Abenteuer Welpenspielgruppe stürzen, sollte Ihr Welpe das Gefühl haben, bei Ihnen geborgen zu sein. Das können Sie daran erkennen, ob er Ihnen z.B. beim Spaziergang draußen hinterherläuft, ob er in der Wohnung Kontakt zu Ihnen sucht, ob er deutlich Freude zeigt, wenn Sie nach kurzer Zeit zu ihm zurückkommen, ob er auf Ansprache mit seinem Namen zu Ihnen blickt. Wenn Sie soweit sind, können Sie mit ihm die Welpengruppe besuchen, denn er weiß dann, wohin er gehört – und zu wem er sich zur Not flüchten kann.

Wichtig ist ferner, dass Ihr Welpe die erste Grundimpfung, also jene gegen Parvovirose, Staupe, Hepatitis und Leptospirose erhalten hat. Wenn Sie sich nicht sicher sind, ob er ordnungsgemäß geimpft ist, legen Sie den Impfpass beim Tierarzt vor und fragen Sie, welche Impfungen eingetragen sind.

Wie schon erwähnt, macht es wenig Sinn, den Tierarzt zu fragen, wann Sie mit Ihrem Welpen zum Welpentreff gehen dürfen, weil sehr viele Ihnen antworten werden: »Wenn die Grundimmunisierung des Welpen abgeschlossen ist, der Welpe also auch die zweite Impfung hat«. Nur ist er dann schon zwölf oder 14 Wochen alt. Aber die erste Komplettimpfung muss er wirklich haben – zu seinem Schutz und zum Schutz der anderen Welpen, die er in der Gruppe trifft. Beim Kauf eines Welpen von einem seriösen Züchter hat der Welpe mit acht Wochen den ersten Impfdurchgang schon hinter sich.

Der Spielstundenbesuch: Allein oder mit Familie?

Fatal ist die Konstellation: Ein Erwachsener und eines oder mehrere Kinder. Meine Erfahrung zeigt, dass die wenigsten Eltern in der Lage sind, sowohl ihren Welpen, als auch ihre Kinder zu kontrollieren. Nun gibt es natürlich immer wieder Eltern, denen es völlig egal ist, wie störend sich die Kinder verhalten, ob sie den eigenen Welpen permanent mit Beschlag belegen, sodass dieser gar nicht zum Spiel mit den anderen Welpen kommt, ob sie die anderen Hunde malträtieren und den Abenteuerspielplatz auseinander nehmen. Solche Eltern fühlen sich nicht gestresst – wohl aber der Rest der Gruppe, allen voran der Übungsleiter. Der kann nicht auch noch die Aufsicht über die Kinder übernehmen.

Den meisten Eltern aber ist das Verhalten ihrer Kinder peinlich und sie sind schnell überfordert: Ihr Welpe kommt nicht, wenn er angeleint werden soll, die Kinder stellen auf stur und kommen nicht von den Hundespielgeräten herunter; andere Teilnehmer sind entnervt von den ungezogenen Kindern und dann kriegt man noch nicht mal den Karabiner der Leine ans Halsband – Stress total. Also: Sie haben mehr davon, die Kinder zu Hause zu lassen, denn Ihr Welpe kriegt auch nur Ihren Stress und Ihre schlechte Laune mit. Eigentlich sollte es möglich sein, dass der Welpe wenigstens einmal in der Woche etwas ganz allein nur mit Ihnen unternehmen kann – die ausschließliche Aufmerksamkeit für ihn gefällt ihm gut und schweißt Sie beide zusammen.

Eine andere Variante ist die, dass zwei Erwachsene mitgehen, die sich vorher klar geeinigt haben, wer auf die Kinder und wer auf den Hund aufpasst. Das erfordert aber in der Regel besondere Disziplin für den, der auf die Kinder aufpassen soll, weil er ja eigentlich auch mehr von dem mitbekommen will, was den Welpen angeht. Aber mit diesem Modell können alle Familienmitglieder teilnehmen, Spaß haben und lernen.

Völlig konfus wird es, wenn sich die Familienmitglieder – bevorzugt mehrere Kinder einer

Kinder in der Welpenspielstunde: Bereicherung oder Stressquelle?

Familie – darum streiten, wer nun den Hund rufen oder eine Übung machen soll. Für den Welpen bedeutet es eine totale Verwirrung, wenn aus drei Ecken gleichzeitig nach ihm gerufen wird, oder wenn derjenige, zu dem er kommt, ihn wegschickt, weil jetzt eigentlich der andere dran ist. Streitende, dem Weinen nahe Kinder, die sich gegenseitig die Leine aus der Hand reißen wollen, sieht man bei solchen Gelegenheiten immer wieder. Das bedeutet Stress für alle Beteiligten: Eltern, Kinder, Welpe, Übungsleiter und die anderen Teilnehmer.
Ferner ist davon abzuraten, dass ein Kind (und darunter verstehe ich alle unter zwölf Jahren) das Welpentreffen managen soll, die Eltern spielen lediglich die Chauffeure zum Hundeplatz und dienen als Eingreifer, wenn gar nichts mehr geht. So gut der Gedanke ist, die Kinder zu lehren, wie man mit jungen Hunden umgehen sollte und so sehr das auch den Kindern Spaß macht – in puncto Welpentreff sollte das Wohl des Welpen obenan stehen und daher eine souveräne erwachsene Person die Führung übernehmen. Die Kinder können zugucken, zuhören, auch mal mitspielen, aber die verantwortliche Bezugsperson sollte ein Erwachsener sein. Dieser kann dem Welpen zum einen eher Sicherheit vermitteln.
Zum anderen ist ein Erwachsener in den Augen des Hundes viel eher legitimiert, ihn zu reglementieren. Kinder geraten häufig noch mehr als die Eltern in Panik, wenn sie hören, wie ihr geliebter kleiner Spielkamerad herzzerreißend quietscht, wenn die anderen Welpen mit ihm spielen wollen, und verhalten sich prompt falsch. Man kann von einem Achtjährigen nicht erwarten, dass er genau zu unterscheiden versteht, wann sein Welpe noch harmlos spielt und wann es in ein zu unterbindendes Aggressionsverhalten übergeht – und schon gar nicht, wie man das fachgerecht unterbindet.

4. Das erwartet Sie in einer guten Welpenspielstunde

Die Teilnahmekosten

Die Frage nach den Kosten ist sehr schwer zu beantworten. Klar ist, dass Vereine in der Regel die Welpenspielgruppen recht billig anbieten können, z.B. für Euro 2,50 pro Stunde. Eine kommerzielle Hundeschule muss Gewinn machen, um zu überleben und wird teurer sein. Es gibt Spielgruppen, da zahlen Sie jedes Mal nach Teilnahme an einer Stunde einen Obolus und es gibt Kursangebote z.B. über zehn Stunden. Wie schon bei der Frage diskutiert, ob Sie lieber eine Hundeschule oder einen Hundeverein aufsuchen sollten: Beide können gute oder schlechte Arbeit leisten und die Höhe der Kosten sagt nicht unbedingt etwas über die Qualität aus. Wer eine große Anzahl von Welpen einfach nur unkontrolliert auf einer Wiese toben lässt, sozusagen nur das Gelände zur Verfügung stellt, der kann sich ein Billigangebot, z.B. auch eine kostenlose Teilnahme als Anreiz für die daran anschließenden Erziehungskurse, leisten. Wer aber einen richtigen Abenteuerparcours baut, schriftliches Infomaterial erstellt, dieses kopiert und in jeder Stunde abwechslungsreiche Übungen einflechtet, der hat natürlich mehr Arbeitsaufwand. Sind Sie bei einem professionellen Anbieter, so sollten Sie kalkulieren, dass der schon insgesamt mindestens Euro 35,– pro Stunde einnehmen muss. Hat er Gruppen in der Größe von sechs bis acht Welpen, so folgt daraus, dass er mindestens Euro 5,– von jedem Teilnehmer nehmen muss, aber das ist wirklich schon die unterste Grenze, denn andere Auslagen für das Welpenspiel sind darin nicht enthalten. Für einen 10-stündigen Gruppenkurs nach oben besprochenen Anforderungen ist ein Preis von Euro 100,– sicherlich nicht zu viel.
Wie schon gesagt: Sparen Sie nicht am falschen Ende, aber wenn Ihnen jemand Euro 15,– pro Stunde für das bloße Spielen in einer 10-köpfigen Welpengruppe abnimmt, so würde ich das aus Prinzip als Wucher ablehnen.

Das sollten Sie mitbringen

Impfpass und Haftpflichtversicherungsnachweis
Ganz wichtig: Bringen Sie den Impfpass Ihres Welpen beim ersten Besuch mit. Es sollte Sie misstrauisch machen, wenn dieser nicht verlangt wird oder wenn man Sie zwar danach fragt, Sie aber hineinlässt, obwohl Sie keinen dabei haben. Welpen sind frühestens mit zwölf Wochen durchgeimpft, viele erst mit der vierzehnten. Das heißt, sie haben noch keinen hundertprozentigen Impfschutz. Von daher muss der Übungsleiter sicherstellen, dass alle mitspielenden Welpen die erste Komplettimpfung aufweisen, weil sie sonst eine gegenseitige Ansteckungsgefahr bergen.
Auch der Nachweis einer Haftpflichtversicherung für Ihren Welpen wird verlangt. Da Sie sich als verantwortungsvoller Welpenbesitzer natürlich schon vor dem Abholen Ihres Welpen vom Züchter um eine solche bemüht haben, dürfte der Nachweis auch kein Problem sein.
Für den Leiter ist es absolut wichtig, sich da abzusichern. Es könnte ja sein, dass Ihr Welpe ein anwesendes Kind stürmisch mit Anspringen begrüßt, dieses Kind stürzt und Zeit seines Lebens behindert bleibt. Das menschliche Unglück ist schon schlimm genug, wenigstens die finanziellen Folgekosten sollten getragen werden können.

Wetter- und reißfeste Kleidung für Sie
Da Welpenspielgruppen bei jedem Wetter stattfinden und Sie eben nicht herumstehen, sondern sich mit Ihrem Welpen beschäftigen sollen, heißt das, dass Sie einen klitschnassen Hund auf den Arm nehmen, mit dem Welpen im Schlamm knien oder über den Rasen robben müssen. Ihre Kleidung sollte daher für Sie bequem sein, Sie vor Nässe schützen und aus robustem, reißfesten Stoff sein. Sie sehen nach einer guten Welpenspielstunde, die nur leider bei schlechtem Wetter stattfindet, aus wie ein kleines Erdferkel. Schlammspritzer im Gesicht, grüne Knie, Dreck unter den Fingernägeln und die Hände stinken

nach Käse oder Fleischwurst – womit wir bei der Frage wären, was Sie für Ihren Hund mitbringen sollten.

Halsband und Leine

Bitte kommen Sie nicht mit einem Brustgeschirr oder mit einem Würgehalsband – also einem Halsband, das sich zuzieht – zum Welpenspiel. Beides birgt die Gefahr, dass die anderen Hunde sich darin verbeißen, lustig ziehen und Ihrem Welpen die Luft abdrücken oder ihm die Eingeweide quetschen. Also: normales, fest verschnallbares Halsband, das so eng um den Hals liegt, dass Sie gerade einen Finger drunter schieben können.
Bitte kommen Sie auch nicht mit einer Rollleine, der Flexileine. Sie ist für den Welpentreff unpraktisch. Sie können sie sich nicht einfach um den Hals hängen oder in die Tasche stecken, da der Kasten hinderlich ist. Für die Übungen brauchen Sie zudem eine Leine, die nur 1–1,5 m lang ist – nichts Längeres. Verzichten Sie auch auf die Doppelleinen, also die Leinen, die man auf verschiedene Längen verstellen kann. In diesen Leinen verheddern sich Herr und Hund nur allzu gerne, wenn es daran geht, Übungen zu machen.
Als Material wählen Sie am besten Leder, vor allem, wenn Ihr Hund einmal schwerer als z.B. ein Dackel sein wird. Nylonleinen gibt es zwar in den hübschesten Designs, aber sie haben einen Nachteil: wenn der Hund plötzlich anzieht, kann Ihnen das ganz übel in die Handflächen schneiden und schlimmstenfalls die Haut verbrennen.

Leckerchen

Die Welpen leisten tolle Sachen in der Welpenspielstunde und sollten dafür auch besonders belohnt werden. Deshalb sollte es etwas wirklich besonders Leckeres geben: klein gewürfelten Käse oder Fleischwurstwürfelchen. Diese haben den Vorteil, dass sie der Hund im Alltag nicht bekommt (hoffentlich), dass sie ihm ungemein gut schmecken, dass er sehr gut riechen kann, was Sie da Köstliches für ihn haben und – ganz wichtig – dass er sie schnell herunterschlucken kann, was bei vielen Übungen wichtig ist. Große, harte, bröckelnde Hundeleckerchen sind lästig, weil der Welpe so lange braucht, bis er sie zerkleinert hat, und dann sucht er noch auf dem Boden nach den letzten Krümeln.

Spielzeug

Natürlich gibt es beim Welpentreff lauter herumliegendes Welpenspielzeug. Aber Sie sollten bereits bei Ihrem Welpen einen wichtigen Trick anwenden. Sicherlich haben Sie schnell gemerkt, mit was Ihr Welpe besonders gerne spielt. Nehmen Sie dieses Spielzeug und legen Sie es für ihn zwar sichtbar, aber unerreichbar weg. Sie bestimmen, wann damit gespielt wird, und Sie spielen nicht einfach mit ihm, sondern nur, wenn er zuvor auf Zuruf gekommen ist. So haben Sie ein wichtiges Lockmittel für Ihren Welpen, er lernt: »Nur wenn ich auf Ruf angerannt komme, können wir gemeinsam mit dem tollen Spielzeug spielen«. Tja, und dieses tolle Spielzeug nehmen Sie auch mit zum Welpentreff, wo Sie es als Belohnung hervorzaubern, wenn er auf Ruf gekommen ist oder eine Übung gut gemacht hat.
Ein Wörtchen war eben wichtig: ein Spielzeug, mit dem Sie gemeinsam spielen. Sie sollten also ein Spielzeug wählen, an dem Sie beide anfassen können: einen Ball mit Schur oder einen Kong mit Band, eine Beißwurst, einen Ball in einem verknoten Socken, mehrere verknotete Socken aneinander, ein abgeschnittenes Hosenbein, einen Stoffknoten, ein Quietschtier mit Kordel etc. Ihr Welpe soll in der Welpengruppe mit Ihnen zusammen spielen und nicht mit seinem Spielzeug allein herumlaufen, das er den anderen Welpen stolz präsentiert.

Bauchtasche

Leckerchen und Spielzeug wollen gut verstaut sein. Während man es vielleicht noch in Kauf nimmt, eine verschlammte Beißwurst in die Jackentasche zu stecken, sieht es mit klebrigem Stinkkäse schon anders aus. Verpacken Sie den aber erst in einen Plastikbeutel und dann in Ihre Manteltasche – dann haben Sie ein Problem: Sie brauchen viel zu lange, bis Sie das Leckerchen endlich aus der Tasche heraus gepuhlt haben – dann weiß Ihr Welpe schon gar nicht mehr, wofür er den Käse bekommt – sofern Sie ihn überhaupt noch geben können und Ihr Welpe nicht schon längst wieder über alle Berge ist. Kaufen Sie sich daher eine Bauchtasche, in der Sie die Leckerchen und eventuell noch das Spielzeug verstauen können. Wenn Sie eine solche im Trekkingladen kaufen, kostet Sie das ca. Euro 20,–, dafür ist sie waschbar. Billigbauchtaschen für Euro 5,– gibt's in jedem Kaufhaus, die sind aber nach zwei Monaten reif für den Müll, weil sie dann doch recht streng riechen.

Handtücher
Ihr Welpe kullert im Dreck, nimmt ein Bad in der Planschschüssel. Er ist dreckig und nass. Das ist nicht einfach ein Problem für Ihren Autoinnenraum, sondern ein gesundheitliches Problem: Sie sollten den Welpen trockenlegen können, bevor Sie ihn wieder ins Auto packen, besonders, wenn Sie länger fahren müssen, damit der Welpe nicht lange im Nassen und damit Kalten liegt. Welpen verkühlen sich rasch die Blase.

Kotbeutel
Die Entsorgung des anfallenden Welpenkots geschieht in der Regel auf zwei Arten: Entweder per Schaufel aufnehmen und wegschippen oder in Kotbeutel verpackt in einen Mülleimer. Ist Letzteres bei Ihrer Welpengruppe die bevorzugte Variante, ist es praktischer für Sie und eine nette Geste an den Veranstalter, wenn Sie selber für die entsprechenden Kotaufnahmebeutel sorgen. Am besten eignen sich kleinste Plastikfrühstücksbeutel.

Worauf Sie vorher auch noch achten sollten

Geben Sie Ihrem Welpen drei Stunden vor Besuch der Welpenstunde kein Futter. Sein voller Bauch kann beim wilden Spiel dazu führen, dass er sich übergeben muss. Außerdem ist er weniger über Futter zu motivieren, wenn er eigentlich noch satt von seinem Mittagessen ist. Also: Gefüttert wird nach der Stunde. Da nicht wenige Welpen auch das Autofahren schlecht vertragen, sollte man auch aus diesem Grund den Hund nicht unmittelbar vor der Fahrt zum Welpentreff füttern.
Auch sollten Sie ihn nicht schon müde gespielt haben. Denn dann ist die Gefahr der Überforderung beim Spielen groß. Der Welpe kann alles gar nicht richtig genießen, weil er einfach schlapp ist, nicht mehr die nötige Power für das Spiel mit den anderen Welpen hat. Also: nur fünfminütiger Gassigang vor dem Spielen und dann hinein ins Vergnügen.

5. Die erste Stunde: Nicht jeder Hund verhält sich gleich

Machen Sie sich besser auf alles gefasst. Die Reaktionen der Welpen sind sehr unterschiedlich und lassen sich in folgende Typen zusammenfassen:

»Ist das super hier!«
Das sind Welpen, die sich sofort ins Getümmel stürzen, begeistert mit den anderen Welpen spielen – auch wenn sie der Neuling und vielleicht sogar der Kleinste sind. Ohne Anzeichen von Scheu und Unsicherheit toben sie mit ihren Artgenossen. Meist sind diese Welpen auch völlig frei im Umgang mit den anderen Menschen. Der eine Typ dieser Welpen stürmt auch auf die fremden Menschen zu, springt an, lässt sich begeistert streicheln, der andere Typ nimmt nicht unbedingt von sich aus Kontakt zu den anderen Welpenbesitzern auf, er findet die Hunde interessanter. Wird er jedoch von anderen Menschen angesprochen und gestreichelt, findet er das auch o.k.
Freuen Sie sich nicht zu früh, wenn Ihr Welpe dieses Verhalten zeigt – es hat nämlich auch eine Kehrseite: Besitzer solcher Hunde haben oft anfangs massive Probleme, ihren Welpen zu sich zu rufen und den Welpen auf sich zu konzentrie-

»Wow, echt tolle Veranstaltung hier.«

ren. Er giert nur danach, wieder zu den anderen Welpen gelassen zu werden. Es ist ein hartes Stück Arbeit, diesen Welpen auf sich zu konzentrieren und ihm zu vermitteln, dass es auch beim eigenen Menschen toll ist.

»Erst mal umschauen«
Das sind Welpen, die sich nicht sofort ins Getümmel stürzen, vor den sie begrüßenden Hunden aber auch nicht weglaufen. Sie zeigen da eher vorsichtiges Verhalten, stehen da wie ein begos-

sener Pudel oder lecken den anderen sie bestürmenden Welpen die Lefzen oder legen sich präventiv erst mal hin. Nach überstandener Begrüßung laufen sie nicht gleich zu den anderen Welpen hin. Sie erkunden das Gelände, schnüffeln herum, beobachten die anderen Hunde und Menschen, wirken interessiert, aber noch zurückhaltend. Meist platzt nach ca. einer Viertelstunde der Knoten und sie schalten sich ins Spiel ein. Vorzugsweise beteiligen sie sich an einer Hetzjagd hinter einem anderen Welpen her, als letztes Glied der Kette mit gebührendem Sicherheitsabstand, oder sie suchen sich einen einzelnen Spielpartner aus – meist nicht gerade den Draufgänger –, um ein Zweierspiel zu beginnen.
Ärgern Sie sich nicht darüber, dass Ihr Welpe so vorsichtig wirkt, zunächst nicht richtig mitmacht – dieses Verhalten ist völlig normal. Bereits bei Ihrem zweiten Besuch der Welpengruppe werden sie feststellen, dass er genauso ausgelassen spielt wie die anderen.
Freuen Sie sich lieber, wenn Sie einen solchen Welpen haben, weil er keine grundsätzliche Angst vor anderen Hunden hat, gleichzeitig aber von anderen Hunden auch nicht so begeistert eingenommen ist, dass er nur doch diese sieht – und sonst niemanden mehr. Menschen gegenüber sind diese Typen meist völlig offen und freundlich.

»Hier komm' ich!«

Dieser Typ verhält sich, was seine Sicherheit betrifft, ähnlich wie der erste, nur zeigt er bereits deutlich dominantes Verhalten gegenüber den anderen Welpen: Auf das Anstürmen der anderen

Soll ich oder soll ich nicht? Auch ein Hund braucht gelegentlich Zeit, sich zu entscheiden.

Hunde reagiert er nicht mit freundlichem Wedeln, sondern er steht kerzengerade da in imposanter Haltung, lässt die Begrüßung geschehen, um dann erst mal seines Weges zu ziehen. Wird er grob angerempelt, faucht er kurz zurück, obwohl er in der Gruppe der Neuling ist. Will jemand an das Spielzeug, das er gerade untersucht, erfolgt durchaus Abwehrdrohen bis Abwehrschnappen. Er wirkt gelassen, stolz und macht, wozu er Lust hat. Wenn er Lust zum Spielen hat, spielt er mit; wenn er keine hat, lässt er die anderen Welpen einfach ignorant stehen. Wenn die das nicht begreifen, zeigt er kurzes Drohverhalten, das ganz schön heftig aussehen kann.

Wenn Ihr Hund sich so benimmt, wissen Sie, was auf Sie zukommen wird: Sie haben einen dominanten Hund erwischt, der als erwachsener gereifter Hund souverän über den Dingen stehen und sich nur dann auf eine Rauferei einlassen wird, wenn es einen wirklichen Anlass gibt. Bis dahin jedoch wird er Sie mit seinem Drang, anderen gleichgeschlechtlichen Hunden zu zeigen, wie überlegen er doch ist, zur Verzweiflung treiben. Im jugendlichen Alter lässt er sich keine Frechheiten von anderen Hunden gefallen und wird auf Provokationen seitens eines anderen Hundes mit Reglementierung reagieren. In der Welpengruppe werden Sie auch öfter Stress haben, weil Ihr Welpe häufiger mal in eine Prügelei involviert sein wird.

Aber je eher man erkennt, dass man einen dominant veranlagten Hund hat, desto besser. Denn desto früher können Sie ihm klar machen, dass Sie derjenige sind, der das Ruder in der Hand hat und z.B. bestimmt, welchen »feindlichen« Hund man fertig macht – oder eben nicht fertig macht.

Ist man selbst ein souveräner Chef, hat man mit solchen Hunden viel Freude; ist man es nicht, kann man sein blaues Wunder erleben, denn häufig probieren diese Typen auch bei ihren Menschen aus, wie weit sie gehen können.

In der Welpengruppe werden Sie angeleitet, zu erkennen, wann Sie sein dominantes Gehabe anderen Hunden gegenüber durchgehen lassen sollten, wann und wie Sie es unterbinden sollten.

»Die anderen Hunde sind ja Klasse, aber ...«

Dieser Typ ist von den anderen Welpen schnell begeistert, spielt mit und zeigt keine Berührungsängste gegenüber seinen Artgenossen. Er zieht sich aber verschreckt zurück, wenn fremde Menschen ihn ansprechen und streicheln wollen. Das sind Welpen, die gut auf andere Hunde sozialisiert sind, aber nicht auf Menschen. Wenn Sie dieses Verhalten bei Ihrem Welpen beobachten, wissen Sie, wo er sein spezifisches Problem hat. In diesem Falle müssen Sie daran arbeiten, ihm möglichst viele angenehme Menschenkontakte zu verschaffen. Übungsleiter erkennen solche Welpen natürlich sofort und werden entsprechende Übungen mit ihnen durchführen. Z.B. werden in einer der folgenden Stunden anwesende andere Welpenbesitzer gebeten, sich hinzuhocken, eine Hand mit Käsewürfelchen locker vom Körper weg zu halten, sich völlig ruhig zu verhalten. Dann gehen Sie mit Ihrem Welpen dran vorbei. Er wird für die Annäherung an die fremden Menschen tüchtig verbal belohnt und kann sich mit den Käsewürfelchen den Bauch voll schlagen.

Man muss jedoch unterscheiden zwischen Welpen, die aufgrund mangelnder Sozialisierung Angst vor Menschen haben und solchen, zu deren Rassemerkmal es gehört, nicht übermäßig interessiert an anderen Menschen zu sein. Ein Chow Chow wird bei seinem ersten Besuch in der Welpenstunde kaum zu jedem Menschen laufen und um Streicheleinheiten betteln, bei einem Labrador sieht das dagegen ganz anders aus: Er wird stürmisch jeden anspringen.

»Mama/Papa hilf mir!«

Da gibt es Welpen, die sich flugs zwischen die Beine ihrer Besitzer verkriechen, panisch kreischen, wenn ein anderer Welpe kommt, mit dem Gekreische aber sofort wieder aufhören, wenn die andere Welpen sich wieder trollen. Dann wird aus der sicheren Deckung der Beine weiter alles interessiert beobachtet. Sobald jedoch wieder ein Hund angerannt kommt, geht das Gekreische von vorne los, ohne dass der Welpe überhaupt berührt worden wäre.

Dieses Verhalten ist durchaus keine Ausnahme, sondern ist häufig zu beobachten bei Welpen, die neu in die Gruppe kommen. Dies gilt insbesondere dann, wenn Sie den Fehler machen und zu spät in die Stunde kommen. Dann sind die anderen Welpen alle schon auf dem Platz, das wilde Spiel ist voll im Gang. Und dann kommen Sie mit Ihrem Neuling. Klar, dass dann alle erst mal hinrennen müssen, um zu gucken, wer da Neues kommt. Ist er dann auch noch körperlich klein und umringen ihn gleich sechs doppelt so große Hunde, die ihn anstupsen, mit der Pfote schlagen und wirklich bedrängen, wenn auch in freundlicher Absicht, dann verlieren recht viele Welpen erst mal den Kopf.

In einer solchen Situation dürfen Sie ihn auf keinen Fall trösten, auf den Arm nehmen, ihm Zuspruch geben, denn damit würden Sie Ihrem Welpen signalisieren: Oh je, das ist hier wirklich schwer gefährlich für mich. Sie würden ihn zudem durch ihre besondere Zuwendung für seine Angst auch noch belohnen. Also heißt es: Selbst ganz den Coolen mimen, nicht auf einer Stelle stehen bleiben, sondern sich locker durch das Gelände bewegen, was den Kleinen zwingt, auch zu gehen, wenn er bei Ihnen bleiben will. Beschäftigen Sie sich selber mit den anderen Welpen und zeigen Sie Ihrem eigenen so, dass die anderen Hunde wirklich ungefährlich sind.

Beim Großteil dieser Welpen legt sich die Angst schon im Verlauf der ersten Stunde und gegen Ende spielen sie zwar etwas zaghaft, aber doch fröhlich mit. Interessanterweise kommen sie beim nächsten Mal in aller Regel durchaus wedelnd und in freudiger Erwartung zum Gelände. Bei einer Reihe von Welpen braucht es einige Stunden, dann hat man das Gefühl, als hätte es »Plopp« gemacht – und sie spielen von da an unbeschwert mitten im Getümmel mit.

Wenn Ihr Welpe so deutliche Angst zeigt, sich zwischen Ihre Beine rettet, kreischt, wenn die anderen Welpen kommen, so kommen Sie dadurch vermutlich in Stress: Sie wollten Ihrem Welpen doch eine spaßige Spielstunde bieten und nun sehen Sie, dass Ihr Kleiner leidet. Der Drang ist groß, auf dem Absatz kehrt zu machen und gleich wieder zu gehen. Aber genau das dürfen Sie nicht tun. Von Ihrer Reaktion hängt es im Wesentlichen ab, wie Ihr Hund zukünftig mit Hundebegegnungen fertig wird. Trösten Sie ihn, oder stehen Sie völlig verkrampft dabei – ängstlich guckend, was wohl noch passieren möge -, anstatt sich zumindest nach außen hin locker zu geben, bestätigen Sie Ihren Hund in dessen Angst. Verlieren Sie nach einer halben Stunde die Nerven, weil er noch immer zwischen Ihren Beinen sitzt und kreischt, wenn sich ihm ein Hund nähert und schnappen Sie sich ihn dann, um ihn hinauszutragen und nie wieder zu kommen, so haben Sie einen ganz fatalen Fehler begannen: Sie haben ihn aus der Situation genommen, bevor er die Erfahrung machen konnte, dass er keine Angst zu haben braucht.

Für einen solchen Welpen kann der einmalige Kurzbesuch in der Welpengruppe dann wirklich fatale Folgen haben, weil sich in seinem Kopf festsetzt: »Wenn mehrere Hunde kommen, wird es laut, alle wollen etwas von mir und so wie Frauchen/Herrchen sich benimmt, muss die ganze Sache gefährlich sein.« Die Gefahr ist groß, dass er diese einmalige Erfahrung generalisiert und fortan bei jeder Hundebegegnung denkt: »Gefahr im Verzug«.

Ein guter Übungsleiter kann sehen, wann Ihr Welpe wirklich überfordert ist und wird unter Umständen von sich aus sagen: Nehmen Sie ihn heraus, oder er wird ihn auf einer zweiten Wiese mit ein, zwei anderen, harmlosen Welpen zusammen lassen. Aber da wiederhole ich mich: Sie brauchen das Vertrauen, dass der Übungsleiter seinen Job versteht und so auch erkennt, was Sie Ihrem Welpen noch zumuten können und sollten und was nicht.

Vielleicht hilft es Ihnen auch, von den anderen Teilnehmern zu erfahren, dass es ihnen beim ersten Mal auch nicht anders gegangen ist – und wenn Sie dann sehen, wie diese Hunde, die sich vor kurzem noch genauso benommen haben wie Ihr Welpe, jetzt unbeschwert spielen, dann gibt das Ihnen die Kraft, durchzuhalten.

Natürlich ist es nicht schön zu sehen, dass der eigene Welpe so eine Angst hat. Man denkt, man tut ihm etwas Gutes und er freut sich am Spiel – und dann so etwas. Nehmen Sie es von der positiven Seite: Sie erkennen frühzeitig, wo Ihr Welpe ein Problem hat und steuern frühzeitig mit großer Erfolgsaussicht dagegen an.

»Wo ist der Ausgang?«
Dieser Welpentyp verhält sich ähnlich wie er gerade geschilderte. Er zeigt Angst, Unsicherheit, legt die Ohren an, klemmt die Rute unter den Bauch, kreischt panisch, wenn sich ihm jemand nähert. Aber er sucht anders als der eben beschriebene Typ nicht Zuflucht bei dem ihn begleitenden Menschen, sondern setzt sich strikt an das Tor, durch das er hereingekommen ist, ja versucht gar, irgendwie da durchzubrechen. Setzt man diesen Typ dann etwas abseits wieder auf die Wiese, marschiert er schnurstracks wieder zum Ausgang.
Wenn Ihr Welpe so reagiert, müssen Sie sich echte Sorgen machen, denn hier liegen zwei Dinge im Argen. Ihr Welpe hat Angst, aber was schlimmer ist: Er hat noch keine so vertrauensvolle Bindung an Sie aufgebaut, dass er Sie als Schutz wahrnehmen würde. Für ihn heißt es nur: »Hier ist es gefährlich, also muss ich zusehen, dass ich hier herauskomme.« Ihr Locken und Flöten vermag ihn nicht dazu zu bewegen, zu Ihnen zu kommen. Auch hier wird Ihnen der erfahrene Übungsleiter natürlich sagen, was Sie tun müssen, um die Bindung Ihres Welpen zu Ihnen zu fördern. Damit ist nicht gemeint, dass er sklavisch abhängig von Ihnen werden soll und nur mit Ihnen »gefährliche« Situationen bestehen kann, sondern dass er Sie als wichtiger Schutz im Hintergrund ansieht, der ihm den Mut gibt, sich kritischen Situationen zu stellen.
Für Sie wird diese Stunde meistens ebenso unangenehm wie für Ihren Welpen, aber sehen Sie das Positive darin: Sie erkennen so frühzeitig, wo etwas im Argen liegt und können, eben auch mit Hilfe der Tipps vom Übungsleiter, gegensteuern.

6. Der typische Ablauf einer Welpenspielstunde

Der typische Ablauf einer guten Spielstunde sieht eine Abwechslung zwischen freiem Spiel der Hunde untereinander, Spiel von Ihnen mit Ihrem Hund und verschiedenen Übungen vor.
Zu Beginn laufen alle Welpen frei. Sie sollten sich auch erst mal im Hintergrund halten und Ihrem Welpen die Gelegenheit geben, die anderen Hunde zu begrüßen und eine erste »Herumtob-Runde« hinzulegen – oder eben, je nach seiner Art, zunächst das Geschehen zu beobachten. Nach ca. zehn Minuten werden die Welpen alle angeleint und es folgt ein kleine Übung, wie z.B. jene, den Welpen dazu zu bewegen, durch einen Tunnel zu laufen. Wenn alle Welpen das einmal gemacht haben, ist wieder Freispiel angesagt. Diesmal haben Sie die Aufgabe, zu beobachten, wann Ihr Welpe nicht völlig ins Spiel mit seinesgleichen versunken ist und diese Chance zu nutzen, um ihn zu rufen. Ist er bei Ihnen, spielen Sie mit ihm, laufen gemeinsam über ein Hindernis, geben ihm ein Leckerchen, dann schicken Sie ihn wieder spielen. Nach weiteren zehn Minuten werden die Welpen wieder angeleint und es folgt eine Übung aus dem Bereich der »Erziehung« im engeren Sinne, also z.B., wie man einem Hund beibringt, dass er etwas, was er in der Schnauze hat, auch wieder herausgeben soll.
Danach ist wieder Freispiel. Wieder gilt, dass Sie sich nicht passiv verhalten, sondern Gelegenheiten nutzen, um sich mit Ihrem Welpen im Getümmel kurzzeitig zu beschäftigen.
Nach weiteren zehn Minuten werden die Welpen wieder angeleint und der Übungsleiter erzählt etwas zu einem speziellen Thema, z.B. was man gegen Zecken unternehmen kann, oder es werden Körperpflegemaßnahmen eingeübt wie z.B. das Ohrenreinigen.
Eine 60-minütige Spielstunde enthält ca. 40 Minuten Spiel der Hunde. Etwa drei Mal werden Übungseinheiten zu den bereits angesprochenen Themen eingelegt: Angstabbau vor akustischen,

Freispiel macht Spaß.

optischen, taktilen Reizen. Zum Beispiel: Plötzlich wird der CD-Player angeworfen und man hört Gewittergeräusche vom Band. Oder: Da kommt ein Mensch und hüpft an Krücken oder ein anderer kommt schwankend daher und lallt. Der Welpe soll unter einem Vorhang aus aufgehängten Blechdosen herlaufen, er hört also das Rappeln über sich und zugleich berühren ihn die Dosen auf seinem Rücken. Der Welpe wird im Bollerwagen spazieren gefahren oder muss über eine Taststrecke aus verschiedenen Bodenbelägen laufen.

Wichtig sind bindungsfördernde Spiele, also z.B: Sie verstecken sich im Zelt, der Welpe muss Sie finden; Sie müssen zusammen über den Boden robben und miteinander körperbetont spielen ohne Zuhilfenahme eines Spielzeugs. Oder Sie müssen Ihren Welpen zu sich rufen und 20 Sekunden bei sich behalten, ohne ihn anfassen zu dürfen.

Erziehungsübungen wie »Komm«, »Sitz«, »Platz«, »Aus«, »Nein«, »Pfui«, »Schau mich an«, An-der-Leine-Gehen werden zunächst theoretisch erklärt, dann praktisch einzeln unter Anleitung geübt.

Körperpflegeaktionen – wie: Wie hält man den Hund beim Tierarzt? Wie misst man die Temperatur? Wie schneidet man Krallen? – werden natürlich nicht nur in der Theorie besprochen, sondern auch praktisch eingeübt.

Dann gehören kleine Erörterungen wichtiger Fragen durch den Übungsleiter dazu. Also z.B.: Wie bekommt man den Welpen stubenrein? Was sollten Sie tun, wenn Ihr Welpe Angst vor Geräuschen hat? Wie gewöhnt man ihm das starke Beißen auf den Händen ab? Woran erkennt man, in welcher Stimmung sich ein Hund befindet? Welches Hundezubehör ist sinnvoll?

Mit diesen Unterbrechungen des freien Spiels gewinnt man Verschiedenes:

1. Die Welpen müssen lernen, dass sie angeleint nicht miteinander spielen dürfen, obwohl es doch gerade so schön war. Für Sie ist es im

Alltag wichtig, keinen Hund zu haben, der plötzlich wie wild in der Leine steht, weil auf der anderen Straßenseite ein Hund vorbeigeht und er unbedingt hin will, um zu spielen.

2. Die Welpen bekommen eine kleine Verschnaufpause – was gerade an heißen Tagen wichtig ist. Denn Welpen achten in der Regel nicht auf ihre körperlichen Grenzen. Ist der Reiz groß, überanstrengen sie sich schnell.
3. Es ist eine Möglichkeit, ein Spielgeschehen, das in zu große Wildheit ausartet, zu unterbrechen, damit die Welpen sich erst mal wieder abkühlen. Es gibt Tage, da erscheinen sämtliche Welpen wie vom wilden Teufel geritten und haben nichts Besseres vor, als sich gegenseitig zu verprügeln. Hier ist es oft angebracht, die Notbremse zu ziehen und die Dauer des Freispiels zu verkürzen. Die so gewonnene Zeit wird mittels Übungen sinnvoll gestaltet.
4. Der Welpe lernt, dass er immer wieder aus dem Spiel mit seinesgleichen herausgenommen wird, um etwas wirklich Tolles mit seinem Menschen zu machen. D.h. dann für ihn: Spielabbruch mit den Kumpels ist nicht schlimm, denn erstens gibt es dafür eine andere tolle Beschäftigung und zweitens darf ich danach ja wieder mit den Kumpels spielen.

Wird das Freispiel für die Übungen unterbrochen, so sollte Ihnen vom Übungsleiter genau erklärt werden, warum die folgende Übung gemacht wird, was er damit bezweckt, womit Sie bei Ihrem Welpen rechnen müssen und wie Sie dann reagieren sollten.
Am Ende der Stunde sollte auf jeden Fall nochmals ein abschließendes Freispiel stehen. Sind die Welpen dann alle angeleint, sollte noch Zeit sein, mit dem Übungsleiter gezielt Fragen zu besprechen, die sich Ihnen nach Ihrem letzten Besuch gestellt haben.

Dieser ungefähre Ablauf einer Spielstunde kann natürlich nur ein Richtwert sein. Ist ein Tag voll harmonischen Spielgeschehens, tauen zum ersten Mal Hunde auf, die sich bisher eher zurückgezogen hatten, so wird man das Freispiel weiter ausdehnen, die Übungen verkürzen. Ist es dagegen ein Tag, bei dem gleich mehrere neue Welpen integriert werden müssen und dann auch noch das Gruppenklima aggressiv aufgeheizt ist, wird man das Freispiel verkürzen und mehr Übungen machen.
Natürlich geben Wetter und Jahreszeit auch einiges vor: Im Winter kann man schlecht von Ihnen verlangen, sich mehrere Minuten auf den Boden zu legen, um in der Bauchlage mit Ihrem Welpen zu spielen.
Ist die Gruppe klein, kann man Übungen abhalten, die pro Hund mehr Zeit benötigen, wie z.B. das Simulieren einer Tierarztuntersuchung mit anschließenden Pflegemaßnahmen durch den Besitzer. Ist die Gruppe groß, wird man kürzere Übungen machen, wie z.B. zu zeigen, wie man einem Hund das Stehen auf Befehl beibringt.
Kommen in der Gruppe gezielte Fragen zu einem Thema auf, wird der Übungsleiter diese aufgreifen und zum Thema machen, obwohl er für diese Stunde eigentlich etwas anderes vorhatte. Passiert in der Stunde ein Vorfall – hat zum Beispiel ein Welpe nach seinem Besitzer geschnappt, als der ihn auf den Arm nehmen wollte –, so wird man das zum Anlass nehmen, den eigentlichen Stundenplan umzuwerfen und darüber zu reden.

7. Das können Sie zum Gelingen einer Spielstunde beitragen

Nur Herumstehen ist zu wenig!

Nach all dem, was Sie bis jetzt gelesen haben, dürfte Ihnen klar sein, dass von Ihnen viel gefordert wird. Sie geben Ihren Welpen nicht wie Ihr Kind im Kindergarten ab, wo dieses beschäftigt wird, bis Sie es wieder abholen, sondern Sie sind während der ganzen Spielstunde verantwortlich für Ihren Welpen. Sie sollen ihn beobachten, sich mit ihm beschäftigen, nicht nur auf ihn reagieren, sondern ihn aktiv zu einer gemeinsamen Unternehmung auffordern und zuhören sollen Sie auch noch. Das heißt im Klartext: *Was Sie nicht tun können ist: Gemütlich eine Zigarette rauchen, mit anderen Welpenbesitzern plauschen, den Übungsleiter dafür sorgen lassen, dass er Ihren Welpen einfängt und die Haufen Ihres Welpen liegen lassen, weil das ja eine Hundewiese ist.* Sondern:

1. Das Wichtigste zuerst: Sie sollen sich aktiv mit Ihrem Hund beschäftigen: Beobachten Sie, was er tut, schalten Sie sich ein, wenn er gerade nicht übermäßig beschäftigt ist, rufen Sie ihn zu sich, wenn Sie sich gute Chancen ausrechnen, dass er mangels anderer Interessen auch kommt. Gehen Sie mit ihm ins Bällebad, holen Sie Ihr Spielzeug aus der Tasche und spielen Sie mit ihm, probieren Sie aus, ob er mit Ihnen über die Tastrecke geht oder krabbeln Sie gemeinsam ins Zelt. Lassen Sie ihn in Ruhe spielen, wenn er völlig in das Spiel mit seinesgleichen versunken ist.

2. Beobachten Sie auch die anderen Welpen und deren Besitzer. Als Außenstehender kann man oft sehr schnell erkennen, wo man als Mensch eigentlich Fehler macht, die dazu führen, dass der Hund Sie nicht versteht und »nicht gehorcht«. Vertagen Sie Ihre Gespräche mit den anderen Welpenbesitzern auf die unmittelbare Zeit nach der Spielstunde oder verabreden Sie sich mit ihnen zum Plausch oder gemeinsamen Gang. Sie verpassen zu viel, wenn Sie sich intensiv mit jemandem unterhalten.

3. Nehmen Sie den Übungsleiter nicht in Dauerbeschlag. Wenn Sie ein häusliches Problem mit dem Welpen drückt, fragen Sie ihn, ob er nach Ende der Stunde noch Zeit hat, etwas mit Ihnen zu besprechen, und sagen Sie nur kurz, worum es geht, z.B. dass der Welpe die Kinder zwickt. So kann sich der Übungsleiter schon Gedanken machen, weiß, dass er am Ende Zeit für Sie einplanen muss und hat bis dahin aber Zeit und Ruhe, den Welpentreff zu beaufsichtigen. Wenn Sie ihn mit Fragen löchern, kann er seinen Job nicht tun und der ist während der Welpenstunde nun einmal der, dafür zu sorgen, dass alles seinen geordneten Gang geht, die Hunde und die Menschen zu beobachten, um Tipps geben und um im richtigen Moment eingreifen zu können.

4. Lesen Sie das ausgeteilte Infomaterial. Viele Fragen beantworten sich daraus schon von selbst.

5. Wenn der Übungsleiter eine neue Übung erklärt oder zu einem Thema etwas vorträgt, sollten Sie selber still sein und zuhören. Im Hintergrund dauermurmelnde Welpenbesitzer können einen Übungsleiter schon ganz schön aus dem Konzept bringen, weil die Konzentration gestört wird. Und auch wenn ein Thema Sie vielleicht nicht interessiert, Ihr Nachbar möchte es vielleicht hören und wird darin durch Sie gestört. Man sollte meinen, es sei ein Gebot der Höflichkeit, nicht weiterzureden, wenn ein Leiter ankündigt, jetzt eine bestimmte Sache erläutern zu wollen, aber die Realität der Welpenspielstunden zeigt, das dem nicht so ist. Es gibt immer wieder Welpenbesitzer, die nicht zuhören, wenn eine Übung erläutert wird mit der Folge, dass der Leiter ihnen, wenn sie dran sind, alles nochmals erklären muss, was Zeit für alle beschneidet. Das ist nicht fair.

6. Kleiden Sie sich wie vorgeschlagen und rüsten Sie sich mit Käse in der Bauchtasche und Lieblingsspielzeug aus. Für Ihren Arbeitserfolg mit dem Welpen ist es wichtig, für den Gruppenablauf aber genauso, dass wirklich jeder entsprechend der Vorgaben ausgerüstet ist. Es ist mehr als nervend, wenn der Besitzer auf die Aufforderung, seinem so schön auf das Rufen gekommenen Welpen nun ein Leckerchen zu geben ruft: »Heute habe ich leider

keines dabei«. Oder: »Ich habe nur die harten mit, die mag er aber nicht«. Oder die anfangen, erst auf dem Rasen nach dem passenden Spielzeug zu suchen, weil sie ihr Spielzeug zu Hause gelassen haben. Oder die nicht mit ihrem Welpen über die Wiese rennen können, weil die hochhackigen Schuhe das verhindern. Oder die sich nicht hinhocken, weil die weiße Hose Grasflecke bekommt etc. Es erzeugt großen Reibungsverlust, wenn ein Übungsleiter immer und immer wieder einzelne Welpenbesitzer ermahnen muss, an die geeigneten Leckerchen zu denken und diese auch nicht in den Tiefen einer verknoteten Plastiktüte in der Hosentasche zu versenken. Oder wenn der Übungsleiter seine eigene Leine hervorkramen muss, weil der Welpenbesitzer schon wieder mit der Flexileine erschienen ist oder gar ganz ohne Halsband etc.
Machen Sie es sich selbst, dem Übungsleiter und letztlich auch der Gruppe leichter, indem Sie diese Anweisungen einfach befolgen.

7. Thema Anweisungen: Jeder Übungsleiter stellt für seine Gruppe bestimmte Regeln auf. Eine könnte z.B. heißen: »Füttern Sie keinen fremden Welpen ohne ausdrückliche Aufforderung, weil wir die Welpen nicht zum Betteln erziehen wollen.« Ein guter Übungsleiter denkt sich etwas bei dem, um das er die Welpenbesitzer bittet und macht das nicht aus Schikane. Sie können anderen Welpenbesitzern eine wichtige Hilfe sein, wenn Sie einem in Ihre Bauchtasche stupsenden Welpen eben keinen Käsewürfel schenken und einen Sie anspringenden Welpen auch nicht mit einem begeisterten: »Was bist du süß«, in Empfang nehmen. Wenn geübt wird, den eigenen Welpen zu rufen und bei Ihnen landet ein fremder, so sollten Sie diesen in dieser speziellen Situation nicht für sein Kommen zu ihnen mit Futter, Streicheln oder Lob belohnen, sondern ignorieren, damit dessen Besitzer überhaupt noch eine Chance hat, dass sein Welpe zu ihm kommt.

8. Eine wichtige Regel: Kommen Sie pünktlich zum Übungsbeginn. Es bringt sehr viel Unruhe in die Gruppe und macht es Ihnen und Ihrem Welpen schwerer, wenn Sie erst dann eintrudeln, wenn die erste Freispielphase gerade vorbei ist und eine gemeinsame Übung gemacht werden soll. Dann kommen Sie mit Ihrem Nachzügler, alle Welpen wollen zu dem hin, ihr Welpe zieht wie blöd und für Sie muss der Leiter nochmals wiederholen, wie die nächste Übung gemacht werden soll.

9. Kommen Sie regelmäßig. Sporadisches Hereinschauen bringt nicht viel. Haben Sie einen Welpentyp, der nicht so ganz der Draufgänger ist, machen Sie es Ihrem Welpen immer von neuem schwer, weil er sich immer wieder neu einfinden muss. Wichtige Dinge bekommen Sie nicht mit, bestimmte Übungen können Sie kaum mitmachen, weil Sie die Basis dafür überhaupt noch nicht geübt haben, da Sie ständig gefehlt haben. Sie stellen dann wieder Fragen, die gerade in der vorherigen Stunde schon erschöpfend behandelt worden sind, was die Gruppe aufhält. Also: Investieren Sie diese paar Wochen Zeit in Ihren Welpen, es wird sich lohnen.

10. Wenn Sie Ihre Kinder mitbringen, so sollte Ihnen klar sein, dass Sie auch allein auf diese aufpassen müssen – das ist nicht Job der Übungsleiter. Wenn Ihr Kind den Parcours auseinander nimmt, hinter Hunden her rennt, die Angst vor ihm haben, einen Welpen partout streicheln will, von dem Ihnen erklärt worden ist, dass sämtliche Menschen ihre Finger von diesem Welpen zu lassen haben, weil er total verstört ist, oder wenn Ihr Kind einfach nur laut und bei den Erläuterungen nicht still ist, dann ist das eine untragbare Belastung.

11. Wenn Sie etwas nicht verstehen, fragen Sie gleich nach. Vielleicht haben andere das auch nicht verstanden und sind dankbar, dass

jemand sich traut, nachzufragen. Profis sind so in ihrer Materie drin, dass sie manchmal gar nicht daran denken, dass etwas, das für sie sonnenklar ist, für einen Laien noch lange nicht sonnenklar sein muss. Oft ist man als Übungsleiter richtig dankbar, wenn Fragen kommen, an die man z.B. gar nicht gedacht hat, die aber wichtig sind. Und außerdem zeigen die Fragen, dass die Welpenbesitzer auch einfach interessiert sind an dem, was man ihnen erzählt.

12. Wenn Sie mit einer Methode nicht einverstanden sind oder persönliche Kritik am Übungsleiter üben wollen, sollten Sie das nicht vor der Gruppe machen, sondern hinterher im Einzelgespräch mit ihm – genauso, wie ein guter Gruppenleiter eine herbe, persönliche Kritik an Ihrer Person nicht vor der ganzen Gruppe ansprechen sollte. Es macht einen Unterschied, ob er Ihnen erklärt, wie Sie Ihre Arme richtig halten sollten, wenn Sie Ihren Hund rufen und die ganze Gruppe zuhört, oder ob er Ihnen vor der gesamten Gruppe sagt, dass Ihre Alkoholfahne meilenweit gegen den Wind riecht und Sie offenbar gar nicht mitbekommen, was Ihnen gerade erklärt wird. Wenn Sie Differenzen haben, sollten Sie

Spaß für Hund und Mensch: Bei den Übungen ist immer auch der Halter gefordert.

das in einem Gespräch unter vier Augen klären. Nach einer Stunde hat der Übungsleiter mehr Ruhe, er fühlt sich von Ihnen nicht vor seiner Gruppe bloßgestellt und wird so sachlicher mit Ihrer Kritik umgehen.

13. Gleiches gilt für Kommentare zum Verhalten der anderen Welpen und deren Besitzer. Einem Welpenbesitzer, der unglücklich dasteht, weil sein Welpe sich unter die Bank verkriecht und ein Häufchen Elend verkörpert, müssen Sie nicht auch noch sagen: »Was haben Sie denn da für einen Angsthasen? Haben Sie den nicht vernünftig sozialisiert?
    Wenn ein anderer Welpenbesitzer sich bei einer Übung eifrig bemüht, es aber mit dem Handling einfach nicht hinkriegt, hilft es ihm nicht weiter, wenn Sie laut stöhnen und vielleicht sogar noch fragen, wann es denn endlich mit dem nächsten Hund weitergeht.
    Natürlich kann man mal herzlich lachen, wenn sich jemand auf den Hosenboden setzt und selber lachen muss – aber mitlachen und auslachen sind zwei verschiedene Paar Schuhe.
    Welpenbesitzer kommen nicht in die Welpengruppe, um sich von den anderen Teilnehmern Kommentare zum Verhalten ihres Welpen, (»der ist aber aggressiv«), oder zu ihrer Erziehungsmethode anzuhören. Es ist etwas ganz anderes, wenn man sich unter einander fragt: »Beißt Ihr Welpe eigentlich auch so fest beim Spielen zu?«, und man dann antwortet, was man selbst erfolgreich dagegen ausprobiert hat, als jemandem unaufgefordert Ratschläge zu erteilen.

Die Welpenspielstunde sollte ein Ort des Spaßes für Hunde und Menschen sein. Dazu bedarf es einfach auch einer gewissen zwischenmenschlichen Achtung und Rücksichtnahme. Lästern über jemanden, der einen so genannten Kampfhund hat, ist ebenso unangebracht wie herablassendes Belächeln einer zierlichen Frau, die mit ihrem Rottweilerwelpen nicht klarkommt. Ehrgeiziges Denken nach dem Motto: »Mein Hund war schneller durch den Parcours«, vergiftet eine Spielstunde.
Und es vergiftet die Beziehung zwischen Mensch und Hund. Sie gehen nicht in eine Welpenspielstunde, um zu sehen, ob Ihr Hund so toll oder toller als andere Hunde ist, sondern Sie sollten hingehen, um ihm Spaß und Lernen zu ermöglichen. Und wenn man dann sieht, dass der eigene Welpe Probleme hat – na und, dann geht man eben früh genug dagegen an. Und außerdem merkt man schnell, dass es eigentlich keinen Welpenbesitzer gibt, der mit Fug und Recht von sich sagen kann: Wir zwei haben gar keine Probleme.

Einige abschließende Bemerkungen

Ich hoffe, ich habe Sie davon überzeugen können, sich und Ihrem Welpen eine Welpenspielstunde zu gönnen. Ich hoffe, dass ich möglichst vieler Ihrer Fragen rund um das Thema Welpenspielstunden beantworten konnte. Aber genauso hoffe ich, dass Sie jetzt wissen, nach welchen Kriterien Sie für sich die möglichst beste Stunde finden können und somit nicht irgendeinem Pfuscher in die Hände fallen.
Der zweite Teil dieses Buches richtet sich nun primär an jene, die möglichst gute Welpenspielstunden anbieten wollen und versteht sich als eine Art Handbuch für die Durchführung guter Welpenspielstunden. Aber ich denke, dass auch Sie als interessierter Welpenbesitzer viele wichtige Informationen rund um das Thema Welpe mitnehmen können. Also – weiterlesen lohnt sich!
Am Ende dieses Buches schließlich finden Sie eine Sammlung von so genannten Infoblättern – also Informationsblätter, wie Sie Besucher meiner Welpenspielstunde nach den verschiedenen Stunden ausgehändigt bekommen – je nach dem, welches Thema in der Stunde behandelt worden ist. Diese Informationsblätter befassen sich in Kurzform mit den häufigsten Fragen, die Welpenbesitzer in den Welpenspielstunden stellen, bzw. mit einigen zentralen Themen, über die jeder Welpenbesitzer Bescheid wissen sollte.

Teil II: Welpenspielstunden selber veranstalten

Einführung

Dieser zweite Teil des Buches richtet sich an Welpentreffleiter oder an solche, die sich mit dem Gedanken tragen, eine Welpenspielstunde anzubieten – sei es im Rahmen eines Vereins, einer Hundeschule oder einfach auf privater Basis. Er versteht sich als praxisbezogene Anleitung für eine möglichst optimale Durchführung von Welpenspielstunden.

Glücklicherweise ist eine Welpenspielstunde heute nichts Exotisches mehr, aber ein flächendeckendes Angebot guter Welpentreffs existiert bislang dennoch nicht. Daher ist es zu begrüßen, dass immer mehr Interessierte Welpenspielstunden anbieten. Leider sind aber auch zwei negative Tendenzen festzustellen:

1. Welpenspielstunden werden als lukrativer Köder für Kunden angesehen, die dann nachfolgende Erziehungskurse teuer bezahlen. Bei diesem Modell wird meist lediglich eine Wiese zur Verfügung gestellt, auf der die Welpen miteinander toben dürfen, weitergehende Angebote in der Spielstunde bestehen dabei nicht. Wird zumindest diese reine Spielstunde vernünftig geleitet, ist das noch in Ordnung, aber meist sind es gerade diese Angebote, bei denen die Welpen z.T. mit erwachsenen Hunden durcheinanderlaufen und ihrem Schicksal überlassen bleiben.

2. Berufsanfänger und/oder interessierte Laien (meist Frauen) in Vereinen denken sich, erst mal mit Welpenspielstunden anzufangen, weil die noch nicht so schwierig seien, man noch nicht so viel verkehrt machen könne. Welpenspielstunden sozusagen als Einstieg in die Laufbahn des Hundeerziehers. Davor möchte ich eindrücklich warnen. Es reicht nicht, Hunde zu lieben, gerne mit Welpen zu knuddeln. Viel mehr ist nötig – und das möchte ich Ihnen mit diesem Buch verdeutlichen:

- Man muss Erfahrung im Umgang mit Hunden verschiedenster Rassen und Altersgruppen haben.
- Man muss mit Menschen umgehen können.
- Man muss Gruppen leiten können.
- Man braucht eine gewisse Stressresistenz – Phantasie und Humor sollte man übrigens auch noch haben.
- »Last but not least«: Die Welpenherzen müssen den Spielstundenleitern zufliegen.

Ich möchte Ihnen mit dem nun folgenden zweiten Teil konkrete, praxisbezogene Anregungen für die Gestaltung einer Welpenspielstunde geben und dabei auf all die Fragen und Probleme eingehen, die sich irgendwann bei der Leitung einer solchen Stunde auftun. Und ich möchte Ihnen möglichst viele Ideen und Anregungen mit auf den Weg geben.

8. Der Zweck von Welpenspielstunden

Im ersten Teil dieses Buches, der sich speziell an die Welpenbesitzer gerichtet hat, habe ich mich bereits ausführlich mit der Frage beschäftigt, warum gute Welpenspielstunden so wichtig für Welpen und ihre Besitzer sind. Ich möchte diese Diskussion daher an dieser Stelle nicht noch einmal in aller Breite aufnehmen, sondern lediglich stichwortartig zusammenfassen, welche Ziele mit einer gut durchdachten Welpenspielstunde verfolgt werden sollten:

- Sozialisation mit Artgenossen
- Förderung der Mensch-Hund-Beziehung
- Einführung in die Erziehung des Hundes
- Sozialisation mit fremden Menschen
- Gewöhnung an Umweltreize.

Sozialisation mit Artgenossen

Welpenspielstunden können deutlich mehr sein als »nur« eine Gelegenheit, bei der Welpen miteinander spielen und Sozialverhalten unter Artgenossen lernen, obwohl diese Intention natürlich zunächst einmal an erster Stelle steht. Das bedeutet konkret:
- das Ausleben des Spielbedürfnisses
- Möglichkeiten zu freiem und dennoch *kontrolliertem* Kontaktspiel
- das Kennenlernen unterschiedlicher Rassen und Mischlinge
- das Erlernen »zwischen-hundlicher« Kommunikation
- der Aufbau sozialer Kompetenz im Umgang mit den Artgenossen.

Für den Hundehalter bedeutet es:
- das frühzeitige Erkennen von Verhaltensdefiziten
- das Entwickeln von Strategien zur Änderung problematischen Sozialverhaltens.

Welpenspielstunden bieten darüber hinaus die Chance, sehr frühzeitig an die Welpenbesitzer heranzukommen. Kaum ein frischgebackener Welpenbesitzer sucht eine Hundeschule oder einen Hundeverein auf, um von Anfang an fachkompetente Anleitung zur Erziehung seines Welpen zu bekommen. Welpenspielstunden dagegen werden immer bekannter, die Schwelle, solche zu besuchen, immer geringer. Mund-zu-Mund-Propaganda scheint da eine große Rolle zu spielen. Und da Welpenbesitzer in der Regel vor allem ein Spiel der Welpen untereinander erwarten, denken sich die meisten: »Na klar, mein Kleiner scheint die Lust am Spielen ja nie zu verlieren, dann gehe ich doch mal dorthin, wo er mit anderen Welpen spielen kann – das ist ja bestimmt auch nicht so gefährlich für ihn, als wenn er auf dem Spaziergang mit den schrecklich großen anderen Hunden spielt«.
Sie als Übungsleiter haben so die einmalige Chance, zu einem sehr frühen Zeitpunkt an der Mensch-Hund-Beziehung zu arbeiten mit dem Ziel: Das Wesen des Hundes dem Menschen nahe zu bringen und Grundlagen zu legen für den Aufbau einer vertrauensvollen Mensch-Hund-Partnerschaft:

Förderung der Mensch-Hund-Beziehung

Diese beinhaltet konkret:
- das kompetente und verständliche Eingehen auf das Informationsbedürfnis der Teilnehmer
- die Vermittlung von zentralen Grundkenntnissen über den Hund und den Umgang mit ihm
- die Beobachtung der individuellen Mensch-Hund-Beziehung und die individuell entsprechende Anleitung sowie praktische Hilfestellung im Umgang mit dem Welpen
- den richtigen Umgang mit dem Welpen beispielhaft vorzuleben.

Dabei sind verschiedene Elemente zu beachten: An erster Stelle steht die Erläuterung hundlichen Verhaltens oder kurz gesagt: Was ist eigentlich ein Hund? Dies muss als Basis für andere Elemente wie z.B. Erziehungspraktiken stehen. Und um es noch etwas konkreter zu machen: Folgende Themen sollten Sie besprechen:
- Der Wolf als Stammvater – was folgt daraus?
  - Der Hund als soziales Wesen
  - Die Bedeutung von Rangordnung
  - Artgerechte Formen der Reglementierung
  - Der Hund als Jäger
  - Bedürfnisse des Hundes
  - Entwicklungsphasen des Hundes
  - Rassespezifische Unterschiede

- Anleitung zur Beobachtung und zum Verstehen des Hundes
  - Das Lesen der Körpersprache des Hundes

- Das Entschlüsseln der Bedeutung verschiedener Verhaltensweisen
- Das Verständnis des Umgangs der Hunde untereinander

• Anleitung zum Beziehungsaufbau zum Hund
- Die Bedeutung von Bindung
- Die richtige Form der Kommunikation mit dem Hund
- Die Bedeutung von Körperkontakt
- Die Bedeutung der Etablierung einer Rangordnung
- Das richtige Spielen mit dem Hund
- Die Rolle der Erziehung
- Die Bedeutung gemeinsamer Aktionen

Neben diesen Themen, die eher Grundsätzliches rund um das Wesen des Hundes und den anzustrebenden Umgang mit ihm umfassen, sind natürlich konkrete Erläuterungen zur Erziehung des Hundes wichtig:

Einführung in die Erziehung des Hundes

Welpenbesitzer erwarten sich eine Anleitung zur Erziehung ihres Hundes. Das bedeutet für sie in der Regel die Fragen, wie man ihm das Leinezerren abgewöhnt, ihn dazu bringt, dass er kommt, wenn man ihn ruft und das er sich auf Befehle setzt und legt.

> Es gibt tatsächlich Welpen-»Spiel«-Stunden, bei denen die Welpen – analog zu dem dort praktizierten Umgang mit erwachsenen Hunden – eine Stunde im Kreis marschieren und Sitz und Platz machen sollen. Eine Welpenspielstunde sollte aber niemals ein Versuch zu Welpenfrühdressur sein.

Dennoch sollte natürlich der erzieherische Umgang mit dem Welpen ein wichtiges Thema sein. Doch bevor Sie sich mit diesen konkreten Dingen beschäftigen, sollten Sie zunächst das Basiswissen, auf dem Ihre Erziehungsmethoden aufbauen, vermitteln.

Bevor Sie sich daran machen, Übungen wie Sitz und Platz mit den Welpen und ihren Besitzern zu üben, sollten Sie Ihr Augenmerk zunächst darauf richten, zu erklären, wie Hunde überhaupt lernen, wie man erwünschtes Verhalten aufbaut und unerwünschtes verhindert oder korrigiert:

Themen wären somit:
• die Erläuterung des Lernverhaltens beim Hund
• die Erklärung, warum und wie positive Verstärkung als Grundprinzip gelten sollte
• die Erklärung, warum die Prävention von Problemverhalten immer sinniger ist als die nachfolgende Korrektur – und natürlich, wie eine Prävention aussehen könnte
• die Erklärung, warum das Anbieten alternativer Verhaltensweisen zum unerwünschten Verhalten ein zentrales Erziehungsprinzip sein sollte
• die Erklärung, warum Ignorieren eine wirksame Erziehungsmaßnahme ist
• die Erläuterung artgerechter Strafmaßnahmen.

Erst wenn dieses intensiv genug besprochen worden ist, sollten Sie sich an das konkrete Einüben verschiedenster Erziehungsmaßnahmen machen, was durchaus mehr enthalten sollte als nur Sitz und Platz.

Schließlich besteht ein immenses Bedürfnis der Welpenbesitzer nach Ratschlägen, wie mit welpenspezifischen Problemen umzugehen ist – und dem muss Rechnung getragen werden.

In einer Welpengruppe gibt es für den Welpen nicht nur viele fremde Hunde – sondern auch viele andere fremde Menschen. Sie haben somit die ideale Gelegenheit, die Welpenbesitzer als Statisten zu nutzen zwecks Einübung des Kontaktes zu Fremdpersonen.

Sozialisation mit fremden Menschen

Ein nicht geringer Anteil von Welpen, die eine Welpenspielstunde aufsuchen, zeigt sich als deutlich menschenscheu, hat entweder Angst vor

Gruppen – oder was noch häufiger ist: Angst vor der Ansprache oder gar Berührung durch eine Fremdperson. Die Welpengruppe bietet ein ideales Umfeld, um hier gegen zu steuern:

- Angstabbau vor Menschengruppen
- Angstabbau vor Händen/Berührungen
- Gewöhnung an für den Hund »merkwürdige« Menschen (Behinderte, Menschen anderer Hautfarbe, Menschen in wallenden Gewändern und mit Hüten, aber auch Kinder etc.).

Neben der Förderung der Mensch-Hund-Beziehung und der Gewöhnung an andere Hunde und Menschen sollten Sie mit Ihrer Welpengruppe noch ein weiteres Ziel anstreben: die Gewöhnung an Umweltreize.

Gewöhnung an Umweltreize

Unsere Umwelt wimmelt von merkwürdigen Dingen, die für einen jungen Welpen potenziell angsterregend sind – zumindest für diejenigen, die aus einer reizarmen Aufzucht in Stall oder Zwinger stammen – und das sind deutlich die meisten Welpen. Es gilt zum einen, möglichst viele angsterregende Dinge in die Welpengruppe

Klettern, springen, kriechen: Dieser Spielgarten bietet alles, was das Herz begehrt.

einzubauen, zum anderen, die Welpenbesitzer davon zu überzeugen, dass sie ein Umwelterkundungsprogramm mit ihren Welpen durchziehen sollten – und das so bald wie möglich.
Die Zeit, in der der Welpe an all die »Schrecken« – oder neutraler formuliert – an all das Unbekannte – herangeführt werden sollte, läuft davon.

Konkret bedeutet das für die Welpenspielstunde:
- die Konfrontation mit verschiedenen optischen, akustischen, taktilen und olfaktorischen Reizen
- ein Selbstsicherheitstraining für die Welpen durch Überwindung von Ängsten
- die Anleitung der Welpenbesitzer: Wie geht man mit Ängsten des Welpen um?
- das Vermitteln von Anregungen für die Welpenbesitzer: Wie fördert man Umweltsicherheit beim Hund?
- das Aufstellen eines Unternehmungsprogramms für Welpen.

Wie Sie sehen, sind die Ziele einer guten Welpenspielstunde sehr vielfältig. Wenn Sie sich nun sagen: »Mir geht es vordringlich um die Sozialisierung an die Artgenossen« und Sie betreiben eine entsprechend gut geleitete Gruppe mit einem *kontrollierten* Sozialspiel, so ist das sicher auch in Ordnung – nur müssen Sie sich zugleich darüber im Klaren sein, dass Sie viele Chancen ungenutzt lassen.
Wovor ich Sie aber warnen möchte, ist Folgendes: Sie möchten sich aktiv in der Hundeausbildung engagieren, denken vielleicht sogar daran, eine eigene Hundschule zu eröffnen und sagen sich: »Ich fange am bestem mal mit einer Welpengruppe an, backe erst mal kleine Brötchen. So eine Welpengruppe ist harmlos, das kriege ich noch hin. Ich sammle erst mal so meine Erfahrungen, bevor ich mich an die Erziehung erwachsener Hunde oder gar an die Arbeit mit ausgesprochenen Problemhunden mache«.
Dieser Gedanke ist komplett falsch – denn Sie müssen als Leiter von Welpenspielstunden über eine enorme Kompetenz verfügen.

9. Das macht einen guten Leiter von Welpenspielstunden aus

Was Welpenbesitzer wissen wollen

Welpenbesitzer erwarten sich einen »Allrounder«, der ihnen Fragen rund um den Hund beantworten kann. Und diese Fragen sind sehr vielfältig. Welpenbesitzer erwarten:
- Tipps, wie man mit welpenspezifischem »Problemverhalten« umgehen kann (wie z.B. dem zu festen Beißen auf den Händen)
- eine Erklärung hundlicher Verhaltensweisen
- eine Erklärung, wie man Hunde generell erziehen kann
- Informationen zur Gesunderhaltung des Hundes (wie z.B. richtige Ernährung, Impfungen, Entwurmungen, Ungezieferprophylaxe)
- Informationen zur Körperpflege des Hundes
- die Beantwortung rechtlicher Fragen.

Im Vordergrund der Fragen steht dabei meist der Umgang mit welpenspezifischen Verhaltensweisen, welche die Besitzer zur Verzweiflung treiben. Hat man da keine guten Ratschläge, die auf den einzelnen Hund abgestimmt sind, führt das nicht nur zur Frustration der Welpenbesitzer und schlimmstenfalls zu einem Verhalten, dass die Mensch-Hund-Beziehung bereits in diesem frühen Stadium schädigt. Man verliert als Übungsleiter auch das Vertrauen der Welpenbesitzer, es mit einer kompetenten Fachperson zu tun zu haben, deren Ratschläge und Anweisungen man auch befolgt, weil man ihr einen Wissensvorsprung zubilligt. Ist das der Fall, gibt es erhebliche Probleme im Spielstundenverlauf, weil die Welpenbesitzer nicht davon zu überzeugen sind, eine falsche Verhaltensweise aufzugeben (wie z.B. das ständige, monotone Rufen ihres Welpen, der gerade begeistert in ein Jagdspiel mit seinen Kumpels vertieft ist).
Kann man im Gegensatz dazu Tipps geben, die zur schnellen Entschärfung der häuslichen Situation beitragen, so hat man zum einen etwas für

die Beziehung des Mensch-Hund-Teams getan. Zum anderen kommen solche Welpenbesitzer viel eher wieder und hören auch bei dem, was man in der Spielstunde erzählt, viel interessierter zu.

Wenn Sie sich also mit dem Gedanken tragen, eine Welpenspielstunde zu gründen, sollten Sie sich als Erstes kritisch fragen, ob Sie überhaupt genügend Hintergrundwissen über Hunde im Allgemeinen und Welpen im Speziellen haben, um nicht ständig ratlos vor den ebenso ratlosen Welpenbesitzern zu stehen.

Natürlich ist es klar, dass man sich viel Wissen erst über den ständigen Umgang mit den Welpen und ihren Besitzern in der Welpenspielgruppe aneignet. Man gestaltet die Stunde immer kreativer und wird ebenso kreativ in der Anbietung von Lösungsstrategien für die Welpenbesitzer. Aber ein Grundwissen muss da sein. Und dieses betrifft eben viele Gebiete: (Soll ich meine Hündin jetzt schon kastrieren lassen? Was kann ich denn gegen die Flöhe tun? Soll mein Welpe eigentlich weiter Welpenfutter fressen? Wie viel darf ich ihm zu fressen geben? Muss ich ihn eigentlich hier in der Stadt immer an der Leine haben? Wieso pinkelt mein Welpe nie auf dem Spaziergang, sondern immer nur, wenn wir wieder im Haus sind? Wie kann ich es ihm abgewöhnen, dass er meine Kinder immer in den Po zwickt, wenn die rennen? Welche Impfungen braucht eigentlich ein Hund? Wie kriege ich die Entwurmungstabletten bloß in seine Schnauze? Was kann ich nur tun, damit er mir nicht mehr ins Auto kotzt? Was soll ich nur dagegen tun, dass er mich jeden Morgen aus Hunger schon um vier Uhr weckt und will, dass ich ihm etwas zu Fressen gebe? Wieso lässt sich der Retriever von meinen Nachbarn von allen gern streicheln und mein Eurasier nicht? (usw.)

Natürlich kann man nicht alles wissen und bevor man darum herumredet, sollte man den Welpenbesitzern ehrlich sagen: »Das weiß ich auch nicht, ich kann Ihnen heute keine Antwort darauf geben, aber ich versuche bis zur nächsten Stunde herauszubekommen, was Sie tun können« etc.

Eine enorme Verantwortung

Sie als Welpenspielleiter tragen die immense Verantwortung, in der Kürze der Ihnen verbleibenden Zeit dem frisch gebackenen Welpenbesitzer möglichst viel zu vermitteln und Fehlentwicklungen gegenzusteuern.

Wenn man mit Welpen arbeitet, weiß man zweierlei: Jetzt ist die Chance, den Grundstein für eine möglichst optimale Mensch-Hund-Beziehung zu legen – eine solche Chance kommt nie wieder. Jetzt ist die Chance, Fehlentwicklungen schon im Ansatz zu ersticken – was immer einfacher ist, als die beim erwachsenen Hund eingeschliffenen problematischen Verhaltensmuster wieder aufzubrechen. Aber: Die Zeit ist eben auch sehr knapp – Wesentliches in der Entwicklung des Hundes passiert bis zur 16. Lebenswoche. Viele Welpen kommen erst mit ca. 12 Wochen nach der zweiten Impfung. Und dann steht man da, hat vor Augen, an was der Welpe alles gewöhnt werden sollte, aber vor allem natürlich: Wie man dem Welpenbesitzer klar macht, dass der Aufbau von Bindung jetzt so alles entscheidend ist – und der Vermittlung, wie man diese Bindung aufbauen kann.

Sie denken an alle möglichen Dinge, die Sie Ihren Welpenbesitzern so gern vermitteln möchten – und die Zeit läuft davon.

Es macht einen Riesenunterschied, ob Sie als Hundetrainer mit einem erwachsenen Hund arbeiten, der seit zwei Jahren das Niedermetzeln anderer Hunde zur Lebensaufgabe erkoren hat, oder ob sich ein Welpe unter Ihrer Obhut zum nicht zu stoppenden Lustraufer entwickelt. Im ersteren Fall können Sie sich immer mit gutem Recht sagen: »Schwieriger Fall, das ist nicht von heute auf morgen zu lösen«. In letzterer Ausgangssituation müssen Sie sich jedoch viel stärker hinterfragen, ob Sie etwas zu spät erkannt und/oder die falschen Gegenmaßnahmen getroffen und/oder die Halter nicht richtig geschult haben.

So wundervoll es ist, die Welpen von Stunde zu Stunde zu selbstbewussten, sozial sicheren Persönlichkeiten heranwachsen zu sehen, die eine

gute Halterbindung haben, so deprimierend kann es sein, wenn man es z.B. nicht schafft, eine Entwicklung hin zum Angstbeißer abzuwenden.
Nehmen wir einmal an, Sie können guten Gewissens von sich sagen, dass Sie Erfahrung mit unterschiedlichsten Hunden sowie mit der Lenkung von Gruppen – reicht das dann aus? Nein!

Der Zugang zum Welpenherz und -hirn

Viel zu viele hundebegeisterte Menschen wählen den Weg, sich mit Hunden ehrenamtlich im Verein oder auch haupt- oder nebenberuflich in der eigenen Hundeschule zu beschäftigen, weil sie Hunde lieben.
Ist die Liebe zum Hund ausreichend? Nein! Man muss sich schon die Mühe machen, sich theoretisches Hintergrundwissen zu erarbeiten und das immer auf den neusten Stand zu bringen. Es gibt eine Menge zu lernen. Althergebrachte Glaubenssätze werden von wissenschaftlichen Untersuchungen als nichtig entlarvt und hinzu kommt, dass wir vieles einfach noch gar nicht wissen. Ich denke hier insbesondere an Rasseunterschiede in der Entwicklung von Verhalten und dem gesamten Bereich Bewusstsein/Kognition bei Hunden – oder kurz ausgedrückt: Inwieweit können Hunde denken?
Aber nehmen wir mal an, dass Sie Hunde über alles lieben, sich viel Wissen angeeignet haben – reicht das dann aus? Nein!

Zur Liebe zum Hund und zum theoretischen Hintergrundwissen gehört unbedingt noch ein drittes Element hinzu: das richtige Gefühl für Hunde.

Es gibt viele Menschen, die alles für Hunde tun würden, die sich von Seminar zu Seminar schleppen, regalweise kynologische Literatur verarbei-

Diese zwei haben sich gefunden, obwohl sie erst seit Kurzem beieinander sind.

ten, und doch fehlt ihnen der letzte Funke im praktischen Umgang mit dem Hund. Ob man es nun Gefühl, Intuition oder sonst wie nennt: Was ich meine ist, dass man spontan den richtigen Weg zu einem spezifischen Hund findet. Als Außenstehender kann man das an der Reaktion der Hunde erkennen. Auf den ersten Blick verhalten sich zwei Übungsleiter völlig identisch, aber der Welpe (für erwachsene Hunde gilt das übrigens genauso) orientiert sich nur an dem einen und lässt den anderen links liegen. Das liegt daran – um es mal so richtig schön unwissenschaftlich auszudrücken – dass nur der eine den Weg zum Herzen des Welpen (Hundes) gefunden hat.

Ich weiß selber nicht, wie so etwas zustande kommt, aber ich habe es oft genug zwischen Mensch und Hund beobachten können, um mir sicher zu sein, dass da etwas ist, das man nicht in Worte fassen kann, das aber die Beziehung zwischen Mensch und Hund entscheidend beeinflusst. Dies gilt sowohl für Beziehungen zwischen Welpenbesitzern und ihren Welpen, als auch zwischen dem Übungsleiter und den Welpen seiner Spielgruppe.

Will man eine Welpenspielgruppe leiten, kann es nicht nur darum gehen, dass man die Herzen der Welpen erobert, sondern genauso darum, dass die Welpen auch verstehen, dass sie dem Übungsleiter Respekt zollen müssen.

Das Tohuwabohu einer Welpengruppe ist nur dann zu vertreten, wenn Sie als Übungsleiter die Gruppe voll im Griff haben. Und das bedeutet konkret: Sie können sich nicht darauf verlassen, dass die Welpenbesitzer ihre Welpen zur Räson bringen – das bleibt in der Regel zunächst mal Ihr Job. Das wiederum funktioniert aber nur, wenn die Welpen Sie als Chef der Truppe anerkennen.

Als Chef werden Sie aber nicht allein deswegen anerkannt, weil sie so schön mit den Welpen spielen und schmusen, sie mal aus gefährlichen Situationen retten oder ihnen Erfolgserlebnisse vermitteln – wobei all diese Dinge natürlich von größter Wichtigkeit sind.

Bei vielen Welpen reicht deren Beobachtung, dass da immer eine Person ist, die irgendetwas sagt, und all die anderen Menschen reagieren. Sie beobachten diese Person, spüren deren Souveränität und denken sich: »Aha, dass ist hier der Chef«. Sie glauben mir nicht? Dann erklären Sie mir einmal wie es kommt, dass ein Welpe, den Sie als Übungsleiter nie zuvor reglementiert haben, auf ihr einfaches »Aus« hin ein Spielzeug loslässt, während sowohl der Besitzer als auch drumherumstehende andere Welpenbesitzer das vorher schon erfolglos versucht haben.

Ich denke, es kommen verschiedene Faktoren zusammen: Der Welpe erlebt – wenn es eben gut läuft – den Übungsleiter als Person, von der er sehr viel Positives erfährt, aber er erlebt sie auch als Person, welche die Menschen reglementiert – oder einen anderen Welpen. Das reicht völlig aus, damit dieser Welpentyp einfach auf verbales Kommando von Ihnen hin etwas unterlässt. Er hat akzeptiert, dass Sie hier die Chefrolle spielen.

Aber es gibt natürlich auch die anderen Welpentypen, die ein-, zweimal von ihnen unter Umständen massiv reglementiert werden müssen (bis hin zum Alphawurf), bevor die kapieren, dass Sie derjenige sind, der bestimmt. Danach sind Sie in der Regel der beste Freund für diesen Welpen, und er wird Sie immer wieder freudig, mit leichten Demutsbekundungen begrüßen, voller Begeisterung zu Ihnen kommen, wenn Sie ihn rufen.

Und so wie es Menschen gibt, denen das Herz der Welpen sofort zufliegt, so gibt es auch Menschen, die eine Ausstrahlung besitzen, die jedem Welpen (und erwachsenen Hund) sofort signalisiert: »Ich bin hier der Chef«.

Wer beides in einer Person vereint, der besitzt die idealen Voraussetzungen zur Leitung einer Welpenspielgruppe, wobei Sie das Durchsetzen Ihrer Person üben können, das Gefühl können Sie sich nur teilweise erarbeiten.

Zusammengefasst: Um mit den Welpen richtig umzugehen und als Person die Stabilität der Wel-

Boing! Mit geeigneter Kleidung ist man allen Anstürmen gewachsen.

pengruppe zu gewährleisten, ist Folgendes notwendig:

- ein liebevoller Umgang mit den Welpen, unabhängig von deren Rassezugehörigkeit/Mix und deren jeweiligen Macken
- die Bereitschaft, sich mit den Welpen »gehen zu lassen«: sich auf dem Boden zu wälzen, den Welpen auf sich herumkriechen zu lassen, viele feuchte Küsse einzustecken und mit ihm herumzujuchzen
- die Fähigkeit zur Beobachtung und Einschätzung jedes einzelnen Welpen, um richtig auf ihn eingehen zu können
- das intuitive Gefühl für den Welpen
- die Fähigkeit, Grenzen zu setzen und sich als Chef der ganzen Truppe zu etablieren.

Das allein ist eigentlich schon eine ganze Menge. Und doch ist es nur die eine Seite der Medaille:

Umgang mit einzelnen Welpenbesitzern

Hundeerziehung bedeutet nicht nur, dass man mit Hunden umgehen kann. Genauso ist es erforderlich, mit Menschen umgehen zu können.
Konkret bezogen auf die Welpenspielstunde bedeutet das zweierlei: Sie müssen einen Zugang zu jedem einzelnen Teilnehmer finden, ein Vertrauensverhältnis aufbauen. Halten Sie Distanz zum Menschen und kümmern sich nur um den Welpen, so wird der Welpenbesitzer sich nicht trauen, die Fragen zu stellen, die ihm wichtig sind – und er wird kaum interessiert zuhören, wenn Sie versuchen, wichtiges Wissen zu vermitteln. Sie müssen es schaffen, dem Welpenbesitzer das Gefühl zu geben, dass er und sein Welpe von Ihnen überhaupt wahrgenommen werden, dass Sie sich Zeit für ihn nehmen, dass Sie offen für seine Fragen sind, dass Sie sich bemühen, ihm

weiterzuhelfen. Kein Welpenbesitzer darf das Gefühl bekommen, dass er und sein Welpe nur eine Randfigur sind – vielleicht weil der Welpe einfach unauffällig ist, man bei ihm kaum eingreifen muss oder umgekehrt, weil er als Rambo der Truppe allen Anwesenden – Sie als Übungsleiter eingeschlossen – nur auf die Nerven geht.
Es ist also wichtig, dass sich der Welpenbesitzer als gern gesehener Teilnehmer empfindet.
Sie als Übungsleiter stellt das z.T. offen gesagt auf eine harte Probe, weil manche Welpenbesitzer schwierig sind. Man braucht viel Geduld um vor allem drei spezielle Typen weiter höflich zu behandeln:
Da sind jene Welpenbesitzer, die einfach nie zuhören, immer mit anderen Welpenbesitzern quatschen, nicht mitbekommen, dass sie ihren Welpen anleinen sollen, weil man eine Übung machen will, nicht mitbekommen, was sie jetzt in der Übung machen sollen und so die ganze Gruppe aufhalten.
Da sind zum anderen jene Welpenbesitzer, die den Übungsleiter mit Beschlag belegen, ständig neben ihm stehen, um ihm die Histörchen rund um ihren Welpen der vergangenen Woche zu erzählen, sodass der Übungsleiter sich schwer auf das Geschehen konzentrieren kann und Mühe hat, sich loszureisen.
Und da sind jene Welpenbesitzer, die sowieso davon ausgehen, dass ihnen niemand mehr etwas in Sachen Hundeerziehung zu erzählen hat, weil sie sowieso alles besser wissen und die ganze Düddelei mit Leckerchen und Spielen sowieso albern finden. Ihr Welpe soll mit anderen Welpen spielen und damit basta.
Welpenbesitzer machen viele Fehler. Ihre Aufgabe ist es, diese Fehler zu erkennen, den Welpenbesitzer darauf hinzuweisen und ihm aufzuzeigen, wie er es besser machen könnte, ohne dass man ihn beleidigt, sondern so, dass er motiviert ist, es besser zumachen. Dazu gehört viel Geduld und die Fähigkeit, zu motivieren. Es hat überhaupt keinen Sinn, beim Welpenbesitzer den Eindruck zu erwecken, dass dieser ein Vollversager ist – das demotiviert. Kritik muss als Hilfestellung formuliert werden – und das ist manchmal ganz schön schwer. Besonders, wenn es sich um eingefahrene grundsätzliche Einstellungen Hunden gegenüber handelt – »ein Hund muss aus Liebe zu mir kommen, der braucht kein Leckenchen« – müssen Sie ganz schön Überzeugungsarbeit leisten!
Trockene, theoretische Abhandlungen, eventuell noch mit wissenschaftlichen Ausdrücken durchsetzt, die noch dazu abgehoben vom konkreten Einzelfall gegeben werden, bringen überhaupt nichts.
Was viel besser funktioniert: Die Welpenbesitzer durch überzogenes Nachmachen zum Lachen bringen und in der Praxis demonstrieren, dass ein anderer Umgang mit dem Welpen viel erfolgsversprechender ist. Taut der Welpenbesitzer dann auf und versucht es zumindest ansatzweise, ist dickes Lob für ihn fällig.

Gruppenmanagement

Die Welpengruppe zu leiten bedeutet jedoch nicht nur, mit den einzelnen Welpenbesitzern klar zu kommen. Es bedeutet auch, das Gruppengeschehen zu steuern. Wie in anderen Gruppen hat man auch im Welpentreff häufig so bestimmte Kandidaten: der, der den ewigen Clown spielen muss, der, der sich mit seinem tollen Wissen hervortun muss, der, der andere Mitmenschen ständig abkanzeln muss, der Ehrgeizling, der demonstrieren muss, was sein Welpe alles kann, der Schüchterne, der sich nicht traut, etwas vor der Gruppe vorzumachen. Dem einen muss man mal einen Dämpfer verpassen können, den anderen aus der Reserve locken.
Damit das Gruppengeschehen der Menschen untereinander nicht aus dem Ruder läuft, sind auch mal klare Zurechtweisungen nötig. Dies ist besonders dann der Fall, wenn ein Teilnehmer empört ist über die »Aggression« des Welpen eines anderen Teilnehmers, weil der eigene Welpe doch so unschuldig zum Opfer geworden sei. Da geht es manchmal hoch her und es ist Ihre Aufgabe, den Streit zu schlichten.

Grundsätzlich: Sie müssen auch den Teilnehmern gegenüber gewisse Regeln etablieren. Zum Beispiel Rauchverbot und Handys abschalten. Keiner redet, wenn Sie gerade eine Sache erläutern. Fremdhunde werden nicht gefüttert. Bei Raufereien greift höchstens der Halter des betroffenen Welpen ein, ansonsten aber der Übungsleiter. Es wird nicht geschlagen, es wird nicht über andere Welpen oder deren Halter hergezogen. Diese Regeln müssen durchgesetzt werden, auch unter Inkaufnahme, dass ein Welpenbesitzer empört den Platz verlässt.

Bedenken Sie eines: Kein Mensch lernt gut, wenn er sich unter Stress befindet. Ist nun das Gruppenklima gekennzeichnet von unterschwelligen oder gar offenen Aggressionen gegen ein Mitglied oder mehrere, geraten zumindest einige Mitglieder unter Stress.

Das Ziel sollte vielmehr eine Gruppe sein, in der das Klima locker ist, Scherze gemacht werden, jeder mal seine Streicheleinheiten vor der Gruppe erhält und vorwitzige, nervtötende Besserwisser auch mal vor der Gruppe gekonnt souverän in ihre Schranken gewiesen werden.

Verständliche Rede

Ich habe geschrieben, dass Welpenbesitzer eine Menge an Fragen haben und dass es natürlich Ihr Ziel sein sollte, Welpenbesitzern eine Menge Wissen zu vermitteln – unabhängig davon, ob die danach gefragt haben. Um dieser Anforderung gerecht zu werden, bedarf es natürlich nicht nur des entsprechenden Fachwissens, sondern:

Sie müssen in der Lage sein, dieses auch allgemein verständlich in richtigen Dosierungen zu

Kompetente Spielstundenleiter informieren ihre Teilnehmer über Sinn und Zweck anstehender Übungen.

vermitteln. Sie müssen vor der Gruppe aus dem Stehgreif einen Kurzvortrag halten können, ohne sich ständig zu verhaspeln. Mit einer Einzelperson zu reden ist ganz etwas anderes, als vor einer ganzen Gruppe plötzlich etwas erklären zu müssen.
Und Sie sollten in der Lage sein, auch schriftliches Informationsmaterial zu erstellen, in dem Sie kurz und präzise wichtige Informationen für Welpenbesitzer zusammenstellen.

Der Persönlichkeitstest

Schließlich sind noch so einige, generelle Persönlichkeitseigenschaften von Vorteil, wenn Sie das Abenteuer Welpenspielstunde eingehen wollen:

Sie sollten möglichst stressresistent sein und gute Nerven haben. Ein Beispiel: Während Ihnen gerade ein Welpenbesitzer vorjammert, dass sein Welpe doch nach drei Tagen immer noch nicht stubenrein ist, kippt an der anderen Ecke des Platzes ein Spiel gerade in eine ernsthafte Rauferei um. Parallel dazu steht ein zu spät gekommener, neuer Interessent am Zaun und will schon mal hinein marschieren, ohne dass sein Impfpass kontrolliert worden ist. Gleichzeitig turnt ein Kleinkind auf dem Klettergerüst für die Hunde herum, mit dem Erfolg, dass dieses zusammenbricht, was ein brüllendes Kind und erschreckte Welpen zur Folge hat. Da braucht man gute Nerven.

Sie sollten flexibel sein. Sie haben sich in der Vorbereitung auf diese Stunde viele Gedanken gemacht, haben einen genauen Plan im Kopf, was Sie heute machen wollen – und dann kommen gleich fünf neue Welpen, zwei der alteingesessenen Welpen bekämpfen sich plötzlich ohne Unterlass, der Boden ist vom Dauerregen total aufgeweicht. Nun müssen Sie flexibel umdisponieren. Das gemeinsame Wälzen auf dem Boden zwecks Bindungsförderung ist heute nicht so angesagt. Bei der aufgeheizten Gruppenatmosphäre sind kürzere Freispielsequenzen und mehr Übungen erforderlich. Wegen der vielen Neuzugänge müssen Sie sich Zeit nehmen, denen Grundsätzliches zum Verlauf der Spielstunden zu erklären usw. Also müssen Sie bereit sein, Ihre ursprünglichen tollen Ideen für diese Stunde in den Hintergrund zu schieben und Sie müssen natürlich im Kopf Ideen abrufbar haben, was Sie stattdessen machen können.

Sie sollten ein gutes Gedächtnis haben. Einige Beispiele: Wenn Sie die Hunde mit dem Namen ansprechen können, können Sie leichter eine Beziehung zum Welpen aufbauen. Vor allem aber freut sich der Welpenbesitzer, dass Sie sich noch an seinen Welpen erinnern, obwohl doch so viel andere auch herumwuseln.
Sie müssen sich merken, was Sie jemand in der letzten Stunde gefragt hat und welchen Tipp Sie ihm gegeben haben. In der nachfolgenden Stunde sollten Sie ihn fragen, ob das gewirkt hat. Welpenbesitzer freuen sich, wenn Sie nachfragen, was das Problem macht, über das sie gesprochen habe. So haben sie das – richtige – Gefühl, nicht nur eine Nummer unter vielen zu sein. Und für Sie ist es natürlich wichtig zu erfahren, ob die Welpenbesitzer ein unter Umständen ernstes Problem langsam in den Griff bekommen oder ob es sich gar verschlimmert und man sich andere Lösungsstrategien ausdenken muss.
Sie sollten sich daran erinnern können, dass ein Welpe in einer bestimmten Situation ein auffälliges Verhalten gezeigt hat und dass Sie sich vorgenommen haben, diese Situation wieder gezielt zu üben etc.
Ein gutes Gedächtnis ist wichtig für Sie, um für sich wichtige Hintergrundinformationen abgespeichert zu haben. Es ist aber auch wichtig für den Beziehungsaufbau zum Welpen und Besitzer.

Sie brauchen viel Geduld. Was für Sie sonnenklar ist, ist für viele Welpenbesitzer, insbesondere die, die zum ersten Mal einen Hund haben, eine Offenbarung. Was für Sie einfaches technisches Handling ist, ist für viele Welpenbesitzer extrem schwer umzusetzen und bedarf vieler

Wird es zu bunt, muss der Übungsleiter eingreifen.

Wiederholungen. Und natürlich brauchen auch Welpen bei einigen Anforderungen Zeit, um sich zu überwinden oder um etwas zu verstehen. Wenn Sie dann selber ungeduldig werden, ist das natürlich ein extrem schlechtes Vorbild.

Sie sollten durchsetzungsfähig sein. Es muss klar sein, dass Sie die Spielregeln bestimmen – sonst kann alles aus dem Ruder laufen (und in den Augen der Welpen ist es nur von Vorteil, wenn Sie die Menschen im Griff haben!).

Sie als Übungsleiter einer Welpenspielgruppe haben verschiedene Funktionen: Sie sind als *Regisseur* verantwortlich für den Ablauf, müssen als *Allrounder* zu allen wichtigen Fragen eine Antwort parat haben, leben als *Vorbild* den artgerechten Umgang mit dem Hund vor und müssen als *Rudelführer* in der Lage sein, die Situation unter Kontrolle zu halten und die Fäden zu ziehen.

10. Das richtige Gelände, die richtige Ausstattung

Fortschrittliche Hundeerzieher praktizieren heute nicht mehr die ausschließliche Ausbildung der Hund-Halter-Teams auf einem abgeschotteten grünen Übungsplatz, sondern sie üben im Alltag, d.h. konkret: Man geht auf Supermarktparkplätze, durch Einkaufspassagen, in Kaufhäuser, fährt mit der Bahn, geht auf den Bahnhof, macht einen Besuch im Zoo etc.
Dieses alles mit einer Gruppe von Welpen durchzuführen, halte ich jedoch für extrem schwierig.
Natürlich wird ein fortschrittlicher Ausbilder, den ein Welpenbesitzer darum bittet, ihn von Anfang an bei der Erziehung des Welpen zu begleiten, all das tun. Hat man es jedoch mit einer *Gruppe* von Welpen zu tun, die mehr als drei Teilnehmer umfasst, so sind oben genannte gemeinsame Unternehmungsprogramme äußert schwierig. Denn eine große Anzahl von Welpen zeigt sich zu Beginn ihres Kommens deutlich umweltunsicher.

Steht man nun mit sechs Welpen auf dem Bahnhof, ein ICE rauscht heran, und wenn auch nur zwei der Welpen in Panik geraten, so ist es sehr schwer, bei beiden Welpen und ihren Besitzern zugleich zu sein, um entsprechende Anleitungen zu geben.
Man kann auch nicht erwarten, mit einer Gruppe 14 Wochen alter Welpen einen gepflegten Stadtspaziergang zu machen, weil die Leinenführigkeit in der Regel nicht gut genug gegeben ist und so alles nur in ein Zerren der Welpen oder ein Hinterherzerren durch die Welpenbesitzer ausartet. Was das Aufsuchen geschlossener Räume, wie z.B. bei einem Cafébesuch betrifft, so ist das Problem der Stubenreinheit nicht zu unterschätzen.

Eine schöne Wiese

Man braucht ein grünes Übungsgelände, auf der die regelmäßigen Spielstunden stattfinden, zusätzlich können genau geplante Ausflüge durchgeführt werden, wie z.B. ein gemeinsamer Besuch beim Tierarzt. Eine Wiese ist einer Halle mit Betonboden oder ähnlichem aus verschiedenen Gründen vorzuziehen: In Naturboden kann der reichliche Urin der Welpen versickern, auf festen Böden dagegen nicht. Was mir aber wichtiger ist, ist, dass weicher Boden eine geringere Verletzungsgefahr birgt als harter. Welpen rasen, springen, kullern übereinander, stürzen auch mal aus geringer Höhe ab etc. Auf einer weichen Weise landen sie einfach sicherer. Natürlich besteht dafür bei extremen Regen eine andere Misslichkeit: völlig vermatschte Wiesen, auf denen man leicht ausrutschen kann – obwohl das eigentlich mehr die Welpenbesitzer als die Welpen betrifft, die offenbar schon in ihrem jungen Alter eine bessere Körperbeherrschung besitzen als wir Menschen. Aber das Toben unter freiem Himmel ist doch dem Spielen in einer Halle oder gar einem Raum vorzuziehen. Das bedeutet nicht, dass Welpen nicht auch an unterschiedliche Bodenbeläge und deren Tücken gewöhnt werden sollten – jedoch erfolgt dies separat.

Es sollte also eine Wiese sein – aber worauf ist darüber hinaus zu achten?

Ausbruchsichere Umzäunung

Es gibt immer wieder Welpen, die besonders bei ihrem ersten Besuch am liebsten gleich wieder flüchten würden. Für die Welpenbesitzer ist es schon hart genug, ansehen zu müssen, wie ihr Welpe, den sie bisher eigentlich immer als ziemlich locker kennen gelernt haben, nun panisch gen Ausgang rennt und versucht, auszubrechen. Handelt es sich nun um ein Gelände, bei dem es keinen Ausgang gibt, weil es nämlich gar keine Begrenzung gibt, so ist die Gefahr groß, dass der Kleine ausbüchst – ein Horror für den Besitzer und natürlich auch für Sie als Übungsleiter.
Wenn die Welpen im Jagdrausch sind und rennen wie die Verrückten, kann es durchaus sein, dass sie sehr schnell sehr weit weg rennen – es sei denn, ein Zaun hindert sie, sodass das Jagen eben im Kreis geübt wird.
Einzäunung allein aber reicht nicht – sie muss welpensicher sein. Völlig ungeeignet sind z.B. Jägerzäune oder Weidezäune – da schlüpfen Welpen, besonders der kleinen Rassen, locker durch. Ideal wäre natürlich ein eingegrabener Zaun, aber ein fester Zaun, der wirklich genau bis auf den Boden reicht, tut es in der Regel auch. Der Zaun muss aus stabilem Material sein, um es z.B. zu verkraften, dass ein Knäuel von sechs Welpen gegen ihn prallt, ohne dass er nachgibt.

Die richtige Größe?

Auf die Frage mag man vielleicht spontan antworten: möglichst groß, damit die Welpen sich so richtig austoben können und man genug Platz für das Aufstellen der verschiedenen Gerätschaften hat. Das hat nur einen Haken: Die Entfernung, die Sie als Übungsleiter zu überwinden haben, bis Sie am Ort des Geschehens sind, das Ihr Eingreifen erforderlich macht, sind unter Umständen zu groß. Die Größe richtet sich also zum einen danach, dass man immer noch gut genug im

Manche Erscheinungen sind schon zum Davonlaufen; daher muss die Einzäunung eines Spielgartens ausbruchsicher sein.

schnellen Tempo alle Ecken seines Übungsplatzes erreicht, sie richtet sich aber auch nach der Anzahl der teilnehmenden Welpen und Besitzer. Man darf nämlich in seiner Kalkulation nicht nur überschlagen, wie viel Platz wohl so und so viele Welpen bestimmter Größen einnehmen, sondern man muss auch daran denken, dass zu jedem Welpen mindestens ein Besitzer gehört – häufig kommen aber auch mehrere Personen bis ganze Großfamilien mit. Und dann treten sich die Leute auf die Füße, bzw. vor lauter Menschenbeinen blickt man nicht mehr durch, wo und wie sich eigentlich gerade die Welpen vergnügen.
Ich würde als ungefähren Richtwert eine Größe von ca. 400 Quadratmeter angeben, wobei auch das Format der Wiese wichtig ist: Es sollte eher in Richtung Quadrat gehen und kein langgestrecktes schmales Rechteck sein.

Zwei parallele Gelände

Als besonders praktisch hat sich die Verfügbarkeit zweier paralleler Gelände erwiesen, welche die Möglichkeit bieten, die Gruppe spontan zu trennen. Das kann dann wichtig sein, wenn das Gruppenklima besonders schlecht ist, wilde Raufereien im Vordergrund stehen, einzelne Welpen total verschüchtert sind und/oder mehrere unsichere Neuankömmlinge teilnehmen. Es kann aber auch sein, dass lediglich zwei Welpen mit ihren andauernden Kämpfchen die ganze Gruppe sprengen. In solchen Fällen kann man das Geschehen wunderbar entschärfen, indem man die Gruppe auf zwei Wiesen aufteilt. Man öffnet einfach das Tor zur nächsten Wiese und bugsiert einen Trupp hinüber. Auch wenn man Übungen plant, die pro Welpe eine längere Zeit in

Anspruch nehmen, ist es günstig, wenn die Gruppe auf dem einen Gelände spielen kann, während auf dem anderen Gelände Einzelarbeit mit jedem Welpen betrieben wird. Das spart Wartezeiten für die Welpen, die noch nicht dran sind.
Aber: Das setzt die Verfügbarkeit von mindestens zwei Übungsleitern voraus.

Das sichere Gelände

Wenn man vom Abenteuerspielplatz für Welpen spricht, dann tauchen vor dem inneren Auge vielleicht Vorstellungen eines dicht bewachsenen, verwunschenen Geländes auf, in dem es sehr viele natürliche Kletterhöhlen, Hindernisse, Verstecke etc gibt. Aber Vorsicht: So toll das auf den ersten Blick anmuten mag, so sollte doch auch bedacht werden, dass zu viel Bewuchs etc. die Übersichtlichkeit verhindert – die ist aber zentral, wenn man ein wirklich kontrolliertes Spielgeschehen sicherstellen will. Man muss versuchen, ein Mittelding zwischen interessanten Spiel- und Erkundungsmöglichkeiten und der Übersichtlichkeit hinzubekommen.
Bewuchs, der Schatten spendet und als natürliches Hindernis dienen kann, ist auf der einen Seite ideal, gibt es aber zu viel davon, überwiegen die Nachteile. Hat man ein Gelände, auf dem verschiedenster Bewuchs vorhanden ist, so sollte man den nach folgenden Kriterien durchforsten und möglicherweise eliminieren: Giftpflanzen, Pflanzen mit Dornen, zu dichtes Gebüsch, in dem sich ein Welpe total verheddern kann.
Nun mag man einwenden, dass das schließlich Dinge sind, die der Welpe in seinem alltäglichen Leben schließlich auch bewältigen muss. Aber: Es macht einen Riesenunterschied, ob ein Welpe auf dem Spaziergang den Pfui-Befehl erlernt und

Ein Wasserbassin darf in keinem Spielgarten fehlen.

an bestimmte Dinge nicht heran darf, oder ob er sich unbeaufsichtigt im Garten – oder eben in der Welpengruppe – an einer Giftpflanze vergreift. Sie können nicht jeden Welpen in jeder Sekunde der Spielstunde im Auge haben – also ist es besser, diese Gefahr zu umgehen.

Wenn ein Welpe verunsichert Schutz in einem dichten Gebüsch sucht, weil die Meute vor ihm steht, und er plötzlich feststellen muss, dass er nicht mehr heraus kann, so steigert das die Panik. Solche Situationen umgeht man besser durch eine kluge Anlage seines Geländes.

Tja, und dann ist da noch die Frage einer Wasserstelle. Soviel vorweg: Wasserplanschen ist eine heißgeliebte Angelegenheit in der Welpengruppe. Eine größere und tiefe Wasserstelle, in der prinzipiell ein Welpe auch ertrinken könnte, ist aber natürlich eine zu große Gefahr. Stehendes Gewässer birgt die Gefahr von Infektionen, besonders im Sommer. Ein kleiner, plätschernder Bach, der am Gelände entlang führt, ist dagegen natürlich herrlich. Allerdings macht er bei Hochwasser oder auch im Winter eine Absperrung erforderlich. Alternativen sind transportable Becken, die man jeweils zur Welpenstunde mit Wasser füllt. Praktisch sind dafür die Kunststoffschalen, die als Sandkästen gedacht sind – man kann sie als Planschbecken zweckentfremden. Vor aufblasbaren Kinderplanschbecken ist zu warnen: Sie halten den Welpenzähnen in der Regel nicht stand.

Hoppla: Wohin damit?

Nun hat man auf der Wiese irgendeines Bauern nicht unbedingt einen Wasseranschluss – in dem Fall muss man leider Wasserkanister heranschleppen.

Wohin mit dem Kot?

Während einer Welpenspielstunde fallen in der Regel so einige Haufen an – auch wenn man die Welpenbesitzer bittet, sie mögen ihren Welpen vor der Stunde noch Gassi führen. Diese Haufen müssen natürlich entfernt werden – und zwar sofort. Eine gute Möglichkeit ist die, einen Windeleimer aufzustellen, obendrauf liegen Plastikfrühstücksbeutel. Die Welpenbesitzer werden instruiert, dass sie sich dort einen Beutel abreißen können, den Kot aufnehmen und im Eimer entsorgen können. So ganz nebenbei »erzieht« man die Welpenbesitzer gleich zum Entsorgen des Kots – in der Hoffnung, sie mögen auch im Alltag die Haufen ihres Welpen nicht überall liegen lassen. Interessant ist in diesem Zusammenhang der Gruppendruck: Falls ein Welpenbesitzer nicht mitbekommen hat, dass sein Welpe gerade ein Häufchen gemacht hat oder nicht reagiert, wird er mit Sicherheit von anderen Welpenbesitzern angesprochen, die ihn darauf hinweisen – und fortan wird er brav den Kot einsammeln. Während in der Schweiz mit den so genannten »Robidog«-Kästen ein flächendeckendes Entsorgungssystem für Hundekot besteht, bleibt der Hundekot in Deutschland meist einfach liegen. Würde es gelingen, die Hundebesitzer in ihrer großen Mehrzahl dazu zu bringen, den Kot ihres Hundes zu beseitigen, würde das sicherlich einiges zur Verbesserung der Stimmung gegenüber Hunden und ihren Besitzern beitragen.

Unterstellmöglichkeit für Geräte und anderes Zubehör

Eine gute Welpenspielstunde bietet einen Abenteuerspielplatz mit einer Vielzahl optischer, akustischer und taktiler Reize. Aber man kann das benötigte Zubehör in der Regel nicht gänzlich draußen herumstehen lassen – weil es gestohlen würde oder zu witterungsanfällig ist etc. Optimal ist es daher, wenn man eine Unterstellmöglichkeit hat, wo man das Zubehör lagern kann.
Praktisch ist es auch, wenn ein kleiner Tisch zur Verfügung steht, auf dem man die Anmeldeformalitäten erledigen und Infomaterial auslegen kann. Wenn dieser dann noch regengeschützt ist – umso besser.

Unterstellmöglichkeiten für die Welpenbesitzer?

Nun denken Sie vielleicht an extreme Regentage oder sehr heiße Tage. Wäre es da nicht schön, wenn die Welpenbesitzer sich wenigstens in einer Ecke Ihres Platzes unterstellen könnten, um Schutz vor Sonne und Regen zu finden? Vielleicht könnte man ja auch einige Plastikstühle zur Verfügung stellen? Meine Erfahrung: Lassen Sie das lieber bleiben. Stühle üben einen unwiderstehlichen Reiz aus, sich draufzusetzen – bei jedem Wetter. Und ein Unterstand zieht bei schlechtem Wetter die Welpenbesitzer magisch an. Währenddessen toben die Welpen natürlich weiter. Wenn Sie Welpenbesitzern diese Möglichkeit geben, suggerieren Sie ihnen damit unbewusst Folgendes: Es ist ja lediglich ihre Anwesenheit erforderlich, aber die Welpen sollen und können für sich toben und spielen.
Statt dessen sollten die Welpenbesitzer begreifen, dass die Spielstunde eine Stunde des aktiven Miteinanders von Welpe und Mensch sein soll, was natürlich fordert, dass auch der Mensch zusammen mit seinem Welpen schlechtem Wetter trotzt. Haben Sie kein Erbarmen. Informieren Sie lieber über gute Regenschutzkleidung, Taschenwärmer und Einlegesohlen für den Winter und vernünftigen Sonnenschutz für den Sommer. So legen Sie (vielleicht) auch den Grundstein dafür, dass Ihre Welpenbesitzer nicht zu den Schönwetterhundebesitzern werden, die man nur bei schönem Wetter mit ihrem Hund spazieren gehen sieht!

Der Abenteuerspielplatz

Es wurde bisher schon immer wieder darauf hingewiesen, dass man Geräte, »Mobiliar«, verschiedenstes Zubehör für die Welpenspielstunde braucht, um eine Vielzahl von optischen, akustischen und taktilen Reizen für die Welpen zwecks Umweltgewöhnung sowie zur motorischen und kognitiven Frühförderung zu schaffen – und dabei gleichzeitig ein Selbstsicherheitstraining für die Welpen durchführen zu können.
Sie sollten sich also daran machen, eine Art Abenteuerspielplatz für die Welpen zu bauen, der möglichst immer wieder etwas verändert wird. Ideen dazu können Sie sich durchaus von Kinderspielplätzen holen – und einige der verwendeten Geräte sind übrigens im Kindergartenbedarfshandel zu erwerben. Wenn Sie Agility-Geräte zur Verfügung haben, so können Sie diese auch wunderbar zweckentfremden. Mittlerweile gibt es sogar Welpenspielgeräte (kleine Burgen mit Tun-

Spielhäuschen für Kinder sind auch für Welpen geeignet.

neln, Rutschen und Treppen zu kaufen – allerdings sind diese unglaublich teuer).
Leitlinien Ihrer Überlegungen sollten sein:

- Was fordert die Welpen zum Erkunden heraus?
- Was ist sicher (stabil stehend, keine scharfen Kanten, keine Kleinteile, die verschluckt werden könnten)?
- Was können Sie flexibel verwenden?

Nachfolgend einige Beispiele, was Sie alles für Ihren Abenteuerspielplatz gebrauchen können:

Geräte, die auf dem Platz stehen:

- Klettermöglichkeiten: Kisten, Bretter, Paletten, Autoreifen etc. in verschiedenen Kombinationen aufschichten. Sollte als Betätigungsmöglichkeiten erlaubt sein: Klettern, balancieren, durchkriechen, wippen.

Aus dem Kindergartenzubehör zweckentfremdet:

- Wippteller
- Spielrollfass
- Bollerwagen
- Kunststoffkegel mit Stangen, die man zu Minihürden bauen kann
- Bällebad (Kiste, die gefüllt ist mit Kunststoffbällen, welche einen möglichst großen Durchmesser haben. Achten Sie darauf, die größte Größe kaufen)
- Kinderzelt mit Tunneln (Achtung: durch Einlage von kleinen Trittbrettern auf dem Zeltboden vor Umkippen schützen).

Aus dem Agility-Bereich zweckentfremdet oder als Vorbild:

- Sacktunnel – aber nur mit Feststellern!

Spaßfaktor Bällebad.

- Tisch
- Stofftunnel – nur in den Trainingseinheiten, niemals im Freispiel
- »Babywippe« (nur in Trainingseinheiten)
- Agility-Reifen (nur in Trainingseinheiten)
- »Babylaufsteg« (nur in Trainingseinheiten)

Anforderungen an Wippe und Laufsteg:
- sehr niedrig
- langer Auf- und Abgang mit Trittleisten
- griffiger Bodenbelag
- Breite ca. 50 cm; also ist es erforderlich, eine eigene zu bauen, da die Agility-Geräte zu schmal sind
- die Wippe sollte möglichst gepolsterte Unterseite am Ende des Abgangs haben.

Ferner kann man sich bauen:
- Schiffsschaukel
- Zweckentfremdung einer Schubkarre oder einer Leiter betreiben.

Über diese Geräte hinausgehend können Sie noch zusätzliche Reize einführen.

Optische Reize

Aufhängevorrichtungen für:
- Flatterbänder unterschiedlichen Materials
- Heliumballons
- Rasseldosen etc.
- Bettlaken
- Spanischer Vorhang
- Mobiles

- Schirme
- Windräder
- Seifenblasen

Übungsleiter können sich zudem verkleiden, z.B. **mittels Bettlaken Gespenst spielen**, sich **Masken aufsetzen** (Karnevalszeit zum Kauf ausnutzen!), sich **wallende Gewänder** anziehen und **seltsame Hüte** aufsetzen. Schließlich wäre es von Vorteil, wenn Sie sich noch einen **Kinderwagen**, einen **Buggy**, einen **Roller, Krücken, Rollatoren** oder gar einen **Rollstuhl** besorgen können, mit denen die Welpen konfrontiert werden.

Neben diesen optischen Reizen sollten Sie auch an taktile Reize denken, die über jene der Geräte hinausgehen:

Taktile Reize

Sie können eine »Taststrecke« mit unterschiedlicher Bodenbeschaffenheit bauen – z.B. aus:

- Kies
- Plastikplanen
- Holz
- Gras
- Jutesäcke
- Filz
- Rettungsfolie
- Fußmatten
- Gitterroste
- Schmirgelpapier
- Wellblech
- Leiter
- »Stangenmikado« (Besenstiel oder Hürdenstange werden ähnlich wie beim Mikadospiel quer durcheinandergeworfen)

Neben der Geräuschumwelt, die sich einfach aus dem Treiben einer Welpenspielstunde ergibt, sollten Sie immer mal wieder weitere Geräusche ins Geschehen einführen – bevorzugt, wenn die Welpen mit Spielen beschäftigt sind:

Akustische Reize

Beispiele:

- Geräusch-CD für Videofilmer/CD zur Desensibilisierung (wird von Tierärzten vertrieben)
- mit unterschiedlichen Materialien gefüllte Klapperdosen
- Heulrohr
- Musikinstrumente
- Knallerbsen (neben dem Gelände)
- Spielzeugpistole
- Kuhglocke
- Kinderspielzeugauto mit Sirene
- Rasseln
- Tröten
- Hupen
- Klangmobiles

Zwar werden die Welpenbesitzer instruiert, eigenes Spielzeug mitzubringen, dennoch sollten Sie auch welches herumliegen haben. Man kann so beobachten, welche Welpen von sich aus Spielzeug aufnehmen, damit allein herumspielen, welche Welpen die Aufnahme eines Spielzeugs gezielt zum Start eines Beutespiels nutzen, wer seine gewohnte Beute grundsätzlich verteidigt oder grundsätzlich abgibt. Das sagt Ihnen einiges über die Veranlagung eines Welpen. Schließlich können Sie den Welpenbesitzern so auch zeigen, wie viele verschiedene Spielzeugangebote es gibt, aber zugleich auch darauf hinweisen, von welchem Spielzeug man eher abraten sollte. Zudem können Sie zeigen, wie man selber Spielzeug aus einfachen Mitteln zusammenbasteln kann.

Als **Spielzeug** eignen sich z.B.:

- alte Lederfußbälle
- Boomer Balls
- feste, möglichst unzerstörbare Quietschtiere
- gedrehte Knoten
- Kongs mit Schnur
- Gummihanteln
- Bälle mit Schnur
- Beißwürste
- zusammengeknotete Socken/Lappen
- abgeschnittene Jeans
- Pappkartons
- Pappe von Toilettenpapier und Küchenrollen
- kleine Eimer

11. Was man sonst noch so braucht

Zwei oder mehr Übungsleiter

Zwei Wiesen nützen wenig, wenn nur ein Übungsleiter vorhanden ist, da man ja nicht die eine Gruppe ihrem Schicksal überlassen kann. Aber auch wenn man nur eine Wiese zur Verfügung hat, ist es besser, dass man mindestens mit zwei Personen arbeitet. Während z.B. ein Übungsleiter einem Welpenbesitzer dessen Frage beantwortet, kann der andere weiter seine volle Aufmerksamkeit auf das Spielgeschehen richten. Oder es kommt ein Neuling, der begrüßt und dessen Impfpass kontrolliert werden muss – das übernimmt dann der eine, während der andere sich um das Geschehen kümmert. Manche Übungen erfordern zwei Personen, die unterstützende Hilfe leisten oder einfach zum Ablauf dazugehören. Wenn die zwei (oder mehr Übungsleiter) sich geschickt auf dem Gelände positionieren, ist für jeden der Weg zum potentiellen Unruheherd nicht so weit.
Zwei Übungsleiter können auch zur Veranschaulichung bestimmter Dinge ein Rollenspiel aufführen, in dem einer den Hundebesitzer, einer den Hund spielt. Das trägt nicht nur enorm dazu bei, dass den Welpenbesitzern anschaulich vor Augen geführt wird, welche Fehler sie machen – ohne dass sie aber als Einzelperson in der Kritik stehen -, sondern es lockert das Gruppengeschehen auf, wenn ein Übungsleiter auf allen vieren gehend den Hund spielt, während der andere demonstriert, wie ungeschickt der Hundebesitzer am (imaginären) Halsband herumfummelt.
Also: Zwei oder mehr Übungsleiter sind ideal, was aber voraussetzt, dass sie auch ein eingespieltes Team sind. Fatal wäre es z.B., wenn der eine zu einer Rauferei hinstürzt, um sie zu unterbinden, während der andere ruft: »lass sie machen.« Welpenbesitzer sind sehr unsicher, gerade was das Eingreifen bei kleinen Kämpfchen betrifft. Sehen sie nun auch noch, dass sich die »Profis« nicht einig sind, so führt das zu einer verstärkten Verunsicherung.
Klar dürfte sein, dass man sich als Übungsleiterteam über generelle Erziehungspraktiken einig ist und den Welpenbesitzer keine widersprüchlichen Informationen und Anleitungen gegeben werden dürfen.

Eine erwachsene Hündin, ein Rüde oder beides

Gesegnet sei der Übungsleiter, der einen sozial absolut souveränen Althund hat, dem Welpen nicht auf die Nerven gehen. Solche Althunde eignen sich hervorragend zur Disziplinierung des Spielgeschehens. Es ist gar nicht mal so erforderlich, dass sie mit den Welpen spielen. Was viel wichtiger ist, ist ihre Funktion als Feuerwehr: Geht es irgendwo zu heftig zu, sind diese Hunde da und greifen ein. Kurz und eindrücklich und der Spuk ist vorbei. Als Übungsleiter hat man so eine kompetente Hilfe zur Hand – die manchmal auch schneller da ist. Aber das ist nicht alles: Eine Reglementierung durch einen Althund kommt meist beim Welpen wesentlich besser an als eine Reglementierung durch einen Menschen. Der Welpe macht so eine durchgreifende, wichtige, ihm lange erinnerliche Lernerfahrung. Aber nicht nur die Welpen und der Übungsleiter profitieren vom Vorhandensein einer hundlichen »Erziehungstante/eines Erziehungsonkels«, sondern auch die Welpenbesitzer: Zum einen haben sie ein Aha-Erlebnis, wenn sowohl Übungsleiter als auch »Erziehungstante/-Onkel« ein wildes Geschehen lange durchgehen lassen, bei dem die Welpenbesitzer es schon längst gern gesehen hätten, dass man endlich eingreift – und plötzlich agieren »Tante« und Übungsleiter parallel. Wenn das nun immer und immer wieder vorkommt, stärkt das Vertrauen der Welpenbesitzer in den Übungsleiter – er und die »Tante« oder der »Onkel« können sich ja nicht immer genau gleichzeitig irren.
Zum anderen bieten diese Erziehungstanten/-Onkel ein hervorragendes Vorbild für die Art der

Hunde-Nannies sind die besten Gouvernanten.

Reglementierung: Blitzschnell, auf den einzelnen Welpen in genau der Härte abgestimmt, die dieser braucht, danach zeigt sie/zeigt er wieder absolut neutrales Verhalten. Der Welpe erholt sich sehr schnell vom Schrecken, bietet der Tante eine Demutsgeste an, ist aber in keinster Weise verängstigt – so sollten Reglementierungen auch durch Menschen geschehen. Den Welpenbesitzern wird somit ein schönes, anschauliches Vorbild für eigene Aktionen geliefert.
Aber: Man sollte sich der Eigenschaften seines Hundes wirklich genau sicher sein. Viele erwachsene Tiere sind generell von Welpen genervt und/oder verunsichert, viele kommen mit einem Welpen gut klar, aber kaum stehen sie in der Welpengruppe, brennen bei ihnen die Sicherungen durch. Natürlich muss ein aufdringlicher Welpe auch merken, wann er unerwünscht ist und die Konsequenzen ziehen. Aber ein genervter Hund, der z.B. von den Welpen »Paul« und »Linus« schon zehn Minuten traktiert wird, vergreift sich dann am unschuldigen »Spike«, nur weil der ihm gerade unter der Nase herläuft. Die Aktionen des Althundes sind dann irgendwann nur noch geprägt von entnervtem Drohen, die Welpen werden zunehmend verschreckt, weil sie das Verhalten nicht einordnen können. Und dass man seinem Althund alles andere als einen Gefallen tut, sollte auch klar sein.

Sie brauchen einen Hund, der gelassen, souverän ist und gezielt in richtiger Dosierung reglementiert – alles andere würde eher Nachteile als Vorteile bringen.

Heiße Hündinnen sollten Sie nicht mit in die Welpengruppe nehmen – sie sind in der Regel die reinsten Zicken.
Auch zu gutmütige Althunde, die sich einfach alles gefallen lassen, zum Opfer der Welpen werden, sollten Sie zu Hause lassen. Erstens, um diesen Hunden den Stress einer Welpengruppe zu ersparen und zweitens, damit die Welpen nicht lernen, sich ungestraft jede Frechheit gegenüber einem erwachsenen Hund herausnehmen zu können.

Sonstiges und die lieben Behörden

Neben Anmeldeformularen, Infomaterial, Kasse sollten Sie Folgendes vorrätig haben:

1. Notfallkoffer für die Erstversorgung bei Verletzungen von Mensch und Hund inklusive Telefonnummer des diensthabenden Tierarztes.
2. Leckerchen – da Welpenbesitzer diese immer wieder vergessen bzw. Falsche mitbringen.
3. Einmeterleinen – da manche Welpenbesitzer zumindest beim ersten Mal mit ungeeigneten Leinen erscheinen (wie z.B. Flexileinen).
4. Halsbänder – da manche Welpen ohne Halsband, mit Würge-Halsband oder mit Brustgeschirr kommen. Leinen und Halsbänder werden für eine Stunde verliehen unter Hinweis darauf, was die Welpenbesitzer beim nächsten Mal mitbringen sollen.

Ein kleiner Dämpfer: die lieben Behörden
Glauben Sie nicht, dass für Sie mit dem Finden einer geeigneten Wiese und dem Einkauf allen möglichen Zubehörs die Vorbereitungen für Ihre Welpenspielstunde vorbei sind. Was vielfach folgt ist eine erbitterte Auseinandersetzung mit den Behörden, die prüfen, ob Ihre gepachtete Wiese nicht etwa naturschutzrechtlich relevant ist, die Ihnen sagen, dass Sie zwar auf die Wiese dürfen, sie aber keinesfalls einzäunen dürfen, weil sonst das Wild keine freie Bahn mehr hat, die Ihnen sagt, dass Sie Parkplätze nachweisen müssen oder Ihnen erklärt, dass Sie zu sehr in der Nähe von Wohnbebauung sind und erst einmal ein Lärmschutzgutachten erstellen lassen müssen, ob die »Emissionen« Ihrer Welpen denn nicht den Tatbestand der Ruhestörung erfüllen. Für Ihren Schuppen zur Unterbringung Ihres Materials wird ein Bauantrag verlangt – der natürlich auch negativ beschieden werden kann. Und schließlich kann es Ihnen natürlich auch passieren, dass man den Nachweis von Toiletten von Ihnen verlangt – um nur einige Stolpersteine zu nennen.

12. Wer mit wem spielt

Die immer wieder diskutierte Frage im Zusammenhang mit Welpenspielstunden ist: Wen kann man mit wem zusammen spielen lassen? Genauer formuliert: Welche Altersgruppen dürfen/sollten zusammen spielen? Welche Größen- und Kraftunterschiede kann man zulassen? Wie groß darf die Gruppe überhaupt sein?
Im ersten Teil dieses Buches habe ich mich mit dieser Frage schon ausführlicher beschäftigt als es darum ging, dem Welpenbesitzer Kriterien zu nennen, nach denen er beurteilen kann, ob eine Welpenspielgruppe gut oder schlecht ist. Die wichtigsten Anhaltspunkte sollen daher hier nur nochmals kurz zusammengestellt werden:

Welche Altersgruppen sollten überhaupt Aufnahme finden?

Mittlerweile unstrittig dürfte sein, dass die Welpen ab ihrer Abgabe ins neues Heim und einigen Tagen der Eingewöhnung an ihre neuen Menschen sofort in die Welpengruppe sollten – also ruhig schon mit acht Wochen. Jedoch ist unbedingt darauf zu achten, dass sie die erste Grundimpfung (SHLP) haben. Dazu ist bei Tierärzten aber häufig Überzeugungsarbeit nötig, weil sie eine Welpengruppe häufig erst nach erfolgter Zweifachimpfung empfehlen, doch dann sind in der Regel schon mindestens vier wertvolle Wochen verloren. Und die Welpen sind schon 12–14 Wochen alt.

Realität ist, dass viele Welpen tatsächlich auch erst mit zwölf Wochen kommen – sei es, dass sie erst bei ihrem Impftermin zur Wiederholungsimpfung bei einem fortschrittlichen Tierarzt auf eine Welpenspielstunde hingewiesen werden, sei es, dass sie sich das Argument des Impfschutzes selbst zu eigen gemacht haben und sich erst nach erfolgter Zweifachimpfung mit ihrem Welpen in eine Gruppe trauen.

Die Frage des Alters betrifft natürlich nicht nur das Mindestalter, sondern auch das maximale Alter – und hier gehen die Meinungen doch sehr auseinander: Manche plädieren für eine Begrenzung auf die 16. Lebenswoche, da nur die ersten vier Lebensmonate als eigentliche Welpenzeit zu bezeichnen sind. Manche plädieren für eine Obergrenze von sechs Lebensmonaten. Vertreter beider Positionen können berechtigte Argumente vorbringen.

Folgende Argumente sprechen für eine *Altersgrenze von 6 Monaten*:

- Eine Gruppe von ausschließlich nahezu Gleichaltrigen ist ein unnatürlicher Schonraum. Bei einer Obergrenze von sechs Monaten ist das Alterspektrum breiter gefächert.
- Die größere Vielfalt der Altersgruppen ermöglicht eine größere Erfahrungsvielfalt.
- Welpen müssen lernen, mit Frustrationen umzugehen, die sie besonders in einer Gruppe mit breiterem Altersspektrum erleben.
- Ein Lernen am Modell im positiven Sinne ist eher möglich (die Kleinen lernen von den Älteren).
- Ein längeres Zusammensein ermöglicht den Aufbau von Hundefreundschaften.
- Viele Welpen kommen erst mit zwölf Wochen oder später, verblieben somit zu kurz in der Welpengruppe.
- Gerade im fünften und sechsten Monat haben Besitzer häufig Probleme mit den Welpen (»Trotzphase«, aber auch Phase plötzlicher Ängstlichkeit) und benötigen daher weitere Betreuung.
- In dieser Zeit kann man zunehmend aggressive Auseinandersetzungen zwischen den Welpen/Junghunden beobachten und hat so die Möglichkeit zur Früherkennung und Korrektur.
- Das nötige Stammpotential zur Aufrechterhaltung der Gruppe ist besser zu gewährleisten.

Argumente für eine *Altersgrenze von 16 Wochen*:

- Die Welpengruppe soll doch eigentlich Geschwisterersatz sein – und Wurfgeschwister sind gleich alt.
- Die Gefahr des Mobbings der kleinen Welpen durch die Junghunde ist zu groß.
- Die rassebedingten Größen-/Gewichtsunterschiede, die zu Verletzungen führen können, werden mit zunehmenden Alter immer massiver.
- Je länger die Hunde einander kennen, desto größer ist die Gefahr der Gruppenbildung, unter der dann Einzelwelpen, besonders Neuankömmlinge, zu leiden haben.
- Die Welpen/Junghunde sind auf einem sehr unterschiedlichen Entwicklungsstand. Dies birgt die Gefahr der Über-, aber auch Unterforderung.

Tja, für welche Option sollten Sie sich also entscheiden? Ich möchte Ihnen hier das von mir praktizierte Modell vorstellen, mit dem ich gute Erfahrungen gemacht habe und mit dem man die Nachteile beider Ansätze möglichst minimieren kann: Man etabliert eine *»Babygruppe«* von 8–16 Wochen. Wachsen die Welpen aus diesem Alter heraus, kommen sie in die *»Youngstergruppe«* (5. + 6. Monat). Dabei arbeitet man mit variablen Übergängen, d.h. der einzelne Hund aus der Babygruppe wird nicht automatisch nach Erreichen eines bestimmten Lebensalters in die Youngstergruppe umgesetzt, sondern nach Beurteilung seines Entwicklungsstandes und seiner Tragbarkeit für die Babygruppe.

Das »biologische Alter«, also das nach dem Reifezustand und nicht nach den Lebenswochen eines Welpen zu bemessene Alter ist der wichtigere Indikator. Dabei stimme ich Heinz Weidt zu, wenn er in »Spielend vom Welpen zum Hund«, auf S. 94 schreibt: »Die Toleranzbreite im Sinne der biologischen Gleichaltrigkeit ist im allgemei-

nen größer als man oft annehmen würde.«
Mit diesem Modell kann es durchaus sein, dass ein sechs Monate alter Welpe noch in der Babygruppe mitspielt und ein 14 Wochen alter sich schon bei den Youngsters tummelt.
Zu diesen beiden Gruppen wird noch ein weiteres Treffen angeboten, an dem sowohl die Babys als auch die Youngster teilnehmen können. Man bietet also *zwei Termine in der Woche* an:
An einem Tag finden altersgetrennte Gruppen statt. In Gruppe 1 spielen acht bis sechzehn Wochen alte Welpen, in Gruppe 2 vier bis sechs Monate alte. An einem zweiten Tag wird eine altersgemischte Gruppe angeboten. In diese werden jedoch nur ältere Hunde ohne »Mobbing«-Qualitäten zugelassen. Welpen, die in Bezug auf ihre Artgenossen noch sehr ängstlich sind, nehmen an dieser Gruppe zunächst nicht teil. Neue Welpen kommen beim ersten Mal nur zu der ihrem Alter entsprechenden Gruppe. Von ihrem Verhalten dort wird abhängig gemacht, ob sie zusätzlich in der altersgemischten Gruppe spielen können.
Dieses Modell erlaubt es, die Vorzüge einer altersgemischten Gruppen zu erreichen, ohne deren Nachteile mit in Kauf nehmen zu müssen.
Vielen Hundeerziehern stehen erfahrungsgemäß die Haare zu Berge, wenn man ihnen erzählt, dass in der eigenen Gruppe achtwöchige Welpen problemlos mit sechs Monate alten Junghunden klarkommen. Aber dieses Modell funktioniert ausgezeichnet – sofern der Übungsleiter kompetent ist. Ich habe mich zu Beginn dieses Teils lang genug damit aufgehalten, die Anforderungen an einen Übungsleiter zu beschreiben, sodass ich mich hier nicht wiederholen muss. Nur so viel:

Kann man das, was unter den Hunden abläuft, nicht einschätzen, deutet man das Verhalten der einzelnen Welpen falsch. Kann man sich weder bei den Hunden noch bei den Menschen durchsetzen, artet eine altersgemischte Gruppe natürlich noch schneller in ein heilloses Chaos aus, als eine strikt getrennte Gruppe.

Darf der »Yorkie« mit dem Neufundländer?

Zugespitzt lautet der Kern der Diskussionen um die Gruppenzusammensetzung: Kann man einen kleinen, zierlichen Hund wie einen Yorkshire Terrier und einen schweren, tollpatschigen Neufundländer in einer Gruppe miteinander spielen lassen?
In Diskussionen rund um diese Frage schlagen die Wellen hoch. Die eine Position besagt, dass man nur Welpen miteinander spielen lassen sollte, die sich von ihren körperlichen Voraussetzungen in etwa gleichen, denn:

- Die Gefahr selbst unabsichtlicher Verletzungen ist groß.
- Es besteht die Gefahr, dass Angehörige der kleineren Rassen ständig unterdrückt werden.
- Es besteht die Gefahr, dass Angehörige großer Rassen ständig unerwünschte Erfolgserlebnisse im »Mergeln« anderer Hunde haben.

So einleuchtend diese Argumente auch sind, bin ich dennoch der Meinung, dass man in der Gruppe sogar unbedingt einen Rassenmix anstreben sollte, denn:

- Die Welpen lernen so die unterschiedlichsten Rassen kennen. Unsere Haushunde befinden sich in der Situation, mit unterschiedlichsten Rassen auskommen zu müssen – und diese unterscheiden sich in ihrem Verhalten oft stärker als man denkt. Das frühzeitige Kennenlernen ist deswegen fundamental wichtig.
- Rassen mit abweichendem Spielverhalten können »gängiges« Spielverhalten besser erlernen.
- Welpen müssen lernen auch mit wesentlich größeren Hunden klar zu kommen. Auch ein erwachsener Yorkie wird zeitlebens viel kleiner sein als ein Neufundländer.
- Größere Rassen müssen lernen, mit kleineren sanft zu spielen.
- Die Welpengruppe sollte kein unnatürlicher Schonraum sein, sondern den jungen Hund auf das reale Leben vorbereiten.

Ferner ist Folgendes zu bedenken: Es kommt nicht allein auf die Körpergröße, sondern auch auf die Verbindung mit der Wendigkeit und Geschicklichkeit des betreffenden Hundes an. Ein Dackel kann sehr wohl Probleme beim Spiel mit einem Neufundländer bekommen, weil er nicht wendig genug ist, ein Jack Russel Terrier dagegen entwindet sich schnell.

Gefahr besteht nicht nur für kleine Hunde, weil die über den Haufen gerannt werden könnten, für die ein Schlag mit einer Bernhardinerpranke äußerst ungesund sein könnte, oder denen schlimmstenfalls beim spielerischen Beuteschütteln das Genick gebrochen werden kann, sondern ebenso für die großen Hunde, die einem wendigen Kleinen zu folgen versuchen und mangels ausreichender Körperkoordination stolpern, die Kurve nicht bekommen, vor ein Hindernis laufen, etc. Nur: Ändert sich daran irgend etwas im künftigen Leben der Hunde? Nein, im Gegenteil, die Unterschiede in den körperlichen Voraussetzungen werden nur zunehmend größer.

Es macht keinen Sinn, den Kleinsthund in Watte zu packen aus Angst vor Verletzungen durch größere Hunde. Es macht keinen Sinn, den eigenen großen Hund von kleinen Hunden fernhalten zu wollen, aus Angst, der eigene Hund könne einen anderen verletzen.

Gäbe es keine züchterischen Extremkreationen vom Chihuahua bis zur Dogge, so hätten wir natürlich viele Probleme nicht. Aber die Realität ist nun einmal so, dass ein riesiges Rasse- und Rassemixspektrum besteht und der Welpe lernen muss, wie er mit den unterschiedlichsten Hunden klarkommt. Da ist es doch wesentlich besser, er übt es **kontrolliert** in der Welpengruppe als im

David und Goliath: Auch das geht gut.

Hundealltag, in dem verängstigte Kleinhundbesitzer ihren Hund auf den Arm nehmen und ebenso verunsicherte Großhundebesitzer ihren Hund hysterisch zurückzuhalten versuchen, weil vor ihrem geistigen Auge der Kleine unter der Pranke des Großen zermatscht wird. Deswegen möchte ich dringend für eine rassegemischte Welpenspielstunde werben. Auch hier gilt natürlich wieder der Vorbehalt:

Es muss sich um ein kompetentes Übungsleiterteam handeln, weil ansonsten der Malteser tatsächlich lernt, dass alles ab Cockergröße schwer gefährlich ist oder der Schäferhund lernt, dass man mit kleinen Hunden sehr spaßige Beutespiele spielen kann, die mit entzückendem Kreischen der erwischten Beute enden.

Außerdem geht es bei dieser Frage nicht nur darum, was die Welpen lernen, sondern natürlich auch darum, was die Welpenbesitzer lernen sollen, nämlich eine richtige Einschätzung dessen, was unter Hunden abläuft und ein größeres Vertrauen in ihre Hunde. Wenn ein verunsicherter Welpenbesitzer in der Welpengruppe immer wieder beobachten kann, dass seinem Kleinen nichts geschieht, dass dieser sich nicht nur tapfer behauptet sondern ordentlich mitmischt, kann sich dieser Welpenbesitzer im Alltag bei Hundebegegnungen vernünftiger verhalten. Gleiches gilt für den Besitzer eines großen Hundes, der in der Welpengruppe feststellt, dass sein Riese erstaunlich sanft mit kleinen Hunden umgehen kann. Zu Ihrer Ermutigung: Meine eigene Erfahrung nach sechs Jahren Welpenspielstunden mit über 500 Welpen ist:

- Es ist noch nie zu Verletzungen gekommen.
- Kleine Hunde können sich sehr wohl behaupten.
- Die Welpen lernen, sich auf die unterschiedlichen Größen, aber auch Fellbeschaffenheiten (wen kann man schütteln und wen nicht?) usw. einzustellen.
- Leider kommen vornehmlich Besitzer mittelgroßer und großer Rassen zum Welpentreff. Kleinsthundebesitzer scheinen die Notwendigkeit nicht so zu sehen.
- Auch die ängstlichen »Minis« gewinnen nach Wochen die erforderliche Sicherheit im Umgang mit großen Hunden.

Wenn man nur gleich große und gleich alte Welpen zusammen spielen lassen will, am besten noch von einer Rasse, weil die dann auch noch im gleichen Rhythmus wachsen, so steckt häufig weniger die Angst um die Welpen dahinter, sondern die Angst vor der eigenen Verantwortung. Man möchte für sich selbst das Risiko so weit wie möglich minimieren, um bloß nicht in die furchtbare Situation zu kommen, dass in der eigenen Welpengruppe ein kleiner Welpe zu Schaden kommt. Aber das ist feige – genauso feige wie das Verhalten vieler Hundeausbilder, die in ihren Kursen niemals das freie Spiel der Hunde untereinander erlauben – so kann man sich als Ausbilder am besten von möglichen Raufereien mit möglicherweise ernstem Ausgang und damit schlechter Außenwirkung für die eigene Hundeschule/den Verein absichern.

Aber: Es besteht immer die Gefahr, dass ein Welpe durch ein unglückliches Geschehen verletzt wird, unter Umständen sogar schwer. Wenn Sie Ihren Welpenbesitzern großmundig versichern, dass das ausgeschlossen ist, machen Sie sich schlicht der Täuschung schuldig. Es kann passieren – genauso wie es jedem Hundehalter tagtäglich auf seinem normalen Alltagsspaziergang passieren kann.

Wie viele Welpen dürfen zusammen spielen?

Die Gruppenstärke betrifft einmal die Frage, wie groß eine Gruppe generell sein sollte, um noch einen vernünftigen Gruppenablauf zu gewährleisten, zweitens die Frage, wie viele Welpen auf einen Leiter kommen sollten. Meine Erfahrung: Der ideale Schlüssel ist ein Betreuer auf vier Welpen, möglich sind auch noch acht Welpen, dann jedoch wird es kritisch.

Unabhängig von der Anzahl der Betreuer sind Gruppen ab 15 Welpen in der Regel ziemlich schwer zu kontrollieren. Meine persönliche Wunschkombination: Zwei Betreuer und maximal acht bis zehn Welpen.

Zu große Gruppen sind problematisch, weil:

- Der Übungsleiter kann nicht mehr alle Konfliktsituationen im Griff haben.
- Die ganze Gruppensituation wird unübersichtlich.
- Das individuelle Beobachten der einzelnen

Früh übt sich im Welpenkindergarten, wer später Freund werden will – z.B. Pudel und Rottweiler.

Welpen und die Gespräche mit den Besitzern werden unmöglich.

- Praktische Übungen nehmen zu viel Zeit in Anspruch, für die Welpen wird die Wartezeit zu lang.
- In den Theoriepausen besteht zu viel Unruhe, ein vernünftiges Gespräch ist unmöglich.

Zu kleine Gruppen sind problematisch, weil:

- Es bestehen für Einzelhunde weniger Ausweichmöglichkeiten/alternative Spielpartner.
- Die Chancen, einen Gleichaltrigen zu finden, sind reduziert.

Schließlich noch als eine rein praktische Überlegung: Anders als in Erziehungskursen ist es nötig, ein Stammpotential regelmäßig teilnehmender Welpen zu erreichen, da eine Welpengruppe, in der beispielsweise nur drei Welpen spielen, für die meisten Welpenbesitzer unattraktiv ist und die dann nach dem ersten Mal nicht wiederkommen. Ein Stamm von acht Welpen, von denen immer mal einer für eine Stunde ausfällt, hat sich als günstig erwiesen.

So, nun haben Sie vielleicht eine Idee von »Ihrer« idealen Gruppe: Sie sind zu zweit, möchten, gerade weil Sie erst anfangen, möglichst nicht mehr als sechs bis acht Welpen aufnehmen und stellen sich einen gesunden Mix aus klein, mittelgroß und groß vor (also z.B. Dackel, Cocker und Deutscher Schäferhund) wobei die Kleinen am besten schon etwas älter und die Großen am besten etwas jünger sind. Tja, Sie inserieren also und stehen dann plötzlich da wie folgt: Zwölf Welpen möchten mitmachen. Darunter drei knapp fünf Monate alte Labradore (Geschwister), ein sechsmonatiger Briard, ein achtwöchiger Dackel, ein fünfmonatiger Jack Russel Terrier, ein vier Monate alter Rottweiler, fünf Mischlinge unterschiedlichster Größe im Alter von 12–15 Wochen.

Was wollen Sie nun tun? Sagen Sie einigen Welpenbesitzern: »Tut mir leid, aber wir sind voll!«? Sagen Sie einigen: »Wir wollten eigentlich nur die unter 16 Wochen alten, die anderen müssen nach Hause gehen, weil wir keine *Youngstergruppe* haben«?

Eintrudelnde Anmeldungen für Erziehungskurse für erwachsene Hunde oder den nächsten Agility-Einführungskurs etc. kann man in der Regel sortieren, Gruppen zusammenstellen, einige um etwas Geduld bitten und auf die Warteliste setzen. Mit Welpen geht das nicht, schon gar nicht mit den bereits etwas älteren. Sie haben aber nur eine Wiese und können die Gruppe nicht teilen? Oder Ihr Teampartner ist heute gerade krank und sie stehen allein da? Und Sie können keinen Ausweichtermin für einen Teil der Welpen anbieten, weil Sie den Platz von einem örtlichen Verein nur für diesen einen Termin in der Woche pachten konnten etc? Sie würden dem ängstlichen Dackel gerne einen gleichgroßen Spielpartner zu Seite stellen, aber sie haben sonst nur junge Hunde ab Cockergröße aufwärts, bzw. nur noch einen griffigen Jack Russel Terrier?

Um es auf den Punkt zu bringen: Ihre durchdachte Idealplanung ist die eine Sache, was auf Sie zukommt und aus dem Sie etwas Vernünftiges machen müssen, ist die andere.

13. Übungsstunden richtig planen

Sie haben nun also ein gutes Gelände, Sie haben viel Zubehör für einen interessanten Abenteuerspielplatz, Sie haben eine Gruppe von Welpen, und Sie haben Ziele im Kopf, die Sie mit Ihrer Spielstunde erreichen wollen. Jetzt fragt sich natürlich, wie eine Stunde gestaltet werden kann, um den breit gefächerten Zielen auch näher zu kommen.

Was bislang noch gar nicht besprochen worden ist, ist die Frage der Spielstundendauer: Wie lange kann/sollte eine Welpenspielstunde dauern? Meiner Erfahrung nach hat sich ein Modell bewährt, bei dem die »Babygruppe«, also die bis maximal 16 Wochen alten Welpen, in der Regel eine Stunde spielen. Dann sind viele Welpen einfach zu erschöpft – körperlich wie geistig. Die älteren »Youngsters« kann man durchaus 11/2

Stunden spielen lassen – alles natürlich unter der Voraussetzung, dass immer wieder Unterbrechungen des Freispiels angesetzt werden.

Es ist Aufgabe des Übungsleiters, einzelne Welpen auf Anzeichen einer möglichen Überforderung zu beobachten und sie evtl. frühzeitig nach Hause zu schicken.

Um die oben genannten Ziele zu erreichen, sollte eine Spielstunde grundsätzlich folgende Elemente umfassen:

- Freispiel
- Spiel Halter/Hund
- Bindungsfördernde Übungen
- Übungen zur Klarstellung der Rangordnung Besitzer/Welpe
- Geräteübungen
- Erziehungsübungen
- Theorie-Einschübe
- Gewöhnung an optische, akustische und taktile Reize
- Individuelle Gespräche mit dem Welpenbesitzer

Beispiel: Die Welpen trudeln nacheinander an, werden sofort abgeleint und spielen zunächst ca. 10 Minuten. Jeder Welpenbesitzer wird individuell begrüßt. Je nachdem, wie es die Lage des Spieles zulässt, werden mit jedem Besitzer einige kurze Worte gewechselt. Wenn z.B. beim vorherigen Treffen eine Frage wegen eines Problems geäußert worden ist und man einen Ratschlag

Erstes Kennenlernen: Auch eine Frage des Geruchs.

gegeben hat, fragt man nun nach, wie sich die Dinge entwickelt haben. In dieser Phase gilt es natürlich auch, etwaige neu dazu stoßende Teilnehmer zu begrüßen. Der Impfpass wird zunächst kurz kontrolliert, dann erst darf der Welpe ins Gelände. Die schriftliche Aufnahme der Daten erfolgt erst zu Ende der Stunde. Bei Neulingen bleibt man als Übungsleiter länger stehen, stellt kurze Fragen zum Hund (Wie alt? Wie lange bei ihnen? Welcher Mix? Gibt es irgendwelche Probleme?) und erläutert knapp, wie das Treffen ablaufen wird.
Wenn alle Welpen eine Weile herumgetobt sind, werden alle angeleint und man macht eine kleine Übung, z.B. eine Geräteübung: Mit jedem Welpen wird einzeln versucht, ob er sich in das Bällebad traut. Ist man mit allen Welpen durch, ist wieder Freispiel angesagt, wobei nun die Welpenbesitzer ausdrücklich aufgefordert werden, dieses freie Spiel zu nutzen, um selber mit dem Hund zu spielen, sich in irgendeiner Form mit ihm kurzzeitig zu beschäftigen – etwa gemeinsam die Taststrecke ausprobieren. Das erfolgt nach einer Anleitung: Wann lohnt es sich, seinem Welpen ein Spiel- bzw. ein Beschäftigungsangebot zu machen?
Nach weiteren zehn Minuten macht man eine kleine Erziehungsübung, wie z.B. das »Schau«. Ist das mit allen Welpen geschafft, werden die Welpen wieder abgeleint und es wird wieder freigespielt. Häufig kann man den Welpenbesitzer für das Freispiel eine Beobachtungsaufgabe erteilen wie z.B: Woran erkennen Sie, dass ein Welpe Angst hat? Welche Spiele spielen die Welpen? Die Beobachtungen werden dann im Anschluss an das Freispiel zusammen durchgesprochen. Gegen Ende der Stunde, wenn die Welpen schon stärker ausgepowert sind, macht man einen kleinen Theoriebreak, d.h. man erzählt ca. fünf Minuten etwas zu einem – sehr begrenzten – Thema, gibt den Teilnehmern noch die Möglichkeit zu Rückfragen zu diesem Thema, dann dürfen die Welpen wieder spielen – und die Stunde ist um. Beim Theorie-Einschub haben die Teilnehmer entweder ihre Welpen bei sich an der Leine, oder sie binden die Welpen in je ausreichendem Abstand an den Zaun -, sodass man gleich noch eine Übung für die Welpen verbindet. Hat man jedoch eine ganze Gruppe von Welpen, die alleingelassen einen Höllenlärm machen, empfiehlt sich letzteres Modell nicht, da die Welpenbesitzer Ihrem Vortrag kaum folgen – und man sich selbst auch nur schwer konzentrieren kann.

Freispiel bedeutet lediglich, dass die Welpen unangeleint sind, der Welpenbesitzer darf sich natürlich ins Spielgeschehen einschalten, ja er soll das tun.

Es gibt nur ganz seltene Fälle, in denen sich Welpenbesitzer so permanent mit ihrem Welpen beschäftigen, dass diese überhaupt nicht zum freien Spielen oder selbstständigen Erkunden kommen. Die Regel ist vielmehr der passive Welpenbesitzer, der lediglich herumsteht und nur wenn es heißt, dass die Welpen angeleint werden sollen, aktiv wird.
Wenn Übungen gemacht werden, heißt das prinzipiell, dass alle Welpen an der Leine sind. Es macht z.B. keinen Sinn, einen ängstlichen Welpen mit dem Stofftunnel vertraut machen zu wollen, während die anderen Welpen munter an seiner Nase vorbei flitzen, den Ausgang verstopfen etc. Aber dieses Anleinen ist nicht nur eine Frage der Sicherheit, sondern auch einer guten Pause. Erschöpfte Welpen können wieder Luft holen, vor allem aber kann man eine aufgeheizte Stimmung wieder abkühlen.
Von daher gibt es auch keine Regeln, nach dem Motto: auf so und so viel Minuten Freispiel sollten so und so viel Minuten Übungen folgen etc. Das sollte flexibel gestaltet werden.
Wenn man einen Tag erwischt, an dem die Welpen einfach toll spielen, sollte man sich mit Übungen auch einmal ganz zurückhalten. Und wenn ein Tag chaotisch wird (schlechte Gruppenstimmung, ständige Raufereien, Integration eines ängstlichen Neulings), kann es manchmal ange-

Großes Abenteuer Stofftunnel.

bracht sein, die Zeiten des Freispiels abzukürzen. Stehen einem zwei Wiesen zur Verfügung, kann man – gerade wenn die Gruppe groß ist, also mehr als sechs Welpen umfasst, und eine Übung länger dauert – die ganze Sache so aufteilen, dass jeweils ein Welpe zum zweiten Übungsleiter auf die Nachbarwiese geht. Dort wird mit ihm Einzelarbeit geleistet, dann geht der nächste Welpe hin usw.

Zum Stichwort Einzelarbeit: Es ist wichtig, dass die Übungen mit jedem Welpen einzeln nacheinander und unter Anleitung durch den Übungsleiter absolviert werden – auch solche, bei denen es z.B. »nur« um Erziehungsübungen geht.

D.h. der Übungsleiter stellt die Aktion nicht lediglich nur einmal vor und die Welpenbesitzer »turnen« die Übung dann jeder für sich nach, sondern er geht zu jedem einzeln hin, gibt Hilfestellung und wiederholt mit ihm die Übung so lange, bis der Besitzer es verstanden hat.

Von Vorteil ist, wenn Sie eine ganze Liste möglicher abwechslungsreicher Übungen zu den unterschiedlichsten Themenfeldern im Kopf haben, sie sozusagen abrufbereit gespeichert haben. Zwar sollten Sie sich vor jeder Stunde einen kleinen Plan des Pensums machen, das Sie bewältigen wollen, jedoch überholt die Realität oft die graue Theorie: Bodenwälzen ist bei Schlammwetter nicht so angesagt, Minifährtensuche dauert bei großen Gruppen zu lange. Eigentlich wollten Sie

etwas zum Alleinbleibetraining sagen, doch in der Gruppe passiert es gleich zweimal, dass ein Welpe nach seinen Besitzern schnappt, als die nach seinem Zerrstrick fassen wollen. Dieses konkrete Ereignis legt es natürlich nahe, etwas über Rangordnungen etc. zu erzählen.
Am Ende der Stunde sollte unbedingt noch Zeit genug sein, dass die einzelnen Welpenbesitzer mit ihren Fragen kommen können, die man in Ruhe besprechen kann. Das Modell, während der Stunde zu fragen, ob jemandem eine Frage unter den Fingernägeln brennt, funktioniert nämlich nur begrenzt: Manche, vor allem neue Spielstundenbesucher möchten ihr Problem nicht unbedingt vor einer Gruppe fremder Menschen ausbreiten. Ist die Gruppe jedoch länger zusammen und hat man es geschafft, eine entspannte und freundliche Atmosphäre unter den Teilnehmern zu schaffen, dann kann man ruhig die Frage eines Teilnehmers während der Stunde aufgreifen und etwas Theorie einschieben und sie vor allen beantworten; nach dem Motto: »Frau XY hat gerade gefragt, was man gegen das feste Herumbeißen auf den Händen machen kann. Da das ein Verhalten ist, das die meisten Welpen zeigen, möchte ich hier einmal kurz vor allen etwas dazu sagen, da es vermutlich noch mehr Teilnehmer interessiert«.
Sie finden im Anschluss an diesen Teil eine Liste von Übungen zu den verschiedensten Themenbereichen, die so umfangreich ist, dass Sie im Prinzip vier Monate lang jede Woche etwas anderes mit Ihrer Gruppe machen könnten. Um selber noch den Überblick zu behalten, empfiehlt es sich, sich einfach ein Merkblatt anzulegen, auf dem Sie eintragen, was Sie wann gemacht haben – um einige, vielleicht nicht ganz so wichtige Dinge nicht zu oft zu wiederholen, wichtige Dinge nicht zu vergessen.

Vorabüberlegungen und Planungen sind schön, aber eine Welpenspielstunde bringt Probleme mit sich, die man in »normalen« Erziehungskursen nicht, oder nicht in der Stärke erlebt. Dann ist Flexibilität gefragt. Typische Probleme beim Welpentreff sind z.B.:

1. Das größte Problem: Da immer neue Welpen in die Gruppe zu integrieren sind, bedeutet das, dass man nicht wie z.B. bei einem durchdachten Erziehungskurs mit einer fest definierten Teilnehmergruppe einen Aufbau von Stunde eins bis Stunde zwölf durchziehen kann. Der Neuling weiß z.B. noch nicht, wie man einen Welpen gut ruft oder ihn in die Sitzposition bringt, was andere Welpenbesitzer nun evtl. schon zum vierten Mal hören. Wie bekommt man es also hin, die »alten Teilnehmer« nicht zu langweilen und gleichzeitig den neuen das Wichtigste gleich mit auf den Weg zu geben?

2. Es ist häufig nicht vorhersehbar, ob und wie viel neue Hunde integriert werden müssen. Immer wieder melden sich Welpenbesitzer nicht vorher telefonisch an, sondern werden von anderen Welpenbesitzern mitgebracht, bzw. landen durch Mund-zu-Mund-Propaganda beim Welpentreff.

3. Daher ist die Gruppenstärke nie genau vorhersehbar, was natürlich Auswirkungen auf die Durchführbarkeit der geplanten Übungen hat.

4. Auch das Gruppenklima ist nicht vorhersehbar: Tagesstimmungen der Gruppen wechseln enorm mit Auswirkungen auf Freispiel, Übungsdurchführungen, wobei ich festgestellt habe, dass ein besonders wildes, aufgeheiztes Gruppenklima oft nach Wetterumschwüngen zu beobachten ist.

5. Es ergibt sich immer wieder ein akuter Fragebedarf von Seiten der Welpenbesitzer, der dann zu beantworten ist, was Zeitpläne, aber auch Themenpläne durcheinander wirft.

6. Vorkommnisse in der Gruppe bieten sich an, um exemplarisch bestimmte Dinge zu erklären: z.B. wie der Welpe Angst überwindet, was bestimmte Körperhaltungen des Welpen aussagen, warum der/die Übungsleiter zwei streitende Welpen trennt oder nicht trennt etc.

14. Elemente einer Übungsstunde

Das Freispiel

Freies Spiel meint, dass keine Übung stattfindet, die Hunde unangeleint miteinander spielen und dabei nach Lust und Laune die herumstehenden Geräte nutzen können.
Freies Spiel heißt aber nicht, dass die Welpen wild durcheinander laufen, die Welpenbesitzer miteinander plaudern, der Übungsleiter mit einem Welpenbesitzer redet oder die nächste Geräteübung vorbereitet. Sondern: Das Spiel der Hunde ist unbedingt in jeder Sekunde im Blick zu behalten, um nach Bedarf einschreiten zu können. Es ist ein Irrtum, zu meinen, die Welpen regelten alles miteinander, wenn man sie nur ungestört ließe.

Hunde sind keine edelmütigen Geister, die selbstverständlich ablassen, wenn einer der ihren schreit und kreischt. Sie sind auch keineswegs so friedfertige Wesen, dass ihnen Prügeleien fremd wären. Hunde – und eben auch Welpen – wollen ihre Stärken messen, sie wollen eine Beute verteidigen, sie wollen einen anderen Welpen daran hindern, dem Frauchen, bzw. deren Käsetasche zu nahe zu kommen. Hunde/Welpen lieben Hetzjagden, und wenn ein Welpe sich dafür anbietet, ist der bei Abwesenheit von Kaninchen natürlich ein willkommenes Objekt. Hunde sind nicht fair und legen sich daher eben nicht nur mit Gleichstarken an. Mit einem Schwächeren zu raufen oder diesen zu hetzen, birgt größere Erfolgschancen. Hunde sind oft feige, nach dem Motto: »Da wird einer gehetzt, da mische ich mich ein.« Am Schluss der Hetzmeute lebt es sich ungefährlich – und man kann das Hetzen so ohne jegliche Gefahr genießen.
Was ich damit sagen will ist Folgendes: Es gibt in einer Welpenspielstunde viele Ressourcen, um die man sich prügeln kann, wie Futter in den Taschen der Teilnehmer, Spielzeug auf dem Boden, eine erhöhte Plattform, oder den Eingang eines Tunnels etc.
Hetzjagden sind ein beliebtes Spiel in der Welpenspielstunde. Meist wird das mit vertauschten Rollen gespielt, d.h. Beute und Jäger tauschen nach einiger Zeit und/oder man hat einen Welpen dabei, der es liebt, die Beute zu sein , weil er wesentlich schneller und flinker ist, als sein(e) Jäger.
Bewältigungsstrategien neuer Welpen bestehen häufig darin, angesichts der sich nähernden, neugierigen Welpengruppe Gas zu geben und in irgendeine Ecke zu rasen – sie bieten sich also sofort als jagdbares Beuteobjekt an.
Nun, Prügeleien sind natürlich nicht grundsätzlich verboten, sie gehören zum Sozialverhalten des Hundes, müssen gelernt werden, und die Welpen müssen lernen, wann Schluss ist. Manchmal kann der Unterlegene das nicht genügend deutlich machen, bzw. der Überlegene sonnt sich im Rausch des Erfolgs. Hier ist durchaus ein Dämpfer fällig im Sinne einer Beendigung des Kämpfchens. So lange sich die Kampfhähne noch einig sind, kann man sie gewähren lassen. Deutet die Mimik, vor allem aber der Ton an, dass es in eine blindwütige Beißerei umzuschlagen droht – jawohl, das gibt es bei Welpen – ist einzugreifen. Die Welpen müssen sich nicht gegenseitig Bisswunden zufügen. Auch wenn einer der Kontrahenten auf Grund seiner körperlichen Voraussetzungen keine Chance hat, sich erfolgreich zu wehren, muss in die Rauferei eingegriffen werden. Wird ein Welpe gemobbt, also z. B. von anderen Welpen wild gehetzt, in eine Ecke getrieben und von seinen Verfolger immer wieder kurz gezwickt, ist auch das ein Grund zum Eingreifen. Auch Dauerprovokateuren unter den Welpen muss Einhalt geboten werden.

Aggressionen gehören zum normalen Verhalten eines jeden Hundes. In einer guten Welpenspielstunde lernt ein Welpe daher auch, mit eigenen und fremden Aggressionen richtig umzugehen.

Somit kann es keine Maxime einer guten Welpenspielstunde sein, jegliches Anzeichen von Aggression sofort zu unterbinden, nach dem Motto: Wir dulden hier keine Aggressionen. Welpen müssen die verschiedensten Situationen durchspielen dürfen. Sie müssen lernen dürfen, sich zu verteidigen, erfolgreich zu drohen, zu deeskalieren, aber auch wie man die Stärken der anderen richtig einschätzt.

Macht ein Welpe immer nur die Erfahrung, das Opfer der anderen zu sein, ist das für seine Persönlichkeitsentwicklung alles andere als wünschenswert. Entweder bleibt er total verschreckt im Umgang mit seinen Artgenossen, verkriecht sich, flüchtet etc., oder er entwickelt sich zum Angstbeißer, der mit einer Präventivschlagsmentalität präventiv jeden Hund angreift, bevor der ihm etwas tun kann.

Aber auch der Welpe, der immer nur siegt, macht eine für seine Entwicklung schlechte Erfahrung: Da Hunde ergebnisorientiert lernen, und da die erfolgreiche Beendigung einer selbst angezettelten Prügelei auch einen Hund in Hochstimmung versetzt, wird er diesen Triumph zukünftig öfter erleben wollen – und kann zum Gewohnheitsraufer werden.

Man muss also von Fall zu Fall eingreifen – und dieses Eingreifen genau wie ein Nichteingreifen den Welpenbesitzern auch erklären. Diese sind erfahrungsgemäß immer sehr schnell der Meinung, dass man als Übungsleiter doch etwas tun müsse – *man muss deshalb auch erklären können, warum man etwas nicht tut.*

Um nun selber den richtigen Zeitpunkt einzuschätzen, braucht man Erfahrung und Intuition – und eine genaue Kenntnis seiner Pappenheimer. Wenn »Olli« und »Arnie« z.B. beide dafür bekannt sind, niemals nachgeben zu wollen und

Außer Rand und Band: Eine Ermahnung mit Worten reicht hier noch aus.

blitzschnell ihre Zähne einzusetzen, so wird man sich natürlich in deren Nähe postieren, wenn beide an den gegenüberliegenden Enden eines Taustricks angebissen haben. Die Situation sofort durch Wegnahme des Stricks zu beenden wäre falsch, weil man den beiden so die Chance nimmt, auszutaxieren wann man besser nachgibt. Doch für den Fall, dass die beiden zu keiner Lösung kommen, muss man in der Nähe sein, um die Streithähne trennen zu können.

Bei Welpenraufereien ist immer sehr viel Show im Spiel und in der Regel erholen sich die »Opfer« rasant schnell und stürzen sich wieder ins Getümmel. Aber Welpen können auch mit acht Wochen schon ganz anders – man sollte sie nicht als unschuldige Fellbärchen verkennen.

Welpen können schon im jungen Alter lernen, dass ihre Chefs durchaus nicht mit jeder Rauferei einverstanden sind und sie ihnen untersagen.
Nun ist so viel von Untersagen, Unterbinden etc. die Rede – bleibt die Frage, wie man das macht.
Eine Variante, die in den meisten Fällen hilft, wenn die Emotionen noch nicht zu hoch kochen, ist das plötzliche energische Gebrüll des Übungsleiters. In der Regel hat dieser in den Augen der Welpen die Chefposition inne. Deutliches Gebrüll bzw. eine strenge Stimme reichen daher aus, um den Welpen von weiteren Missetaten abzubringen.
Eine andere Variante ist, die Streithähne am Genick zu packen, zu Boden zu drücken und sich sofort wieder neutral zu verhalten. Zusätzlich kann es sinnvoll sein, sich einen zu schnappen und ihn am anderen Ende des Platzes abzusetzen, damit er sein Interesse auf andere Ziele lenken möge.
Hat man die – seltene, aber eben vorkommende – Situation, dass in einer Stunde zwei Welpen immer wieder aufeinander losgehen, hilft entweder die Teilung der Gruppe, sofern man zwei Wiesen hat, oder eine Verkürzung des Freispiels – oder man schickt einen der beiden nach Rücksprache mit dem Besitzer nach Hause. In der nächsten Stunde ist es meist so, dass sich die beiden Welpen ignorieren oder wieder gut miteinander spielen.

Das Freispiel kontrollieren zu können ist eine der wichtigsten Anforderungen an einen Übungsleiter. Es ist nicht so brav und problemlos, wie sich das viele Hundebesitzer, aber auch Hundetrainer vorstellen. Die Balance zu finden zwischen notwendigem Kräftemessen und überzogener Rauferei ist gar nicht so einfach.

Beim Freispiel muss man sich blitzschnell entscheiden können. Natürlich läuft man dabei immer Gefahr, sich auch mal zu irren. Der Grad der Wildheit ist nämlich nicht unbedingt ein Indikator dafür, dass die Situation gleich umzuschlagen droht. Oft finden zwei Welpen ein Level, das beiden gut gefällt. Trennt man die beiden probeweise, weil man denkt, dass das »Opfer« zu sehr in die Mangel genommen wird, hat dieses Opfer nichts besseres zu tun, als sofort wieder zu seinem »Peiniger« zu rennen, um weiterzuspielen.

Übungen zur Bindungsförderung

Überprüfung der Bindung

Machen Sie sich klar, dass es Ihr oberstes Ziel sein wollte, die Bindung zwischen dem Halter und seinem Welpen zu fördern. Nicht der Welpe, der schon gut Sitz und Platz kann, sollte Ihre Augen strahlen lassen, sondern der Welpe, der eine gute Bindung zu seinem Halter zeigt; der auf Ansprache mit freudiger Erwartung reagiert, mit offenkundiger Freude mit seinem Halter spielt, schmust, begeistert auf Angebote zu gemeinsamer Aktion eingeht, deutliches Vertrauen in seinen Halter zeigt, frei und unbefangen mit seinen Artgenossen spielt, dabei immer mal wieder Blickkontakt zu

Bindung Hund und Mensch: Trotz der Ablenkung ringsum hat dieser Hund das Frauchen nicht vergessen.

seinem Menschen aufnimmt, und im Zweifelsfall seinen Halter seinen Artgenossen vorzieht.

Sie müssen damit beginnen, den Haltern überhaupt die Bedeutung von Bindung zu erklären und ihnen zu verdeutlichen, dass auch die Welpenspielstunde zur Förderung beitragen soll, indem nämlich der Welpe nicht immer nur mit anderen Hunden spielt, sondern zwischendurch immer mal wieder gemeinsame Aktionen mit seinem Besitzer unternimmt – obwohl lockende Spielgefährten da sind.

Stellen Sie den Haltern z.B. in einer Freispielphase folgende Aufgabe: Jeder soll nur seinen Hund beobachten und auf folgende Dinge achten: Wie oft blickt der Hund mal kurz zu ihm, vor allem wenn er gerade nicht wild herumtobt? Wie oft kommt der Welpe kurz gelaufen, um dann gleich wieder fröhlich weiterzuspielen? Auch sollten Sie darauf achten, ob der Welpe, falls er Angst bekommt, Schutz bei seinem Halter oder bei den nächstbesten Menschenbeinen sucht. Und: Kann ein Welpenbesitzer seinen Welpen zu sich rufen, obwohl um ihn herum der Bär tobt? Reagiert der Welpe auf Ansprache zumindest mit kurzem Blickkontakt?

Nach dieser Beobachtungsrunde werden die Ergebnisse durchgesprochen und auf die Unterschiede zwischen den einzelnen Mensch-Hund-Teams eingegangen. Diese kleine Übung verdeutlich den Welpenbesitzern schon ein wenig, wie es um ihre Bindung steht, und dass die Anwesenheit anderer Spielgefährten durchaus keine Ausrede dafür sein kann, dass sich ein Welpe überhaupt nicht um seinen Besitzer schert.

Erläutern Sie, wie die Besitzer im Alltag die Bindung zu Ihrem Welpen fördern können: wie gemeinsame Aktionen, Partizipation an allen Formen des täglichen Lebens, Körperkontakt und souveräne Führung des Welpen.

Die gesamte Spielstunde ist an sich als bindungsfördernde Angelegenheit gedacht, da immer wieder Elemente eingeflochten sind, in denen sich der Halter aktiv mit seinem Welpen beschäftigen muss, wie einen Hindernisparcours zu bewältigen, ihm kleine Tricks beizubringen, das richtige Schmusen zu praktizieren und mit dem Welpen zu spielen.

Wenn wir also über Gerätearbeit, Erziehungsübungen, Beschäftigungsmöglichkeiten oder diverse andere Aktionen zwischen Mensch und Welpen sprechen, haben die natürlich einen bindungsfördernden Charakter, sofern sie richtig angestellt werden.

Training der Aufmerksamkeit des Welpen auf seinen Besitzer

- Unbemerkt vom Welpen verlässt der Besitzer das Übungsgelände, bzw. versteckt sich auf dem Übungsgelände. Der Übungsleiter beobachtet dabei den Welpen genau, wann dieser den Verlust bemerkt und wie er reagiert. Beginnt er mit Suchverhalten, wird der Besitzer aufgefordert, den Welpen zu rufen.
- Ferner kann man alle Welpenbesitzer auf eine Seite des Platzes bitten, die Welpen laufen frei herum. Dann läuft die Gruppe der Welpenbesitzer geschlossen auf die andere Seite des Platzes und bleibt dort zusammen stehen. Die Welpen werden dabei nicht gerufen. Diese Übung hilft, die Bindung Hund-Besitzer besser einschätzen zu können und trainiert den Welpen, selbst auf seinen Besitzer zu achten. Nebenbei fördert diese Übung auch noch die Bereitschaft der anwesenden Halter, sich aktiver am Geschehen zu beteiligen. Sinnvoll ist es nämlich, wenn Halter bei dieser Übung etwa auch mal in ein Zelt kriechen und dort darauf warten, dass ihr Welpe sie findet. Für viele Teilnehmer ist es eine echte Überwindung, als Erwachsener in ein Kinderzelt zu krabbeln.

Richtig schmusen

Den Welpenbesitzern wird erklärt, warum die Stellen, an denen Menschen ihre Hunde gerne streicheln, häufig keine Stellen sind, die den Hunden angenehm sind. In der Spielstunde wird ihnen gezeigt, wie sie ihren Hund richtig schön streicheln können. Dazu kann man z.B. einen Stoffhund mitnehmen und an ihm demonstrieren,

Mit dem Hund per Du: Aufforderung zum Spiel auf gleicher Ebene.

wo die erogenen Zonen des Hundes sind. Leider lässt sich diese Übung nur bei schönem Wetter durchführen, da sich die Welpenbesitzer schon hinsetzen sollten. Bei Hitze ist es eine ideale Verschnaufpausenübung für Mensch und Hund.
Zusätzlich werden die Besitzer gebeten, sich auf dem Boden auf ein vom Übungsleiter ausgelegtes weiches Fell oder Vetbed zu legen. Dort müssen sie sich liegend mit ihrem Welpen beschäftigen – und diesen über eine gewisse Zeit, z.B. 20 Sekunden, davon abhalten, sich anderen Vergnügungen zuzuwenden.

Richtig spielen mit dem Hund

Das richtige Spielen mit dem Hund sollte ein wichtiges Thema in der Welpenspielstunde sein. Es muss erklärt werden, welche Rolle dem Spiel erstens in der Entwicklung des Hundes und zweitens in der Beziehung zwischen Mensch und Hund zukommt. Erklären Sie daher Ihren Welpenbesitzern, dass sie zuerst damit beginnen müssen, ein Spielzeug für den Welpen besonders attraktiv zu machen. Man fragt die Teilnehmer, mit was der Welpe zu Hause am liebsten spielt und erklärt, dass dieses Spielzeug ab sofort nie mehr zu freien Verfügung steht. Der Welpenbesitzer entscheidet, wann er spielen will, holt diese Spielzeug und dann geht die Post ab. Wenn der Welpe im schönsten Spielrausch ist, wird das Spiel abgebrochen, das Spielzeug wieder weggelegt. Dieses Spielzeug wird bevorzugt draußen verwendet und da vor allem, wenn der Welpe auf Rückruf gekommen ist. Tja, und dieses magische Spielzeug sollte eben auch in der Welpengruppe Verwendung finden. Sowohl in den extra angesagten Spielübungen, als auch im Verlauf des freien Hundespiels, in dem der Besitzer für sich entscheidet, jetzt mit seinem Hund zu spielen, kommt dieses Spielzeug zum Einsatz.
Beim Welpenspiel werden Sie immer wieder den Satz hören: »Mein Hund spielt sowieso nicht mit mir«, oder: »Hier habe ich keine Chance, die anderen Hunde sind interessanter.«
Es ist so wichtig, den Welpenbesitzern zu verdeutlichen, dass sie dagegen etwas tun können – und müssen. Denn ein Hund, der sich im Zweifelsfall immer für das Spielangebot anderer Hunde entscheidet, ist im Alltag beim Spaziergang eine Strapaze.

Gerade beim Spielen ist es wichtig, dass man selbst konkret vormacht, wie man die verschieden Welpen zum Spielen motivieren kann – erstens, um den Besitzern zu zeigen, dass ihr Hund kein hoffnungsloser Fall ist und zweitens, um ihnen ganz konkret zu zeigen, wie sie es denn anstellen könnten.

Übt man das Spielen in verschiedenen Phasen anfangs angeleint, ist die Frustration für die Welpenbesitzer nicht so groß – weil der Welpe ja nicht zum nächsten Welpen entwischen kann. Und die Besitzer merken, dass sich ihr Welpe durchaus für sie interessieren kann. Vor allem muss man den Welpen beobachten, um dem Besitzer Tipps zu geben, worauf sein Welpe steht. Nicht jeder zerrt gern um eine Beute oder rennt einem Jagdobjekt hinterher. Manche lieben gemeinsame Laufspiele mit ihrem Besitzer, andere körperbetontes Spiel – wobei man bei letztem wieder genau aufpassen muss, damit der Welpe nicht überdreht und sich Frechheiten herausnimmt!

Motivieren Sie Ihre Teilnehmer, in den Freispielphasen auch Momente abzupassen, in denen ihr Welpe unbeschäftigt herumsteht und keinen Hundespielpartner hat, um dann kurz mit ihm zu spielen. Ganz allgemein sollte das Spielen der Teilnehmer mit ihren Welpen in keiner Welpenspielstunde fehlen.

Richtig loben

Jedem Hund wird eine kleine Aufgabe gestellt, z.B. durch einen Tunnel zu kriechen. Nun muss der Besitzer seinen Hund 20 Sekunden lang

loben, was mittels Stoppuhr gestoppt wird.
Bei dieser Übung geht es um zweierlei: Erstens den Teilnehmern zu zeigen, dass man sich Hunden gegenüber auf verschiedene Weise ausdrücken kann, dass sie etwas toll gemacht haben, dass man stolz auf sie ist. Zweitens, um der verbreiteten Unart entgegen zu wirken, dass mechanisch abgelobt wird, also dem Hund einfach ein Futterbrocken oder Ball in die Schnauze gesteckt wird, worauf man sich als Hundebesitzer nicht mehr mit dem Hund beschäftigt. Die Teilnehmer müssen also kreativ sein, verschiedenste Formen ausprobieren und können so u.a. entdecken, dass Ihr Welpe vielleicht auf eine besondere Art des Lobens steht.
Es empfiehlt sich jedoch, als Übungsleiter verschiedene Varianten des Lobens vorzumachen. Dann wird von den Teilnehmern für eine bestimmte Übung verlangt, nur auf eine vorgegebene Art zu loben:

- Der Besitzer lobt mit all den Mitteln, die er einsetzen will
- Ihm werden die Hände auf den Rücken gebunden, so dass er diese nicht benutzen kann
- Er darf nur stumm unter Einsatz seines Körpers loben
- Er darf nur mittels eines Spielzeugs loben
- Er darf nur mit Stimme und Körpereinsatz loben.

Übungen zur Klarstellung der Rangordnung

Wiederholt ist darauf hingewiesen worden, dass auch sehr junge Welpen sich ihren Besitzern widersetzen, z.T. mit heftigen Aggressionen reagieren, vor allem wenn es sich zum körperliche »Zwangsmaßnahmen« handelt, bei denen der Welpe in seiner Bewegungsfreiheit eingeschränkt wird, ohne dass ihm aber Schmerzen zugefügt würden. Es ist immer wieder erstaunlich, wie häufig man um sich schnappende Welpen erlebt – und wie wenig die Besitzer dagegen unternehmen, bzw. wie wenig ihnen das zunächst Sorge bereitet.

Neben der Bindungsförderung muss es ein zentrales Ziel des Welpenspieltags sein, den Welpenbesitzern die Bedeutung der Rangordnung in der Mensch-Hund-Beziehung zu erläutern und ihnen zu erklären, wie man auf subtile Art die Rangordnung zum Welpen von Anfang an klarstellen kann, so dass man meist erst gar nicht in die Lage kommt, zu körperlichen Gegenmaßnahmen greifen zu müssen, weil sich der Welpe offensiv-aggressiv gegenüber seinem Menschen verhält.

Situationen in der Spielstunde, in denen genau dies passiert, also ein Welpe z.B. nach seinem Besitzer schnappt, weil der ihn anleinen, auf den Arm nehmen, einfach nur festhalten will oder die Frechheit besitzt, ihm ein Spielzeug wegzunehmen, sollten immer sofort zum Anlass genommen werden, zu erklären, was gerade in dieser Situation passiert ist und wie man sich verhalten sollte.
Auch als Welpenspielleiter ist man vor den Zähnen der Welpen, vor allem, wenn die Welpen neu kommen, nicht sicher. Klassische Situation: Man unterbindet eine wilde Schlägerei, was den Welpen meist natürlich überhaupt nicht passt. Da gilt es dann bei etwaigem Schnappen des oder der Welpen zu unterscheiden, ob sie gezielt nach der Menschenhand schnappen, um sich deren Reglementierung zu entziehen, oder ob die Hand nur im Eifer des Gefechts dazwischen gerät. Ist es eine gezielte Aktion, gilt hier natürlich, als Übungsleiter blitzschnell vorzumachen, wie eine vernünftige und artgerechte Reaktion aussieht: Energisches Nein, Schnauzgriff, oder zu Boden drücken, bei ganz heiklen Fällen auch ein Drehen auf den Rücken. Vor allem aber: der Welpe darf nicht an sein Ziel gelangen. Eine solche Aktion ist natürlich gegenüber den Welpenbesitzern – und zwar allen – unbedingt zu kommentieren.
Neben der wiederholten Instruierung der Welpenbesitzer, wie sie zu Hause ihren Umgang mit dem Welpen gestalten sollten, kann man auch in der Welpenspielstunde gezielte Übungen einfließen

lassen. Sämtliche unbedingt einzeln, dabei sind alle gerade nicht beteiligten Welpen angeleint und auf Abstand zum Welpen, mit dem gerade geübt, bzw. getestet wird:

- Wegnahme eines besonders begehrten Spielzeugs
- Wegnahme einer besonderen Delikatesse, die der Übungsleiter stiftet (z.B. ein Stück Trockenpansen)
- einfaches Festhalten am Halsband
- einfaches Festhalten auf dem Arm
- Körperpflegeübungen

Mögliche Erziehungsübungen

Welpenbesitzer erwarten sich erfahrungsgemäß von einer Welpenspielstunde zwar hauptsächlich, dass ihre Welpen mit anderen Welpen spielen können – aber sie erwarten durchaus auch Anleitung in Fragen der Grunderziehung, worunter die meisten Welpenbesitzer vor allem zwei Hauptdinge verstehen: Der Welpe soll nicht an der Leine zerren, und er soll kommen, wenn man ihn ruft.

Wenn Welpenbesitzer in die Spielstunde kommen, muss man sich immer vor Augen halten, dass sie natürlich bislang schon »erzieherische« Maßnahmen mit ihren Welpen unternommen haben.

Natürlich gehen sie schon mit ihm an der Leine spazieren und natürlich versuchen sie, den freilaufenden Welpen zu sich zu rufen – und sei es auch nur im Garten.
Die meisten Besitzer haben auch schon angefangen, ihrem Welpen das Sitz beizubringen (durch die klassische Methode, dem Welpen auf den Popo zu drücken). Das wiederum bedeutet, dass in der Regel schon viele Fehler in der Erziehung begonnen worden sind, die es jetzt so schnell wie möglich auszubügeln gilt:

1. Die Besitzer lassen sich von ihren Welpen durch die Gegend zerren.
2. Die Besitzer rufen hauptsächlich in den Situationen nach ihrem Welpen, in denen die Wahrscheinlichkeit, dass der Welpe kommt, am geringsten ist, wenn er z.B. einem Radfahrer hinterher läuft, begeistert auf einen Menschen in heller Kleidung zu stürzt, oder einen Pferdeapfel entdeckt hat, etc. Die Folge: Der Welpe lernt, dass er den Rückruf ignorieren kann, ohne dass das Konsequenzen hätte.
3. Die Besitzer schimpfen ihre Welpen aus, die auf Ruf zunächst nicht gekommen sind und erst nach einiger Zeit beim Besitzer eintrudeln mit der Folge einer falschen Verknüpfung: Der Welpe lernt, dass das Zurückkommen mit der negativen Erfahrung des »Ausgeschimpft werden« – oder gar Schlimmeren verbunden ist. Er kommt beim nächsten Mal wieder nicht – und so kommt ein Teufelskreis in Gang.
4. Die Besitzer grapschen nach ihren Welpen: Sie sind so froh, wenn ihr Welpe auf Ruf in Ihre Nähe kommt oder sich zufällig in ihrer Nähe aufhält, dass sie blitzschnell und ungeschickt nach ihm grapschen. Der Welpe erfährt dabei keinen positiven Körperkontakt, sondern einen unangenehmen, oft auch schmerzhaften Kontakt zu seinem Besitzer – was die Wahrscheinlichkeit enorm reduziert, dass er auf Ruf dicht zu seinem Besitzer kommt.
5. Die Welpenbesitzer rufen ihren Welpen nur, um ihn anzuleinen – und das auch noch in der ungeschickten Form. Die Folge: Man erlebt beim Welpentreff Welpen, die überhaupt nicht auf Ruf kommen, oder die nur so nahe kommen, dass sie sich im Zweifelsfall blitzschnell entziehen können, wenn sie an die Leine genommen werden sollen.
6. Welpenbesitzer sprechen in langen Romanen auf ihren Welpen ein, ohne dass der Welpe natürlich irgend etwas versteht.
7. Welpenbesitzer erteilen Befehle, ohne auf deren Ausführung zu bestehen
8. Welpenbesitzer erteilen Befehle, der Welpe folgt, die Besitzer vergessen aber, den Befehl

wieder aufzuheben. Klassisches Beispiel: Sie sagen Sitz, der Welpe setzt sich, steht kurz darauf wieder auf, ohne dass der Besitzer ihm noch Beachtung schenkt.

9. Welpenbesitzer arbeiten in ihrer deutlichen Mehrzahl viel zuwenig über Belohnung, sondern sind immer recht schnell dabei, zu unangenehmen Maßnahmen zu greifen: die Stimme zu verschärfen, wenn der Welpe nicht kommt, ihm einen unmotivierten Leinenruck zu geben, ihn am Halsband zu sich zu zerren, ihm auf den Popo zu drücken, um ihn ins Sitz zu bewegen etc.

Zusammengefasst: Sie fangen als Übungsgruppenleiter nicht bei Null an. Die Welpen haben schon vielfach schlechte Lernerfahrungen gemacht, die es auszubügeln gilt. Die Welpenbesitzer müssen im Hinblick auf folgende basale Regeln zu Erziehung eines Hundes geschult werden:

- kurze, klare Hörzeichen
- richtiges Timing
- Konsequenz
- Belobigung erwünschten Verhaltens als Hauptlehrmethode
- jeder Befehl muss vom Besitzer wieder aufgehoben werden.

Dies ist nicht nur eine Sache der Schulung, sondern genauso eine Angelegenheit der Einstellungsänderung: »Mein Welpe muss auch ohne Leckerchen kommen, schließlich muss er gehorchen, weil ich das so will«.

> Die Erziehung eines Hundes umfasst mehr als die Befehle »Bei Fuß«, »Komm«, »Sitz« und evtl. noch »Platz«

Wenn Sie also Erziehungsübungen mit Ihren Welpenbesitzern durchführen, so sollten Sie mehrgleisig arbeiten:

- Sie müssen den Welpenbesitzern verständlich machen, wie Hunde lernen und was daraus folgt, wenn man seinem Welpen etwas beibringen möchte
- Sie müssen den Welpenbesitzern verständlich machen, dass es eine Reihe von Grundbefehlen gibt, die einfach jeder Hund beherrschen muss: »Komm«, »Schau«, das An-der-Leine-Gehen, »Nein«, »Sitz«, »Platz«, »Steh«, »Bleib«, »Aus«, »Pfui«
- Sie müssen den Welpenbesitzern erklären können, dass man natürlich bereits mit Welpen all diese Dinge übt und nicht erst ab einem Alter von einem Jahr. Die Vorstellung, man beginne mit der Erziehung eines Hundes erst, wenn der ein Jahr alt ist, geistert noch bei vielen Hundebesitzern im Kopf herum
- Sie müssen praktisch vormachen, wie man etwas einem Welpen beibringt
- Sie müssen die Welpenbesitzer vor Ihren Augen jede Übung üben lassen und Hilfestellung geben.

Leider macht man dabei eine oft frustrierende Entdeckung: Wird z.B. das richtige Rufen als konkrete Einzelübung geübt, befolgen die Welpenbesitzer meistens die Regeln, die Sie ihnen geben haben. Heißt es aber in der Stunde: »Alle Hunde bitte an die Leine«, verfallen viele Besitzer gleich wieder in ihre alten Fehler. Da gilt es also, darauf ein Auge zu haben, um sofort korrigieren zu können.

Egal, welche Übung Sie vorstellen, es sollten folgende Grundregeln gelten:

1. Alle Hunde befinden sich an der Leine.
2. Alle Welpenbesitzer haben die Anweisung, durch Kurznehmen der Leinen und geschicktes Plazieren ein Spielen der Welpen zu verhindern.
3. Sie erklären den Sinn einer Übung.
4. Sie erklären, worin die Schwierigkeit für den Welpen besteht.
5. Sie erklären die Technik und warum Sie diese Technik anwenden.

6. Sie machen die Übung mit einem Welpen exemplarisch vor, wobei Sie sich immer verschiedene Welpen aussuchen sollten, weil sonst der Eindruck entsteht, Sie würden einen Welpen besonders mögen oder sich nur den heraussuchen, bei dem alles erfahrungsgemäß gut klappt.
7. Dann übt jeder Welpenbesitzer unter Ihrer Anleitung einzeln, bis die Übung mit einem Erfolgserlebnis abgeschlossen ist.

Ich schildere Ihnen nachfolgend, wie ich die verschiedenen Begriffe des Grundgehorsams mit den Welpen trainiere. Es geht mir nicht nur darum, Sie davon zu überzeugen, dass man all das mit Welpen überhaupt und in einer Welpengruppe im Speziellen trainieren kann, sondern Ihnen konkrete technische Tipps zu geben – wobei ich einfach von meinen Erfahrungen ausgehe.

Ich gehe dabei von folgenden Grundprinzipien aus:

1. Ich mache einem Hund ein Hörzeichen/Handzeichen dadurch verständlich, dass ich seine entsprechende Aktion zeitgleich mit dem entsprechenden Wort/dem Handzeichen belege. Damit er die gewünschte Aktion zeigt, manövriere ich ihn mit einem Motivationsobjekt in die entsprechende Position. Als Leckerchen verwende ich vorzugsweise klein geschnittenen Käse (= starker Geruchsreiz, schmeckt dem Welpen sehr lecker, ist schnell herunter zu schlucken und krümelt nicht).
2. In der ersten Phase geht es um das Verständlichmachen. Hat der Welpe den Sinn eines Befehls verstanden und befolgt er ihn, gibt es eine Belohnung. Hat er noch nicht verstanden, bleibt lediglich die Belohnung aus und man versucht es nochmals, eventuell mit leicht veränderter Technik.
3. Wenn man sicher ist, dass der Welpe verstanden hat, was man von ihm möchte und die Befolgung des Befehls keine unzumutbare Härte darstellt (wenn z.B. alle andere Welpen schon wieder herum rasen, während ein Welpe noch ins Sitz gebracht werden soll), bestehe ich auch bei diesem Welpen auf der Ausführung des Befehls. Hier kommt es auf Fingerspitzengefühl an: Ständig Befehle zu geben, die der Welpe nicht ausführt, weil ihn die Umgebung zu sehr ablenkt und dann ständig auf der Durchsetzung zu bestehen, kann das Klima zwischen Mensch und Welpe beschädigen.
4. Reagiert der Welpe auf den Durchsetzungsversuch mit offensiver Aggression, ist dieser sofort zu begegnen mit: Verbales Verbot, Schnauzgriff, im Nacken packen und Hinunterdrücken, im Extremfall muss man ihn auf den Rücken drehen und dort bis zur Komplettunterwerfung halten.
   Diese Aktion sollte dann sofort vor allen Welpenbesitzern erklärt werden.

Sie werden immer mit dem potenziellen Problem zu kämpfen haben, dass ein Welpenbesitzer empört ihre Spielstunde verlässt und herumerzählt, dass Sie mit Brachialmethoden arbeiten. Aber Sie haben eine Verantwortung für das Mensch-Hund-Team, das da vor Ihnen steht und können nicht auf eine Reglementierung verzichten, aus Angst, jemand könnte das in den falschen Hals bekommen. Sie haben im Gegenteil in einem solchen Fall die einmalige Chance, zu zeigen, wie eine *artgerechte* Reglementierung aussieht – und dass der Welpe eben nun keinesfalls verängstigt bei Ihrem Anblick das Weite sucht – im Gegenteil. Sie können so den Welpenbesitzern vorleben, wie die sich bei ernsten Widersetzlichkeiten ihrer Welpen benehmen sollten.

Heranrufen

Erläutern Sie unbedingt zunächst theoretisch, wann überhaupt gerufen werden sollte und wann nicht. Prinzip: Nur bei hoher Wahrscheinlichkeit des Erfolgs rufen. Gehen Sie dann in die Praxis über: Stellen Sie sich neben einen Welpenbesitzer, beobachten Sie gemeinsam das Spiel des Welpen und geben Sie dem Welpenbesitzer jeweils ein Zeichen, wenn gute Chancen beste-

Herankommen leicht gemacht: Alles eine Frage der Belohnung.

hen, dass der Welpe reagieren wird. Entweder ist das dann der Fall, wenn der Welpe sowieso schon auf seinen Besitzer zugelaufen kommt oder wenn er etwas ratlos in der Gegend herumsteht und sich fragt, was man als Nächstes unternehmen könnte.

Erklären Sie die Bedeutung der **Körpersprache** des Menschen und geben Sie ganz konkrete Anweisungen, wie sich der Welpenbesitzer beim Rufen verhalten sollte: In die Hocke gehen, aufrechter Oberkörper, Arme eng am Körper, kein Ausstrecken von Armen und Händen nach dem herantippelnden Welpen, kein Hinüberbeugen, kein Grabschen, wenn er vorbei läuft, kein Hinterherrennen, wenn der Welpe nicht kommt, sondern sofortiges Wegrennen vom Welpen und wenn möglich verstecken.

Beschreiben Sie die Bedeutung der **Stimme** und geben Sie konkrete Anweisungen: hoch, freundlich, quiekend, begeistert rufen, dabei kein stereotypes Wiederholen des Namens.

Zeigen Sie die Bedeutung des **Gesichtsausdrucks**: Freundliches Anlächeln.

Erläutern Sie die Bedeutung der **Belohnung**: Sie hat anfangs immer zu erfolgen, sie sollte in dem bestehen, was den Welpen am meisten freut. Sollten dies Leckerchen oder Spielzeug sein, sollte das bereits parat gehalten werden, bevor man zum Rufen ansetzt.

So, und jetzt hocken Sie sich hin und rufen einen der Welpen. Sie machen also praktisch vor, wie das richtige Rufen auszusehen hat – und demonstrieren gleichzeitig den Erfolg Ihrer Methode.

Machen Sie sich dabei ruhig hemmungslos zum Affen und zeigen Sie, wie Ihnen so das Herz des Welpen zufliegt – und der Welpe gleich hinterher. Üben Sie dann in den verschiedenen Stunden das Heranrufen in je einer der folgenden Varianten:

- Der Welpe wird vom Übungsleiter am Halsband festgehalten (bei handscheuen Welpen an der Leine, Handschlaufe verknoten), der Halter entfernt sich rasch, ruft den Welpen.
- Der Halter versteckt sich hinter einer Sichtbarriere, der Welpe kann den Vorgang des Versteckens beobachten, der Halter ruft den Welpen.
- Der Halter versteckt sich in einem unbeobachteten Moment und ruft den Welpen.
- Mehrere Personen legen sich hintereinander quer über den Platz auf den Boden, dann wird der Welpe über diese Menschenbarriere gerufen.
- Die Hundehalter bilden eine Gruppe, je ein Hundehalter geht in diese Gruppe und ruft von dort den Welpen, der in Entfernung vom Übungsleiter festgehalten wird.
- Die Teilnehmer müssen versuchen, einen anderen als den eigenen Welpen zu sich zu rufen.
- Mehrere Welpen werden gleichzeitig von Übungsleiter und Helferpersonen gehalten, die Halter entfernen sich zügig und rufen die Welpen gleichzeitig.
- Eine Helferperson hält den Welpen am Halsband, der Halter entfernt sich zügig, der Übungsleiter hockt sich in die Laufbahn des Hundes und hält diesem Leckerchen/Spielzeug entgegen.
- Eine Helferperson hält den Welpen am Halsband, der Halter entfernt sich, einen Meter neben den Halter hockt sich Übungsleiter hin und ruft den Hund ebenfalls.

Aus dem Freispiel heraus heranrufen:

- Der Halter spricht den Welpen an, bei Aufmerksamkeit läuft er in entgegengesetzter Richtung davon und lobt den Welpen, wenn er ihm folgt.
- Der Halter ruft den Welpen zu sich, spielt für eine Minute mit ihm und lässt ihn dann wieder gehen.
- Der Halter ruft den Welpen zu sich, leint ihn an, spielt eine Minute mit ihm, leint ihn wieder ab, der Welpe kann weiterspielen.
- Der Halter ruft den Welpen zu sich und leint ihn an.

»Schau«

Neben dem Heranrufen halte ich diese für die wichtigste Übung. Sie bezweckt, dass der Welpe auf ein bestimmtes Wort hin seinen Halter sofort in froher Erwartung – was jetzt wohl kommt (Spielen, andere gemeinsame Aktion, Futter)? – anblickt und für einige Sekunden abwartet. Sie ist die Basis für jegliche andere Übung mit dem Welpen/Hund, denn bevor man einem Welpen etwas beibringen möchte, muss man seine volle Aufmerksamkeit gewinnen. Das bloße Nennen des Namens ist dafür nicht so gut, weil der Welpe oftmals am Tag seinen Namen hört, ohne dass man immer erwartet, dass der Welpe sich jetzt konzentriert seinem Halter zuwenden möge.
Es ist wichtig, diesen Sinn den Welpenbesitzern genau zu erläutern, weil kaum einer auf die Idee kommt, so etwas mit seinem Hund zu üben. Dabei sollte natürlich auch der Unterschied zwischen einer freundlichen Blickkontaktaufnahme zwischen Mensch und Hund und dem Drohfixieren erklärt werden!

Technik:

1. Der Welpe wird mit seinem Namen angesprochen, sobald er Blickkontakt aufnimmt, sagt der Besitzer freundlich/überschwänglich »Schau« und gibt ihm ein Leckerchen.
2. Unterstützend: Der Hundehalter zeigt dem Welpen ein Leckerchen, führt dann die Hand langsam zur eigenen Stirn, hält sich ein Leckerchen zwischen die Augen, sobald der Welpe dorthin guckt: Hörzeichen: »Schau«, freundliches Strahlen, Leckerchen.
3. Der Welpenbesitzer wird angewiesen, immer, wenn der Welpe auch nur zufällig freundlichen Blickkontakt aufnimmt in dieser Form »Schau« zu sagen und den Welpen zu belohnen.

»Schau mir in die Augen Kleiner«: Der Schaubefehl ist nicht nur die Basis für das Training des Hundes, sondern auch eine wichtige Übung für die Korrektur von Problemverhalten.

Leinenführigkeit

Das Trainieren des Gehens an der Leine ist so ein Thema für sich. Denn im Grunde geht das Problem schon auf dem Weg vom Parkplatz zur Welpenwiese los. Spätestens beim zweiten Besuch ziehen die Welpen wie die Berserker zur Wiese hin, die hilflosen Besitzer stolpern im Schlepptau hinterher.

Manche äußern dann schon am Tor die Frage: »Haben Sie nicht einen Tipp gegen dieses Ziehen?« Andere fragen zwischendurch verschämt nach, wieder andere denken, dass eben alle Welpen ziehen und sich das mit dem Älterwerden schon geben wird.

Man kann in der Stunde gezielt Übungen machen, um vor allem den Welpenbesitzern zu zeigen, wie Sie das Ziehen ihres Welpen unterbinden können, allerdings ist es ehrlich gesagt illusorisch, jeden Welpenbesitzer in jeglicher Situation zu korrigieren, wenn der sich mal wieder von seinem Welpen ziehen lässt – oder seinen Welpen seinerseits gedankenlos hinter sich herzieht und z.B. gar nicht merkt, dass sein Welpe gerade ein Häufchen macht oder schreckerstarrt vor einer Plastikfolie steht, über die er sich nicht hinüber traut.

Man versucht natürlich immer wieder, gezielt solche Situationen zum Anlass zu nehmen, um zu erklären, wie die Welpenbesitzer sich verhalten sollten, aber das klappt leider nicht immer.

Wesentlich ist, dass Sie den Welpenbesitzern erklären, wieso es so wichtig ist, jetzt bereits mit dem Training der Leinenführigkeit zu beginnen, weil sich ansonsten eine Kultur des Dauerzerrens beim Hund entwickelt.

Erklären Sie den Welpenbesitzern, dass Hunde am Erfolg lernen. Ungebremst im dem von sich selbst gewünschten Tempo laufen zu können, bzw. möglichst schnell zu einem anvisierten Ziel (z.B. zum Hundefreund) zu gelangen, bedeutet für den Welpen, dass Zerren eine erfolgreiche Methode ist; also wird er weiter zerren. Und je älter er wird, desto kritischer wird es für Besitzer vor allem etwas größerer Rassen, da die Menschen ihrem Hund kaum mehr gewachsen sind – und das geht erfahrungsgemäß schon bei einem Körpergewicht des Hundes von 20 Kilo an los.

Erklären Sie Ihren Welpenbesitzern, dass es also oberste Priorität hat, dass ihr Welpe mit Zerren keinen Erfolg hat – wohl aber mit dem Gehen an lockerer Leine. Tja, und demonstrieren Sie ihnen, wie sie sich konkret bei einem ziehenden Welpen verhalten können:

Technik:

1. Soll der Hund an der linken Körperseite des Menschen gehen, wird die Leine in der rechten Hand gehalten, die linke Hand hält ein Leckerchen (geht er rechts, wird die Leine links und das Leckerchen rechts gehalten). Der Halter zeigt seinem Welpen das Leckerchen, macht ihn richtig heiß darauf. Wenn er die volle Konzentration des Welpen hat, z.B. nach einem Schaubefehl, geht er mit aufmunternder Stimme zügig los, wobei er dem Welpen immer wieder das Leckerchen vor die Nase hält, was ein Bücken erforderlich macht. Der Halter schwätzt in begeisterten Tonfall mit seinem Hund, lässt dabei immer mal wieder die Worte: »Bei Fuß«, einfließen, klopft sich auf den linken Oberschenkel und gibt dem Welpen von Zeit zu Zeit das Leckerchen. Zehn Sekunden Gehen reichen anfangs völlig aus. Von Beginn an sollten nicht nur Geraden, sondern auch weite Bögen und Schlangenlinien gelaufen werden. Auch das Einkreisen von Hindernissen etc. kann zur Aufmerksamkeitsförderung eingebaut werden, ebenso der Tempowechsel, wobei man aber anfangs von richtigem Rennen Abstand nehmen sollte.
   Der Welpe läuft im Grunde nur dem Leckerchen hinterher, aber indem man dieses Handeln mit einem bestimmten Wort verknüpft, (»Bei Fuß« ist willkürlich, es könnte auch »Leinegehen« oder so heißen), begreift der Welpe die Bedeutung des Wortes.
   Begreifen ist das eine, aber danach Handeln ist das andere. So lange der Welpe noch ein ihn motivierendes Objekt vor der Nase hat, geht es meist gut, aber was, wenn das wegfällt oder wenn sein Interesse einfach erlahmt?
2. Zieht der Welpe nach vorne und lässt sich durch Ansprache nicht zurückholen, bleibt der Halter ohne ein Hörzeichen einfach ruhig stehen und schaut sich den Himmel an. Sobald der Welpe sich umdreht, um nachzuschauen, was sein Mensch da eigentlich treibt, lockert sich automatisch die Leinenspannung und der Halter setzt sich wieder in Bewegung. Der Welpe muss so also selbst herausfinden, wie er zu seinem Ziel, nämlich dem Weiterlaufen kommt – indem er selbst die Leinenspannung herausnimmt.
3. Variabel dazu kann folgende Technik trainiert werden: Der Halter dreht sich beim ersten Zug in der Leine kommentarlos um und geht in die entgegengesetzte Richtung, sobald der Welpe folgt – wenn auch unwillig – und sich die Leine lockert, dreht er wieder um und geht in die ursprüngliche Richtung.
   Auch hier lernt der Welpe wie unter 2, dass er selbst es ist, der wesentlich bestimmt, ob er zu seinem Erfolg kommt – indem er eben die Leinenspannung lockert.
   Nur bei extrem ziehenden Junghunden, die im Zusammenspiel mit ihrem Halter schon eine Kultur des Dauerziehens entwickelt haben, kann *unter Umständen* mit Leinenruck gearbeitet werden, der dann aber auch korrekt auszuführen ist, was für viele Hundebesitzer ein Problem darstellt: Es muss ein kurzer, angemessener Ruck ausgeführt werden in Verbindung mit einem strengen »nicht ziehen«, dem dann sofort das Lockerlassen und eine freundliche Ansprache folgen muss.

Leckerchen, dann das Auflösungszeichen.

2. Beim *Leckerchen-Sitz* wird ein Leckerchen über den Kopf des Welpen nach hinten geführt: angefangen an der Schnauze, dann dicht über der Stirn weitergehend in Richtung Po. Der Welpe, der der Bewegung mit den Augen folgt, landet in der Regel automatisch auf seinem Popo. In dem Moment sagt der Halter »Sitz« und der Welpe erhält das Leckerchen, dann das Auflösungszeichen (z.B. »Okay«).
   Wichtig: Lassen Sie dies nie nur in der Konstellation üben, dass der Halter vor seinem Welpen steht, sondern auch mal seitlich, sodass der Welpe nicht darauf fixiert wird, immer vor seinem Menschen zu sitzen; das ist unpraktisch. Es gibt viele Welpen, die beim Hörzeichen »Sitz« sich vor ihren Besitzer setzen, obwohl sie sich gerade noch an dessen Seite befunden hatten.
3. Mit den zwei genannten Methoden wird einem Welpen die Bedeutung des Befehls »Sitz« verständlich gemacht. Aber es kommt der Tag, an dem der Welpe seinem Menschen den »Stinkefinger« zeigt und sich nicht setzt, obwohl klar ist, dass er verstanden hat, worum es geht. Dann benötigt man eine Methode, mit der man den Welpen sanft, aber bestimmt in die gewünschte Sitzposition bringen kann: das *Babysitz*. Dabei hockt sich der Halter rechts neben den stehenden Hund, zwei Finger der rechten Hand seitlich im Halsband, die linke Hand streicht sanft und gleichmäßig vom Nacken abwärts über die Kruppe bis in die Kniekehlen hinein, erst wenn sie dort angekommen ist, wird, wenn nötig, ein leichter Druck nach vorn ausgeübt. Der Popo des Welpen landet auf der Handfläche des Besitzers, in diesem Moment sagt dieser »Sitz« und gibt dem Welpen ein Leckerchen und das Auflösungszeichen.
   Das Babysitz ist keine generell geeignete Technik, um das Sitzen zu lernen, dazu eignet sich die Leckerchentechnik besser. Das Babysitz ist aber auch mehr als eine Methode, um einen unwilligen Welpen ins Sitz zu bringen, sondern es eignet sich zugleich als Testlauf: Wie reagiert der Welpe? Lässt er es vertrauensvoll geschehen? Bekommt er Angst? Schnappt er unwillig nach dem Besitzer? Sowohl Angstreaktionen gegenüber dem Besitzer erlebt man – was viel über das Vertrauensverhältnis zwischen beiden aussagt – in Welpenspielstunden immer wieder, als auch unwilliges Knurren, Drohschnappen und Zuzwicken, was einiges über die bisherige Einordnung des Welpen in sein Familienrudel aussagt.

»Platz«

Der Zweck des Befehls »Platz« ist, dass sich der Hund hinlegt. Er muss nicht in der so genannten Sphinxstellung (wie im Hundesport verlangt) liegen, aber es muss liegen bleiben – bis er ein Auflösungszeichen erhält.

Techniken:

1. Das *zufällige Liegen* des Hundes wird mit dem Wort »Platz« begleitet, der Welpe erhält ein Leckerchen, dann das Auflösungszeichen.
2. Das *Leckerchenplatz*: Der Halter kniet sich neben seinen sitzenden Welpen, hält ihm mit der rechten Hand ein Leckerchen direkt vor die Nase und führt dann die geschlossene Hand zunächst senkrecht an der Brust des Hundes vorbei zu Boden, dann auf dem Boden entlang nach vorne. Das Leckerchen darf dabei nur soweit nach vorne geführt werden, dass der liegende Hund es erreichen kann, muss aber gleichzeitig weit genug nach vorne geführt werden, dass der Welpe es nicht im Sitzen erwischen kann. Sobald der Welpe im Platz liegt, erfolgt das Hörzeichen »Plaaaatz«, er erhält mehrere Leckerchen, die nacheinander zwischen seine Vorderläufe auf den Boden gelegt werden, während die linke Hand vom Nacken bis zur Kruppe streicht. Nach einigen Sekunden erhält der Hund das Auflösungszeichen.
3. Die Leckerchen-Methode funktioniert bei den meisten Welpen. Es gibt aber auch solche, die

zwar vorne hinunter gehen, den Po aber weiter oben lassen. Für diese Welpen eignet sich folgende Vorgehensweise: Der Halter kniet sich neben seinen sitzenden oder stehenden Hund und beugt dabei ein Bein ab. Dann führt er ein Leckerchen unter seinem abgewinkelten Bein durch, der Welpe krabbelt hinterher, dabei wird das Bein gesenkt, so dass der Welpe ins Platz geht. In dem Moment erfolgt das Hörzeichen »Platz«, er bekommt das Leckerchen, dann folgt das Auflösungszeichen.
Wohlgemerkt: Es kommt hier nicht darauf an, dass der Welpe per Druck über das angewinkelte Bein ins Platz geht, sondern er tut dieses aus dem Bestreben heraus, an das Leckerchen zu kommen. Bei Welpen jedoch, die generell immer schnell wieder hochspringen wollen, eignet sich diese Methode unter Ausübung eines leichten Drucks durch das Bein, dafür, dass sie länger liegen bleiben.

4. Analog zum Sitz-Befehl kommt auch beim »Platz« der Tag, an dem der Welpe zwar begriffen hat, was »Platz« meint, es aber nicht ausführen will. Daher sollte man parallel eine weitere Form üben: das *Babyplatz*. Der Halter kniet sich an die rechte Seite seines sitzenden Welpen. Er legt dann den linken Arm über die Schulterblätter des Hundes und greift an den linken Vorderlauf knapp unterhalb des Ellbogens, die rechte Hand greift an den rechten Vorderlauf. Beide Hände liegen so, dass der Daumen den Lauf nicht umschließt. Dann werden die Vorderläufe zunächst ein kleines Stück hochgehoben und dann nach vorne abgesenkt. Liegt der Hund im Platz, erfolgt das Hörzeichen »Platz« und der Hund erhält mit der rechten Hand Leckerchen, die auf den Boden zwischen seine Vorderläufe gelegt werden. Die linke Hand streicht dabei vom Nacken abwärts bis zur Kruppe, wobei ein ruhiges, langgedehntes »Plaaaatz« mehrfach wiederholt wird, dann erhält der Hund ein Auflösungszeichen wie z.B. »Okay«.
Hier gilt das gleich wie für das Babysitz: Dies ist nicht die eigentliche Technik zum Erlernen des »Platz!«, da funktioniert das Leckerchenplatz wesentlich besser. Es ist eine Methode, den unwilligen Welpen in die Liegeposition zu bringen. Noch mehr als das Babysitz ist es ein Test, der Aufschluss gibt über die Beziehung Mensch-Welpe. Denn es kann für den Welpen bedrohlich wirken, wenn man sich über seinen Nacken beugt, seine Vorderpfoten in die Luft hebt, und möglicher Weise noch etwas Druck auf die Schulterblätter ausübt, wenn er gar zu sehr zappelt. Es kann also sein, dass ein Welpe furchtsam reagiert. Häufiger zu beobachten ist jedoch ein energisches Sich-Widersetzen mit Knurren und auch Zähnefletschen und dem Versuch, in die Hände zu beißen, die die Vorderpfoten halten.
Sie glauben es nicht? – probieren Sie es aus! Es ist aus diesem Grunde auch unabhängig von der Platzübung eine schöne Übung, wenn klar ist, dass ein Halter Dominanzprobleme mit seinem Welpen hat. Sie glauben, das gibt es in dem zarten Alter noch nicht? Dann sollten Sie eine große Bandbreite von Welpen kennen lernen!

»Steh«

Stehen meint sowohl das Anhalten aus dem Lauf heraus in die stehende Position, als auch den Positionswechsel vom »Sitz« oder »Platz« ins »Steh«.
Nun denken Sie vielleicht: »Ich will doch keinen Welpen auf die Schutzdienstprüfung vorbereiten, und/oder für Ausstellungen, was soll dann also das ›Steh‹«?
Nun, »Steh« ist ein nützlicher Befehl für Spaziergänge in Städten, wo es sehr lästig sein kann, dem Hund an jedem Bordstein per »Sitz« zum Anhalten zu bewegen – das »Steh« tut es doch auch.
Ferner ist es praktisch, will man den Welpen kämmen, seine Pfoten abtrocknen, ihn abduschen, seinen After kontrollieren und natürlich bei Tierarztbesuchen.

Technik:

1. Das *zufällige Stehen* des Hundes wird mit dem Wort »Steh« begleitet, der Welpe erhält ein

Leckerchen, dann das Auflösungszeichen.

2. Der Welpenbesitzer kniet sich neben seinen sitzenden Welpen. Er hält ihm seine Hand direkt vor die Nase, dabei ist die Handfläche geöffnet, zeigt nach oben; auf der Handfläche liegt ein Leckerchen, das der Daumen festhält. Dann zieht der Welpenbesitzer diese Hand in einer parallelen Linie zum Boden auf Nasenhöhe des Welpen nach vorn. Der Welpe steht auf, um dranzukommen, in dem Moment wird der linke Arm vor die Knie beider Hinterbeine gelegt, der Besitzer sagt »Steh«, gibt ihm das Leckerchen, dann erfolgt das Auflösungszeichen.

   Man provoziert also durch die Handbewegung ein Aufstehen des Welpen, gleichzeitig zieht man sozusagen die Bremse an, damit er zwar aufsteht, aber nicht weiterläuft. Diese Übung ist wirklich absolut einfach mit jedem Welpen durchzuführen.

»Aus«

»Aus« meint das Herausgeben von Gegenständen, die der Welpe in seiner Schnauze hat, sei es ein Spielzeug, das man ihm selbst gegeben hat, sei es etwas, was er gefunden hat.

In solchen Situationen reagieren Welpenbesitzer in der Regel so, dass sie versuchen, ihren Welpen etwas aus der Schnauze zu ziehen. Der Welpe versteht das als Beutestreit und hält erst recht fest. Dies gilt es, den Welpenbesitzern zunächst verständlich zu machen, bevor man Ihnen erklärt, wie Sie Ihrem Welpen die Bedeutung des Wörtchens »Aus« klar machen können.

Praktisch kann man das sehr schön demonstrieren, in dem man auf einen Welpenbesitzer zu geht, sich vor ihm aufbaut und mit irgendeinem Kauderwelsch auf ihn ein redet. Der Mensch versteht natürlich gar nichts, worauf der Übungsleiter zunehmend aufgeregt und wütend tut, was den Welpenbesitzer nur umso ratloser macht. Schließ-

»Aus!« – »So nicht.«

lich erklärt der Übungsleiter auf deutsch, dass er die ganze Zeit nur die Leine des Welpenbesitzers haben wollte. Genauso geht es einem Welpen, der glücklich mit einem erbeuteten Stück Wurst davon eilt und das Kauderwelsch seines Besitzers vernimmt. Wird der Besitzer körperlich massiv, in dem er am anderen Ende der Wurst zieht, ist das eine Handlung, die der Welpe sehr wohl versteht: »Wir streiten uns jetzt um die Beute und ich gebe sie nicht her«.

Zunächst gilt es also, dem Welpen verständlich zu machen, was das Wörtchen »Aus« überhaupt bedeutet:

Methode 1: Dazu spielt der Hundehalter mit einem Stoffknochen oder der Beißwurst mit seinem angeleinten Hund. Dann zaubert er plötzlich eine zweite Spielbeute hervor, von der er weiß, dass sie den Hund erfahrungsgemäß noch mehr interessiert. Natürlich muss er diese Beute »beleben«, um sie interessant zu machen. In dem Moment, in dem der Welpe sein bisheriges Spielzeug fallen lässt, um die neue Beute zu machen, erfolgt das Hörzeichen »Aus«.

Methode 2: Dem Welpen wird Futter angeboten. Lässt er seine Spielbeute fallen, um an das Futter zu gelangen, ertönt in dem Moment das Hörzeichen »Aus«. Bei einigen Hunden führt sanftes Streicheln des seitlichen Rumpfes zum Ausgeben. Wichtig: Sofort nach dem Auslassen und dem parallelen Hören des Wortes »Aus« muss der Welpe belohnt werden.

Durch Wiederholungen verknüpft der Welpe somit: Wenn ich etwas aus der Schnauze loslasse, heißt das »Aus«. Wenn ich »Aus« höre und meine Beute loslasse, bekomme ich noch etwas Besseres.

Methode 3: Soweit, so gut. Bei vielen Welpen führen die Methoden 1 und 2 dazu, dass sie alles bereitwillig abgeben, weil sie in der stetigen Erwartung leben, dass sie dafür etwas noch Besseres bekommen – aber eben nicht bei allen Welpen. Dann kann man folgendermaßen vorgehen: Der Übungsleiter bringt einen Kauknochen, möglichst schon leicht angeknabbert, oder ein Stück Ochsenziemer mit, die beide so lang sind, dass sie bei Überlassen an den Welpen noch mindestens eine Handbreit aus dessen Fang herausgucken. Der Übungsleiter gibt dem Welpenbesitzer diesen Kauknochen/Ochsenziemer. Auf das Zeichen »Aus« greift er beim ersten Versuch sanft mit der einen Hand über den Fang, die andere fasst den Knochen. Er zerrt diesen nun keineswegs aus dem Fang heraus, sondern wartet, bis der Welpe auslässt, evtl. muss dafür der Druck auf die Lefzen verstärkt werden. Hat der Welpe ausgelassen, erfolgt ein Lob, der Knochen wird weggelegt.

In dieser Situation kann zugleich angemessenes Reagieren auf ein eventuelles Knurren, Schnappen oder Beißen des Welpen trainiert werden. D.h. der Übungsleiter klärt die Besitzer im Vorfeld dieser Übung über die mögliche Reaktion ihres Welpen auf und sagt ihnen, wie sie sich zu verhalten haben, falls ihr Welpe knurren oder gar schnappen sollte: Zuerst mit einem deutlichen »Nein«. Hört der Welpe nicht auf, erfolgt der Schnauzgriff oder man packt ihn im Nacken und drückt ihn auf den Boden; dabei fixiert man den Welpen mit den Augen und wiederholt das »Nein«. Reicht das auch nicht, dreht man den Welpen auf den Rücken und hält ihn so lange dort, bis er völlig schlaff, ruhig und mit abgewendetem Blick daliegt. Dann lässt man ihn los und zeigt sofort wieder neutrales Verhalten.

Auch diese Situation eignet sich natürlich zur Erläuterung von Rangordnungsfragen.

»Pfui«

Dieser Befehl sagt aus, dass der Welpe etwas, das er nur allzu gerne in seine Schnauze nehmen und eventuell herunterschlucken würde, erst gar nicht aufnimmt. Im Prinzip könnte man hier natürlich auch mit dem Befehl »Nein« arbeiten. Aber es gibt eine Methode, das »Pfui« auf eine Art zu lehren, die genauso sicher ist wie das »Nein«, und vom Ansatz her positiver gedacht ist: Man hält dem Welpen die geschlossene Faust hin, in der sich gut duftende Leckerchen befinden. Der Welpe stupst mit seiner Nase an der Hand herum, pro-

biert es mit immer vehementerem Stupsen, leichtem Knabbern etc. aus. Nach kurzer Zeit zieht er die Schnauze kurz zurück – exakt in dem Augenblick sagt man »Pfui!« – und gibt ihm aus der anderen Hand ein gutes Leckerchen. Durch vielfaches Wiederholen lernt der Welpe zweierlei: 1. »Pfui meint, dass ich meine Nase von irgend etwas wegnehme«. 2. »Wenn ich das tue, kriege ich ein Leckerchen; wenn ich weiter mit meiner Nase bohre, kriege ich gar nichts«.
Reagiert ein Welpe auf den Pfui-Befehl bei hingehaltener geschlossener Hand mit sofortigem Wegdrehen und erwartungsvollem Blick auf den Besitzer, übt man das mit geöffneter Hand. Dann liegt etwas auf dem Boden, etc.

»Bleib«

Darunter wird im allgemeinen verstanden, dass ein Hund in einer bestimmten Position solange verbleibt, bis ihn sein Halter entweder abholt oder zu sich ruft. Dabei kann der Halter auch durchaus außer Sicht sein. Es dürfte klar sein, dass man kaum von einem zwölf Wochen alten Welpen verlangen kann, sich ins »Platz« zu legen, dort liegen zu bleiben, während sein Halter weggeht – evtl. noch außer Sicht. Aber man kann mit einer kleinen, sehr simplen Vorstufe anfangen: dem »Du-musst-angeleint-bleiben«. Gut lässt sich damit auch das »Vereinsamungstraining« verbinden.
Diese Übung sollte grundsätzlich nur durchgeführt werden, wenn die Welpen bereits ermüdet

Gemeinsame Erfahrung: Allein bleiben will gelernt sein.

sind und wenn ausreichend Platz zum Abstandhalten besteht. Die Welpen werden angebunden, der Halter sagt ihm »Bleib« und entfernt sich zwei Meter von ihm, wobei er ihm nicht den Rücken zukehrt, allerdings auch keinen Blickkontakt zum Welpen hält. Wenn der Welpe nicht mehr versucht, hinterherzukommen und ruhig steht, sitzt oder liegt, tritt der Halter wieder zum Hund und lobt ihn. Wohlgemerkt: Es wird vom Welpen nicht verlangt, in einer bestimmten Position zu verbleiben. Die Halter werden konsequent angehalten, nur dann zu ihrem Welpen zu gehen, wenn der sich ruhig verhält. Bei jaulenden und bellenden Welpen darf sich der Halter nur dann in Bewegung setzen, wenn der Welpe gerade Luft holt. Dann heißt es, zügig hinzugehen. Fängt der Welpe dabei aber schon wieder an zu jaulen, heißt es wieder stehenzubleiben und den Himmel zu betrachten u.s.w.

Ferner ist wichtig, dass Sie den Welpenbesitzern einschärfen: Sowohl beim Anbinden und Verlassen des Welpen, als auch beim Wiederabholen werden keine großen Abschieds- und Begrüßungsszenen veranstaltet. Das Bleiben in einer bestimmten Position wie »Sitz«, oder »Platz« sollte erst geübt werden, wenn der Hund beide Zeichen gut kennt und zehn Sekunden in der Position verharrt, sofern sein Halter direkt bei ihm ist. Wer keine zehn Sekunden ruhig auf seinem Popo sitzen kann, während sein Mensch direkt neben ihm steht, wird auch nicht sitzen bleiben, wenn sich der Mensch für zehn Sekunden von ihm entfernt.

Sie sollten Ihren Welpenbesitzern erklären, wie sie das Bleiben in kleinsten Schritten zu Hause ohne Ablenkung beginnen können. Für die Welpengruppe ist es in der Regel zu schwer, obwohl es auch da immer Ausnahmen gibt.

Anregungen zur Beschäftigung

Neben diesen Erziehungsübungen, die jeder Familienhund beherrschen sollte, gibt es noch einige, die nicht dringend notwendig sind, die aber schöne Beschäftigungsmöglichkeiten für den Hund darstellen.

Warum nicht schon beim Welpen anfangen, den Besitzern klarzumachen, dass unsere Familienhunde hoffnungslos unterfordert sind und dass man sie mit vielen Kleinigkeiten schon glücklich machen könnte, ganz einfach weil man ihnen etwas zu tun gibt.

Zu keinem Zeitpunkt im Leben lernen Hunde so schnell wie in diesem Alter. Und Lernen führt zur Steigerung des Selbstbewusstseins und der Sicherheit. Für einen Welpen ist es völlig egal, ob man ihm »Sitz« oder »Küsschen« beibringt. Es ist für ihn die gleiche Ausgangslage. Sein Mensch verdeutlicht ihm, was er mit einem bestimmten Hör- oder Sichtzeichen von ihm möchte, und wenn der Welpe das schön ausführt, wird er tüchtig gelobt und kann sich stolz in dem Glanz sonnen, schon wieder etwas Tolles gemacht zu haben.

Inwieweit Sie die folgenden Beschäftigungsmöglichkeiten mit in Ihre Welpenspielstunde einbeziehen können, hängt von mehreren Faktoren ab: Wie oft führen Sie die Spielstunde durch? Wie viele Welpen sind es pro Übungsleiter? Steht Ihnen eine zweite Wiese zur Verfügung? Muss man mit nur einer Wiese anfangen, ist man eventuell auch noch allein und hat man eine Gruppe von acht Welpen, so ist es in der Regel illusorisch folgende Übungen auch noch mit den Welpen zu machen. Vor allem, wenn man davon ausgeht, dass eine Erziehungsübung pro Stunde reicht – und man ja noch so viele andere Dinge mit den Welpen machen möchte und das Freispiel nicht zu kurz kommen darf. Sollte dies der Fall sein, ist es wichtiger, sein Augenmerk auf die Dinge zu richten, die für den Familienhund zuerst einmal besonders wichtig sind – also die Übungen, die ich unter den »Erziehungsübungen« genannt habe.

Kann man dagegen mehr als ein Treffen die Woche anbieten, steht eine Parallelwiese zur Verfügung, und ist man ein Team von Übungsleitern, kann man schon mehr machen.

Wichtig ist, den Welpenbesitzer zu zeigen, dass ihr Hund Beschäftigung braucht und dass sie diesem Bedürfnis des Welpen ohne große Mittel auch nachkommen können – zum beiderseitigen Spaß.

»Voraus«

Außer im hundesportlichen Bereich kann auch das »Vorau!« im Alltag ein nützlicher Befehl sein, wenn der Hund z.B. zu sehr vor den Beinen herum turnt, wenn man ihn auf einem schmalen Weg lieber vor sich her laufen lassen will, um ihn besser unter Kontrolle zu haben, aber gleichzeitig nicht den Fehler begehen will, dass der Hund immer voran gehen darf. Gibt man ihm einen speziellen Befehl dazu, ist das dann eine ganz andere Sache.

Aber beim Vorausbefehl interessiert mich eine andere Sache: Der enorme Spaß, den der Hund damit hat. Vom einfachen Geradeausschicken kann man später ins Richtungsschicken übergehen – es ist einfach eine schöne Beschäftigungsmöglichkeit für den Hund. Und wenn Sie mal wenige Welpen in der Stunde und viel Zeit haben, ist das eine spaßige Übung für alle Beteiligten.

Der Halter geht mit seinem angeleinten Hund mit sehr aufmunternden Worten: »Was habe ich denn da, lecker, lecker etc.«? etwa fünf Meter zu einem umgestülpten Eimer, auf den er ein besonders lockendes Leckerchen (z.B. Katzenfeuchtfutter) legt, das der Hund fressen darf. Dann legt er ein neues Stück drauf, das der Welpe nicht fressen darf und rennt mit dem Welpen aufmunternd mit begeisterter Stimme zum Ausgangspunkt zurück, um von dort aus wieder in Richtung des Eimers zu laufen. Bei den ersten Schritten des Welpen in Richtung Eimer ruft er bereits »Voraus«. Der am Eimer angekommene Welpe wird tüchtig gelobt, es wird wieder ein Leckerchen draufgelegt, das der Welpe nicht fressen darf, und alles geht von vorn los. Die Übung wird mehrfach wiederholt, sofern der Welpe einen entsprechenden Antrieb zeigt, zum Eimer zu laufen.

Der Zuschau- und damit auch Nachahmungseffekt auf die wartenden anderen Welpen ist in der Regel enorm. Paralleles Arbeiten ist dabei unbedingt zu vermeiden, da es in solchen Situationen sehr rasch zu Futteraggression kommen kann.

»Such«

Noch stärker als beim »Voraus« geht es beim »Such« vor allem darum, den Welpenbesitzern eine Möglichkeit zu zeigen, wie sie dem Hund eine spaßige Beschäftigung bieten können, die seinen Antrieben als Hund entspricht. Dazu bieten sich verschiedenste Varianten an. Man kann z.B. eine Reihe von Blumentöpfen aufstellen, unter einem dieser Töpfe liegt ein besonders gut riechendes Leckerchen. Der Hundebesitzer geht mit seinem angeleinten Welpen an den Töpfen vorbei und sagt mit aufmunternder Stimme: »Such, wo ist Leckerchen? Such«. Der Welpe weiß natürlich gar nicht, was man von ihm will, kommt aber in der Regel auf die Geruchsspur des Leckerchens und versucht, den Blumentopf umzustoßen. Der Besitzer bricht in ein begeistertes »Fein, such« aus und hilft dem Welpen unter Umständen an die verdiente Belohnung zu gelangen.

Oder der Besitzer spielt mit seinem Hund mit einer Beute. Ist der Hund so richtig heiß darauf, läuft er mit der Beute schnell außer Sicht und legt sie dort dann aber gut sichtbar ab, während der Übungsleiter den Welpen festhält. Der Besitzer kommt zurück, übernimmt die Leine des Welpen und läuft mit diesem unter wiederholtem, anfeuernden »Such!« in Richtung der Beute. Hat der Welpe sie gefunden, wird er euphorisch gelobt.

Diese Suchspielchen üben ähnlich wie die Vorausübung eine unwiderstehliche Anziehung auf die anderen Welpen aus, was negativ in der Hinsicht ist, dass sie leicht überdrehen, positiv in der Hinsicht, dass sie total motiviert sind und sich einiges einfach bei einem der Schnellmerker abgucken.

Aber auch eine solche Suchübung macht nur Sinn, wenn Sie wenige Welpen und viel Zeit haben – oder alternativ eine zweite Weise, auf der vorübergehende Einzelarbeit geleistet werden kann. Ansonsten sind Sie die Hälfte der Spielstunde nur mit dieser Übung beschäftigt und das Spielen kommt zu kurz.

Fährten
Prinzipiell kann man auch mit der Fährtenarbeit beginnen, doch sollten dafür zwei Voraussetzungen gegeben sein: Neben dem Übungsgelände des Welpentreffs steht ein weiteres Gelände zur Verfügung, das von Geruchsspuren nicht übersäet ist. Es sollten nur drei bis vier Welpen anwesend sein, weil die Übung so viel Zeit in Anspruch nimmt und es leicht zu Desinteresse und mangelnder Konzentration des Welpen kommt.
Zum Legen einer kurzen Pflasterfährte mit Gegenstand am Ende der Fährte sind die meisten Hundehalter in der Lage. Alternativ kann auch über eine Beutefährte gearbeitet werden.

Tricks
Neben diesen klassischen Erziehungsübungen kann man den Welpenbesitzern auch zeigen und sie vor allem dazu motivieren, ihren Welpen verschiedene Dinge beizubringen – nicht, um sie als Clowns zu betrachten, die anderen Leuten Kunststücke zeigen sollen, sondern um den Besitzern Anregungen für Beschäftigungsmöglichkeiten mit ihrem Hund zu zeigen. Beispiele: »Guten Tag« und »guten Abend« sagen mit jeweils verschiedenen Pfoten, kriechen, rollen, tot stellen, verbeugen, Leckerchen auf die Hundenase legen und fangen, Leckerchen auf Pfoten legen, Aufnahme erst nach »Nimm's«, rechtsrum und linksrum drehen, speziell benanntes Spielzeug suchen und bringen, Leckerchen aus dem Mund fangen/nehmen, durch die Beine Slalom laufen etc. In meinem Buch »So wird dein Hund zum Freund« (ebenfalls in der Müller Rüschlikon Verlags AG erschienen) habe ich viele Tricks erklärt, die man Hunden beibringen kann – dort können sie sich also weitere Anregungen holen.

Gerätearbeit

Die Arbeit mit Geräten dient verschiedenen Zwecken gleichzeitig:

1. Förderung der Selbstsicherheit:
Die Überwindung von Ängsten, die bei den meisten Geräten zunächst eine Rolle spielen, führt beim Welpen zu einer Hochstimmung. Gut erkennbar ist das nicht nur am „Strahlen" des Welpen, wenn er sich z.B. endlich durch den Tunnel getraut hat, sondern an etwas anderem: Der Tunnel wird sofort wie im Rausch immer und immer wieder durchlaufen, als wollte sich der Welpe das Hochgefühl konservieren. Und wenn er immer und immer wieder die Erfahrung macht, dass er Ängste überwindet, ja überhaupt erst Ängste überwinden kann, so stärkt das seine Sicherheit.
Wenn ein Welpe sich also durch den Tunnel traut, geht es um mehr als den Angstabbau vor dunklen Höhlen, es geht immer auch um die Stärkung des Selbstbewusstseins.

2. Bindungsförderung
Diese Gerätearbeit machen Welpen und Mensch gemeinsam. Der Welpe erlebt seinen Menschen also als ständigen Partner bei dem Erleben rauschhafter Erfolgserlebnisse. Das schweißt zusammen.

3. Motorische Förderung
Über schmale Bretter zu balancieren, sich in einem Bad voller wegrutschender Bälle auf den Beinen zu halten, beim Schubkarrenfahren nicht das Gleichgewicht zu verlieren – als das trägt natürlich zur Förderung der motorischen Entwicklung bei.

4. Kognitive Förderung
Je nach Art der Geräte wird die Konzentration des Welpen unterschiedlich gefördert. Beim Stangenmikado z.B. muss er sich darauf konzentrieren, mit allen vier Pfoten in den Freiräumen zwischen den Stangen zu bleiben.

5. Gewöhnung an potentiell angstmachende optische, akustische, taktile Reize
Und schließlich muss man sich vor Augen halten, dass die Geräte natürlich zugleich verschiedenste

Bindungsförderung: Suchspiele schweißen zusammen.

Reize darstellen: Wenn man durch wehende Bänder gehen muss (optisch), wenn die Bälle im Bällebad Lärm beim Hineinspringen machen (akustisch), oder wenn man sich über einen Gitterost tasten muss (taktile).

Hier nun in Kurzform einige Beispiele für Förderpotenziale der einzelnen Geräte:

Wippe:	Abbau von Höhenangst, Förderung der Körperkoordination und der Konzentration, Förderung eines Balancegefühls und des Tastsinns
Laufsteg:	Abbau von Höhenangst, Förderung der Konzentration, der Körperkoordination und des Tastsinns
Fester Tunnel:	Angstabbau vor dunklen Eingängen, Gewöhnung an instabilen Untergrund
Stofftunnel:	Angstabbau vor dunklen Löchern, die scheinbar ins Nichts führen, Gewöhnung an taktile Reize (Stoff, der über den Körper gleitet)
Bodenstrecke:	Tastsinn
Stangenmikado:	Konzentration und Körperkoordination
Tisch:	Abbau von Höhenangst, »Tierarzttraining«
Spielfass:	Halt finden auf glattem Untergrund, Balance in rollendem Fass halten
Trümmergelände:	Körperkoordination, Balance, Tastsinn, Höhengefühl, Gewöhnung an Geräusche
Wippteller:	Balancegefühl, Halt finden auf glattem Untergrund
Schubkarre, Bollerwagen:	Höhengefühl, Geschwindigkeitsgefühl, Balance halten
Bällebad:	Tastsinn, Balancegefühl

»Trau dich«: Im Abenteuerparcours lernt der Welpe auch unbekannte Hindernisse zu überwinden.

Nun zum Training mit den Geräten:

- Wippe, hochgestellter Laufsteg, hoher Tisch, Reifen und Stofftunnel werden lediglich zum Übungszweck ins Gelände gebracht, sie stehen nie zur freien Verfügung als Elemente des Abenteuerparcours herum. Die Verletzungsgefahr durch Stürze bei wildem Spiel oder z.B. einem Einwickeln in den Stofftunnel ist zu groß. Der feste Tunnel ist unbedingt mittels Feststeller gut zu befestigen.
- Wird an einem Gerät trainiert, sind alle Hunde, die gerade nicht an der Reihe sind, grundsätzlich angeleint.
- Der Übungsleiter begleitet grundsätzlich Welpen und Besitzer und sichert ab. Bei der Wippe ist neben dem Übungsleiter, der den Welpen begleitet, noch eine weitere Hilfsperson nötig, die das Ende der Wippe hält.
- Die »gefährlichen« Geräte sind nach der Trainingseinheit unbedingt aus dem Gelände zu entfernen, da die Welpen erfahrungsgemäß nach erfolgreicher Bewältigung das Gerät immer und immer wieder nehmen möchten, was gefährlich werden kann, wenn sie z.B. zu schnell sind oder wenn zwei Welpen gleichzeitig z.B. auf den Laufsteg laufen und einander herunter schupsen.
- Viele Geräte erlernen die Welpen durch unbewusstes »learning by doing« oder durch Beobachten anderer Welpen. Sie laufen z.B. beim Verfolgungsspiel einem anderen Welpen durch den Tunnel hinterher, ohne bewusst wahrzunehmen: »Jetzt lauf ich durch den Tunnel«.
- Geräte, die die Welpen häufig nebenbei erlernen, sind: *Fester Tunnel, Trümmerfeld, Bällebad, Spielfass, Wasserbecken*, Laufen durch

Sichtbarrieren wie z.B. *Spanischer Vorhang*, Laufen auf *unterschiedlichen Bodenbelägen*.
- Der Sinn der einzelnen Übungen und der Schwierigkeitsgrad für die Welpen sollte zu Beginn der Übung erläutert werden.
- Es geht nicht allein darum, den Welpen über den Laufsteg zu bekommen, sondern dem Halter zu zeigen, woran er Angst und Überforderung des Welpen erkennen kann und wie er damit umgehen kann.
- Dem Ehrgeiz mancher Welpenbesitzer im Bewältigen einiger Geräte ist unbedingt entgegenzuwirken.
- Man muss genau darauf achten, ob auch alle Welpen »dran« gewesen sind, weil viele Hundehalter sehr schnell verschnupft reagieren, wenn man sie vergessen hat.

Weitere Übungen mit den Welpen

Zum Abschluss möchte ich Ihnen nun noch eine Reihe von weiteren möglichen Übungen vorstellen, mit denen Sie Abwechslung und Spaß in Ihre Spielstunde bringen können. Diese Übungen haben Erziehungs- und Beschäftigungscharakter, den Charakter eines Selbstsicherheitstrainings oder nutzen der Bindungsförderung – kurz gesagt, man kann sie schlecht den bisher genannten Übungen zuordnen, weil sie oft mehrere Elemente in sich verbinden.

Richtig spazieren gehen mit dem Hund

Welpenbesitzer sollten frühzeitig über typische Fehler bei ihrem Spaziergang mit dem Hund aufgeklärt werden: Sie lassen den Welpen so für sich herumstromern, anstatt sich aktiv mit ihm zu beschäftigen. Sie wählen immer die gleichen Wege. Sie sind unaufmerksam und lassen so Lernerfahrungen zu, die nicht wünschenswert sind, z.B. ungestraft Enten jagen oder Kot fressen. Sie rufen den Welpen nur, wenn eine Situation brenzlig wird, und /oder der Welpe wieder an die Leine soll. Oder Sie lassen den Welpen nie frei laufen, weil sie Angst haben, dass er nicht wieder kommt. Sie nehmen den Welpen beim Anblick eines anderen Hundes panisch auf den Arm.

Theoretisch zu erzählen, wie ein guter Spaziergang aussehen und welche Fehler man vermeiden sollte, ist die eine Sache, die andere Seite ist natürlich die praktische Demonstration – und da mangelt es nun wirklich an Möglichkeiten. Es wäre schön, wenn man gleich vom Welpengelände aus einen Spaziergang machen könnte, an dem es keine großen Gefahren für die Welpen gibt: Straßen, die überquert werden müssen oder sich in unmittelbarer Näher befinden, ein Teich, ein illegaler Müllabladeplatz etc. Auf diesem Spaziergang kann man demonstrieren, wie weit der Hund sich vom Besitzer entfernen darf. Wie man kleine Erziehungsübungen einbauen kann. Wie man auf das Nichtkommen des Welpen reagieren sollte. Wie man Umweltgegebenheiten für kleine gemeinsame Aktionen nutzen kann, wie z.B. Hang hinaufklettern, auf Baumstamm balancieren, über Bach hüpfen etc. Bei welchen Reizen man versuchen sollte, den Welpen zu sich zu bekommen, wie z.B. Jogger, Biker, aber auch entgegen kommende Personen.
Aber: Mit einem ganzen Trupp Welpen ist das natürlich schwer zu bewerkstelligen, und ich sehe so einen Spaziergang mehr als ein gemeinsames Spaßerlebnis.

Leinenbegegnungen

Zwei Besitzer gehen mit ihren angeleinten Hunden in einem solchen Abstand aneinander vorbei, dass die Hunde sich bei Ausschöpfung der vollen Leinenlänge theoretisch gerade so berühren können. Nun werden zwei Variationen geübt:
- *Variante A:* Die Bestrebungen des Welpen zum anderen hinzukommen werden mit einem »Nein!« und Anlocken durch den Besitzer beantwortet.
- *Variante B:* Auf Hörzeichen »Lauf hin« oder Ähnliches entlässt der Besitzer seinen Welpen zum anderen Hund, beide dürfen sich beschnuppern.

Gewöhnung an fremde Menschen

Ein wichtiges Element in der Welpenspielstunde ist die Gewöhnung an Fremdpersonen, bzw. der konkrete Angstabbau vor Menschen. Neben den unten geschilderten konkreten einzelnen Übungen ist es wichtig, dass alle Welpenbesitzer einige Grundregeln vermittelt bekommen, wie sie sich den Welpen der anderen Teilnehmer gegenüber zu verhalten haben:

Einige Grundregeln

- Das Anspringen eines Welpen wird mit einem Wegwenden im 90°-Winkel beantwortet, ohne Blickkontakt, ohne Ansprache. Sobald der Welpe auf seinen vier Pfoten steht und erwartungsvoll schaut, soll sich der Mensch hinunterhocken und den Welpen freundlich ansprechen und streicheln. Sowohl das begeisterte Streicheln des Welpen, während der noch auf seinen Hinterbeinen steht, ist tabu, als auch eine Abwehrmaßnahme wie Kniehochziehen, mit der Hand wegschupsen etc.
- Das Verteilen von Leckerchen an fremde Welpen ist tabu, es sein denn, es wird extra als Mittel bei einem handscheuen Hund eingesetzt. Aber eine freundliche Zuwendung, wenn der Welpe Kontakt zu jemand anderem als seinem Besitzer aufnimmt, ist erwünscht – nur nicht, wenn diese Zuwendung per Anspringen erfolgt.
- Kein Welpenbesitzer hat einen fremden Hund zu reglementieren.
- Kontaktaufnahme zu einem fremden Welpen hat ausschließlich über die in der Spielstunde gezeigte Art zu erfolgen – also hinhocken, freundliches Ansprechen, ruhige Körperhaltung, Streicheln unter der Schnauze, an Brust oder Flanken. Tabu: Plötzliches vom Boden aufheben oder Grapschen nach dem gerade vorbeilaufenden Welpen.
- *Wichtig:* Zeigt ein Welpe sich handscheu, werden alle Teilnehmer darauf hingewiesen, dass sie von sich aus keinerlei Kontaktangebot machen sollen. Auf gar keinen Fall in gebeugter Haltung hinter dem sich ängstlich zurückziehenden Welpen hermarschieren, auf ihn einreden, die Hände nach ihm ausstrecken.

Nun zu den konkreten Übungen:

- Der Besitzer geht mit seinem angeleinten Welpen durch eine ihnen entgegenkommende Menschenmauer.
- Der Besitzer steht mit seinem angeleinten Hund und wird von einer kleinen Gruppe anderer Menschen ohne deren Hunde eingekreist. Hier ist der Übungsleiter gefordert, genau einzuschätzen, welche Nähe der Welpe erträgt, ob die Menschen in die Knie gehen sollten, ob sie ihn streicheln können, wie schnell sie sich auf ihn zu bewegen können, ob sie klatschend von ihm wegtreten können etc.
- Acht bis zehn Leute stellen sich gegenüber, bilden so eine Gasse. Der Besitzer des Welpen hockt sich am Ende der Gasse hin und ruft seinen Welpen, der vom Übungsleiter bis dahin am anderen Ende der Gasse festgehalten wird.
- Etwa acht Personen knien sich einander gegenüber hin und legen ihre Hände auf den Boden, so dass zwischen den Menschen eine Gasse gebildet wird, auf deren Boden lauter Menschenhände liegen. Der Besitzer hockt sich am einen Ende der Gasse hin und ruft seinen Welpen, während der Übungsleiter den Welpen an den Anfang der Gasse setzt.
- Der Welpenbesitzer übergibt demonstrativ die Leine seines angeleinten Welpen einer anderen Person (anfangs dem Übungsleiter) und bleibt neben dieser Person stehen, mit der er sich unterhält.
- Wie vorher, nur entfernt sich jetzt der Halter einige Meter. Die Fremdperson beschäftigt sich derweil freundlich mit dem Welpen.
- Der Besitzer geht mit seinem angeleinten Welpen auf einen anderen Menschen zu, die beide beginnen ein Gespräch. Training des »Nichtanspringens«: Die andere Person dreht sich in einem 90°-Winkel vom Hund weg, spricht nicht mit ihm, blickt ihn nicht an. Sobald der Hund auf allen vier Pfoten steht, bückt sie sich und begrüßt ihn kurz freundlich, während der Halter lobt: »Fein unten«.
- Mehrere Personen stellen sich hintereinander in eine Reihe und grätschen die Beine. Der

Wenn Herrchen ruft, ist auch die Menschenkette kein unüberwindliches Hindernis mehr.

Übungsleiter hält den Welpen am Anfang dieser Reihe und zeigt ihm den »Eingang«, der Besitzer hockt sich ans andere Ende und ruft den Welpen.

- Die Hundehalter bilden eine Gruppe, hocken sich hin und machen verrückte Geräusche. Überprüfen: Reagieren die Welpen, die zur gleichen Zeit alle frei auf dem Platz herumlaufen, mit Neugier, kommen angelaufen, suchen gar ihren Menschen in der Gruppe, oder ist es ihnen egal, oder laufen sie verschreckt weg?
- Eine Kette von Menschen legt sich ausgestreckt hintereinander auf den Boden. Auf der einen Seite wird der Welpe vom Übungsleiter festgehalten, auf der anderen Seite hockt der Besitzer und ruft seinen Welpen über diese Menschenkette hinweg.
- Eine Gruppe von Menschen setzt sich mit lang ausgestreckten Beinen in einen Kreis mit jeweils etwas Abstand voneinander. Der Welpenbesitzer geht in diesem Kreis in die Runde, wobei der Welpe über die Beine der Leute klettern muss.
- »Welpenstemmen«. Der Welpenbesitzer nimmt seinen Welpen auf den Arm und übergibt ihn mit freundlich aufmunternden Worten dem Übungsleiter, später auch anderen Welpenbesitzern. Er lobt ihn, wenn er nicht zappelt und sagt ruhig »Nein« wenn der Welpe zu sehr zappelt. Der Welpenbesitzer bleibt während dieser Übung direkt bei seinem Welpen stehen. Diese Übung hat übrigens den netten Nebeneffekt, dass die Besitzer so miteinander in Kontakt kommen und die Namen der anderen Welpen lernen.

- Zwischen den tobenden Welpen laufen verkleidete Menschen herum – z.B: ein Nikolaus in der Weihnachtszeit), außerdem ein Mensch auf Krücken, einer bewegt sich auf einem Roller fort, hinkt, schwankt etc. Für diese Rolle ist jeweils eine Person aus dem Übungsleiterteam zuständig. Bitte keinen Welpenbesitzer damit beauftragen, da diese oft überziehen und z.B. nicht einschätzen können, wann man sofort mit einer Annäherung aufhören muss, weil ein Welpe extreme Angst zeigt.

Gegen Futteraggression

Über diese Übung kann man sicherlich streiten. Futteraggression ist eine normale Verhaltensweise des Hundes.

Es ist im Alltag nicht nötig, bzw. nicht zu verhindern, dass der eigene Hund sich plötzlich der Situation gegenüber sieht, dass ein zweiter, fremder Hund an seine Futterschüssel will. Verteidigt er dann seine Schüssel, ist das absolut normal.

Sinnigerweise bringt man seinen Hund erst gar nicht in diese Situation. Ich bin mir bewusst, dass auch dies Ansichtssache ist, jedoch frage ich mich bei Hunden, die jeden fremden Hund friedlich aus ihrer Schüssel fressen lassen, böse formuliert:

Ob das nicht schon eine Form der Degeneration des Lebewesens Hund ist? Es ist für den Halter natürlich bequem, keine Frage. Aber sind solche Hunde den anderen vorzuziehen?

Egal, aus diesen Überlegungen heraus mache ich keine Übung mehr, in der Form, dass ich eine große Futterschüssel auf den Platz stelle und dann reglementierend eingreife, wenn einer oder mehrere der Welpen beginnen, sich darum zu streiten. Ich habe wie gesagt nicht das erzieherische Ziel, dass jeder Hund mit seinen Artgenossen aus einer Schüssel fressen muss. Doch jetzt kommt das große Aber:

Wer die Arbeit mit seinem Hund mittels Belohnung (vor allem Futter) vorantreiben will, muss auch auf Spaziergängen Futter mitnehmen. Tut er dies, muss er sich klar darüber sein, dass über kurz oder lang fremde Hunde herankommen werden, die auch an die Futtertasche wollen. Dann knallt´s!

Daher baue ich in den Welpenspielstunden diese konkrete Situation ein, in der die Welpen lernen müssen, dass Schnappen nach dem anderen Hund mit Entzug des Futters bestraft wird. Sie lernen, dass ihr Halter dem anderen Hund kein Futter gibt. Sie lernen, dass ihre Aggression unerwünscht ist (wird mit einem »Nein« unterbunden), und dass sie ihr Futter nur bei Wohlverhalten bekommen.

Wohlgemerkt: Auch hier ist die Verteidigung der eigenen Futterquelle natürlich normales Verhalten. Sie kann aber im Alltag zu schlimmen Komplikationen führen. Und diese lassen sich eben nicht umgehen, es sei denn, man verzichtet draußen auf eine Arbeit über Futterbelohnung, was ich nicht sinnvoll finde.

Aber nun zu den konkreten Übungen:

1. Die Welpen stehen angeleint in engem Kreis, der Übungsleiter steht innerhalb des Kreises und gibt jedem Welpen nacheinander ein Leckerchen.
2. Der Halter eines Welpen gibt seinem Welpen ein Leckerchen, ein zweiter Welpe wird dazu geführt, bekommt jedoch kein Leckerchen.
3. Ein Welpe bekommt ein Stück Pansen/Ochsenziemer. Nach kurzer Zeit nimmt es ihm der Übungsleiter weg und demonstriert, wie man mit aggressiver Verteidigung des Welpen umgeht (siehe auch Übung zu »Aus«).
4. Wie vorher, nur nimmt diesmal der Besitzer die Leckerei weg.
5. Während der Besitzer seinen Welpen füttert, greift der Übungsleiter dazwischen und nimmt sich ein Leckerchen.

Üben der Verlassenheitssituation
Alle Welpen werden in ausreichendem Abstand (sodass sie einander nicht erreichen können) angebunden, die Halter entfernen sich einige Meter vom Hund und ignorieren ihn vollständig. Verhält sich der Hund ruhig, gehen sie zwischendurch ruhig zu ihm hin, geben ihm ein Leckerchen und gehen ruhig wieder weg. Abgeholt wird der Hund nur in einem Moment, in dem er nicht bellt, scharrt oder in der Leine beißt. Besitzer entsprechender Hunde werden vom Übungsleiter genau instruiert, in welchen kurzen Sekunden sie zu ihrem Hund gehen können.

Erstaunlicherweise geht es bei dieser Übung in der Welpenspielstunde oft wesentlich ruhiger zu, als wenn man mit erwachsenen Hunden auf dem Übungsplatz arbeitet und diese am Zaun festbindet.

Es gibt zwar immer Schreihälse, aber ich habe bislang noch nie erlebt, dass diese in der Mehrzahl gewesen wären. Bei Welpen scheint das Lernen durch Beobachtung eine wichtige Rolle zu spielen. Ein Schreihals bemerkt, dass links und rechts von ihm alles ruhig ist und beruhigt sich offenbar dadurch schneller: Die Kumpel sind ja ganz gelassen!

Schubkarre fahren
In eine Schubkarre wird eine Decke oder Ähnliches gelegt, damit es bequemer ist und der Welpe nicht rutschen kann. Dann stehen zwei Varianten zur Verfügung:

1. Ein Teilnehmer setzt sich mit seinem Welpen in die Schubkarre, ein anderer Teilnehmer schiebt das Pärchen, dann wird gewechselt. Diese Übung wirkt sich übrigens auch positiv auf das Gruppenklima aus.

Auch das Schubkarrenfahren fördert die Vertrauensbildung.

2. Nur der Welpe sitzt in der Schubkarre, der Übungsleiter schiebt, der Besitzer hält den Welpen leicht am Halsband, legt immer wieder Futterbrocken auf den Boden der Schubkarre und lobt seinen Hund.

Gemeinsam Kaffee trinken

Ein Restaurantbesuch wird simuliert, indem man Tische und Stühle aufbaut. Die Welpenbesitzer lassen sich dort zusammen mit ihren angeleinten Welpen nieder, essen und trinken. Diese Übung sollte man grundsätzlich erst zum Ende einer Stunde machen, bevorzugt bei heißem Wetter, bei dem die Welpen dann eher k.o. sind.

Auto fahren

Die Welpenbesitzer werden darüber informiert, wie ein Hund sicher im Auto transportiert werden sollte und wie das Ein- und Aussteigen zu erfolgen hat. Letzteres wird dann auf dem Parkplatz praktisch geübt: Der Welpe darf nicht selbstbestimmt aus dem Auto herausspringen. Ist der Welpenbesitzer nicht schnell genug und der Welpe fliegt ihm schon entgegen, wird dieser wieder ins Auto gesetzt, die Tür wird geschlossen und ein neuer Anlauf unternommen. Die Welpenbesitzer üben, ihren Welpen im Auto anzuleinen, ihm einen Wartebefehl zu geben, dann wird er herausgehoben, wo er dann auch noch warten muss, bis das Auto abgeschlossen ist. Umgekehrt wird der Welpe beim Einsteigen nicht vor dem Auto abgeleint, sondern erst im Auto. Im Anschluss an die Spielstunde kann man das in Verbindung mit der Sitzübung üben: Sitz-Befehl, Auto aufschließen, Welpen auf den Arm nehmen, hineinsetzen. Bei der Ankunft ist das schier unmöglich, weil die Welpen auf dem Parkplatz erwartungsfroh sind und kaum eine Sekunde auf ihrem Po sitzen bleiben können.

Verkehrstauglichkeit

Ebenfalls auf dem Parkplatz können Verkehrsübungen mit hupenden, türenknallenden Autos, vorbei fahrenden Radlern und Skatern durchgeführt werden. Der Sinn dieser Übung ist, den Welpen an die Geräusche zu gewöhnen, und dem Halter zu zeigen, wie Jagdverhalten unterbunden werden kann – und muss.
Diese zweifache Zielsetzung birgt aber auch ein Problem:

Es muss bei dieser Übung sicher gestellt sein, dass die Welpen diese fremden Erscheinungen ausreichend begutachten können, um sich von deren Gefahrlosigkeit zu überzeugen. Gleichzeitig gilt es jedoch, Jagdverhalten im Ansatz zu stoppen. Dieser »Spagat« ist nicht ganz einfach zu bewerkstelligen.

Einerseits soll also das Interesse des Welpen im Sinne einer Gewöhnung durch bewusste Wahrnehmung des Objekts geweckt werden, andererseits will man Jagdverhalten verhindern, wozu sich nun einmal die Ablenkungstaktik empfiehlt. Beides lässt sich schwer vereinbaren.
War die Ablenkungstaktik erfolgreich – d.h. der Welpe wurde rechtzeitig mittels Stimme, Futter und Spiel abgelenkt – und ist das Reizobjekt außer Sicht, bevor der Welpe so richtig Interesse daran entwickeln konnte, wurde das Ziel Unterbindung des Jagdverhaltens erreicht. Kam die Ablenkung aber zu spät und/oder der Welpe lässt sich nicht ablenken, weil er einfach hinterher muss, ist man gezwungen mit negativen Techniken zu arbeiten, wie Klapperdose, Wasserbombe, Leinenruck etc. Das birgt aber beim jungen Welpen wiederum die Gefahr, dass er Angst vor diesen Verkehrsobjekten entwickeln könnte. Auf jeden Fall sollte diese Übung immer mit nur einem Hund und je abgestimmt auf dessen Psyche durchgeführt werden. Bei einem robusten und sehr jagdlich orientierten Welpen kann ein einmaliger Knall einer Klapperdose das Problem für den Rest seines Lebens erledigen und daher gerechtfertigt sein. Beim Sensibelchen kann diese Methode dazu führen, dass der Besitzer nun zukünftig nicht das Problem hat, dass sein Welpe Inlineskater verfolgt, sondern bei deren Anblick

So nicht! Ein verantwortungsbewusster Übungsleiter achtet darauf, dass seine Schützlinge sicher nach Hause kommen.

panisch davon rennt – was auch nicht besser ist! Ich selbst wende diese Übung auch nur bei Youngsters und nicht bei Welpen an.

Körperpflege
Mit den Übungen zur Körperpflege werden drei Ziele verfolgt:

1. Der Welpenbesitzer soll lernen, welche Pflegemaßnahmen bei einem Hund überhaupt notwendig sind.
2. Er soll lernen, wie man diese am besten ausführt.
3. Er soll lernen, wie er sich seinem Hund gegenüber durchsetzt.

Den Welpenbesitzern wird erklärt, worauf sie bei der Pflege des Welpen zu achten haben und warum, und ihnen wird notwendiges Zubehör vorgestellt. Dann demonstriert der Übungsleiter an den Welpen, wie man die Ohren reinigt, die Augen kontrolliert und Salbe oder Tropfen verabreicht, den Fang öffnet und kontrolliert, ggf. die Zähne putzt, die Krallen schneidet, die Zehenzwischenräume kontrolliert, Filz entfernt, Fieber misst, Tabletten verabreicht etc. Anschließend üben die Besitzer mit ihren Welpen.
Diese Übung sollte nur durchgeführt werden, wenn die Welpen sehr ermüdet sind.

Simulation einer tierärztlichen Kontrolluntersuchung
Hierbei spielt der Übungsleiter den Tierarzt. Der Halter lernt, wie er den Welpen richtig auf den Arm nimmt, wie er ihn auf den Tisch setzen und dort festhalten sollte, und wie er ihn beruhigen kann. Achtung: Zunächst auf rutschfester Unterlage (z.B. Autogummimatten) üben, auch wenn der richtige Tierarzttisch natürlich glatt ist.

Gemeinsamer Besuch beim Tierarzt
Man spricht mit seinem Tierarzt ab, ob man einmal außerhalb der normalen Sprechstunde mit der Welpengruppe in die Praxis kommen darf, damit die Welpen das Ambiente einer Tierarztpraxis von einer möglichst schönen Seite erleben: Sie sind mit ihren Kumpels aus der Welpenspielgruppe da, dürfen im Wartezimmer und den Behandlungsräumen herum schnuppern, bekommen vom Personal viele Leckerchen zugesteckt, werden nur geherzt – es passiert ihnen nichts Böses. Wohlgemerkt: Dieser gemeinsame Besuch ist nicht als Gesundheits-Check gedacht, bei dem alle Welpen eine kurze Untersuchung bekommen. Es geht nur darum, für sie den Geruch einer Tierarztpraxis mit angenehmen Dingen zu verbinden. Natürlich kann derweil der Tierarzt den Welpenbesitzern einige grundsätzliche Tipps geben und ihre brennendsten Fragen beantworten. Gleichzeitig kann man die Gelegenheit auch nutzen, den Welpenbesitzern zu zeigen, wie man sich bei einem Tierarztbesuch zu verhalten sollte:

- Man führt seinen Hund vorher Gassi – aber nicht auf dem Parkplatz der Praxis.
- Man hat Leckerchen in der Tasche, die man dem Welpen ab und an geben kann.
- Man ist mit Halsband und kurzer Leine ausgestattet – auf keinen Fall mit einer Flexileine.
- Man lässt seinen Welpen im Wartezimmer nicht zu allen anderen dort sitzenden Hunden hintippeln.
- Man schleift seinen Welpen nicht eilig ins Behandlungszimmer, sondern versucht zunächst sie zu locken.
- Man tröstet seinen Welpen nicht schon im Voraus.

Videostunde
Eine komplette Welpenstunde wird von einer Person gefilmt, die genau instruiert wird, worauf sie zu achten hat: Raufersituationen, Körpersprache der Hundebesitzer, Reaktion der Welpen auf neue Reize, ängstliche Welpen, das Verhalten der Besitzer, in welchen Situationen greift der Übungsleiter ein etc. Dann erfolgt ein Treffen ohne Welpen, der Film wird vorgeführt und die Situationen werden erläutert.

15. Theorievermittlung – was und wie?

Es ist bisher immer schon angeklungen: Natürlich muss es in einer Welpenspielstunde darum gehen, dem Welpenbesitzer theoretisches Wissen rund um den Hund zu vermitteln – und zwar nicht auf eine abgehobene Gelehrtenart, sondern praxisnah auf die Welpenbesitzer zugeschnitten.
Natürlich fließt in so ziemlich jede Erläuterung einer Übung, die man mit den Welpenbesitzern macht, auch die Vermittlung von Theorie ein, wenn auch z.T. eher versteckt. Wenn also z.B. das richtige Rufen geübt wird, vermittelt man natürlich etwas über die Bedeutung von Körpersprache und darüber, wie Hunde unsere Körpersprache deuten.

Nichtsdestotrotz sollten darüber hinaus noch Themen angesprochen werden, die nicht immer in einem unmittelbaren Zusammenhang mit einer Übung zu bringen sind. Nun fragt sich aber, wie man das am geschicktesten macht.

Verschiedene Wege sind denkbar, die parallel beschritten werden sollten:

- Erstellen Sie selbst eine möglichst detaillierte Welpeninfobroschüre, in der das Wichtigste rund um Erziehung und Aufzucht eines Welpen zusammengefasst ist. Alternativ dazu können Sie sich auch auf dem Büchermarkt umschauen, ob eines der Bücher zu diesem Themenkomplex Ihren Anforderungen genügt. In diesem Fall empfiehlt es sich jedoch nicht, den Welpenbesitzern nahe zulegen, dass sie sich das Buch in der nächsten Buchhandlung kaufen sollten.

Wie um Himmels Willen erklärt man den Schnauzgriff anschaulich genug?

Besser ist der Weg, sich einen Vorrat anzulegen und direkt in der Spielstunde zu verkaufen. Vielleicht lassen es Ihre finanziellen Mittel ja auch zu, dass Sie diese Büchlein kostenlos abgeben können.

- Organisieren Sie Vortragsabende oder ganze Reihen, die zu einem anderen Termin als dem Welpentreff stattfinden. Unbeschwert von den eigenen Welpen können sich die Welpenbesitzer so ganz auf Sie konzentrieren. An diesen Abenden sollte immer möglichst viel Zeit für konkrete Fragen der Welpenbesitzer eingeplant werden. Aber: Erfahrungsgemäß nehmen dieses Angebot nur ein Teil der Teilnehmer aus der Spielstunde wahr. Sie erreichen also nicht alle. Dafür können Sie bei denen, die kommen, aber auch ein tatsächliches Interesse voraussetzen, und Sie haben nicht so das Gefühl, vor Mauern zu reden. Falls Sie sich nicht fit in jedem Thema fühlen, laden Sie Referenten ein. Tierärzte kommen erfahrungsgemäß ganz gerne, weil sie natürlich sehen, dass das auch ein Weg der Kundenwerbung ist.
- Öffnen Sie solche Vortagsabende ruhig auch für Hundehalter, die bislang nicht zu Ihrer Spielstunde kommen. So können Sie Ihr Ziel, Menschen mehr Wissen über ihren Hund zu vermitteln, gleich in größerem Rahmen erreichen – und auch noch Werbung für sich machen, wenn Ihre Welpengruppe oder Ihre Junghunderziehungskurse erst in den Startlöchern stehen.
- Schalten Sie Theoriebreaks in die Spielstunde ein, in denen in fünf, maximal zehn Minuten über ein Thema gesprochen wird, wobei das aktuelle Geschehen in der Gruppe aufgegriffen werden kann. Der Vorteil: Sie erreichen alle Teilnehmer der Spielstunde. Der Nachteil: Mit der Konzentration kann es Probleme geben, wenn die Welpen sehr unruhig sind. Solche Theoriebreaks sollten nie am Anfang der Stunde stehen und auch nie zu einem Zeitpunkt besonders ausgelassenen Spiels eingeschoben werden.

  Zu den vorbereiteten Themen werden am Ausgang ein-, maximal zweiseitige Infoblätter, die eine Zusammenfassung bieten, zur Mitnahme ausgelegt. (Beispiele solcher Infoblätter finden Sie im Anhang.)
- Sie können lesenswerte Bücher zum Selbststudium mitbringen und kurz vorstellen. Die Welpenbesitzer haben im Anschluss an die Stunde die Möglichkeit, sich die Bücher näher anzusehen, um zu entscheiden, ob sie sich eines kaufen wollen.
- Sie können ein gemeinsames Videoschauen vereinbaren – sei es ein gedrehtes Video über eine Ihrer Stunden oder ein im Handel erhältliches Video über Hundeerziehung. In letzterem Fall muss jedoch in aller Regel ein Einverständnis des Produzenten eingeholt werden!

Wichtige Themen bei der Theorievermittlung:

- Der Wolf als Urahn – was folgt daraus?
- Der Hund als soziales Lebewesen
- Rangordnung als Schlüssel
- Der Hund als Jäger
- Rassespezifische Unterschiede im Verhalten
- Über die Notwendigkeit von Bindung
- Die Körpersprache des Hundes lesen
- Kommunikation mit dem Hund
- Die Bedeutung des Spielens
- Beschäftigungsmöglichkeiten mit dem Hund
- Richtig spazieren gehen mit dem Hund
- Der Hund im Urlaub
- Gibt es so etwas wie den Welpenschutz?
- Die Bedeutung des Kontakts zu Artgenossen
- Verhalten bei Hundebegegnungen
- Umgang mit Raufern
- Das Warum und Wie der Umweltgewöhnung: Ideen für Unternehmungen mit dem Welpen
- Umgang mit der Angst beim Welpen
- Wie lernt der Hund?
- Lob und Strafe in der Erziehung
- Wann beginnt man mit der Erziehung?
- Hund und Kind
- Wenn der Welpe als Zweithund kommt
- Was tun, wenn man zwei Wurfgeschwister hat?
- Welpen und andere Haustiere
- Training des Alleinbleibens
- Wie bekommt man den Hund stubenrein?

- Was macht man, wenn die Welpen so stark auf den Händen herumknabbern?
- Wie gewöhnt man autokranke Hunde ans Autofahren?
- Wie erkennt man Überforderung des Welpen?
- Was macht man bei Unarten wie Essenklauen, Anspringen, Dauerbellen, Wohnung zerlegen etc.?
- Was braucht man für den Hund? Infos über eine »Hundeapotheke«, sinnvolles Spielzeug, gute Halsbänder und Leinen, vernünftige Liegeflächen etc.
- Die Fütterung des Hundes: Welches Futter? Der Unsinn von Zusatzmittelchen. Wann füttern? Wie geht man mit »schlechten Essern« um?
- Die Körperpflege des Hundes: Vorstellung von sinnvollem Zubehör
- Wie weit darf ein Welpe körperlich belastet werden?
- Zecken und Flöhe: Wie verhindern? Was tun bei Befall? Praktisches Üben der Zeckenentfernung. Mögliche Gesundheitsrisiken.
- Impfungen und Entwurmungskuren: Warum, wogegen und wann?
- Giftige Zimmer- und Gartenpflanzen
- Röntgenprogramme der einzelnen Zuchtverbände
- Was hat es mit Ahnentafeln auf sich?
- Kommunale Bestimmungen hinsichtlich Leinenzwang, Freilaufflächen, besondere Anforderung an die Haltung bestimmter Rassen etc.
- Hundesteuer
- Hundehaftpflichtversicherung
- Der Hund im Recht

Jahreszeitliche Besonderheiten, Beispiele:
- Frühjahr: Zecken
- Sommer: Grannen, Samen etc., Überhitzung, Schwimmen, Verhalten bei Gewitter
- Herbst: Zecken, Jagd nach fliegenden Blättern
- Winter: Pfotenpflege, Verhinderung der Schneeklumpen, Verhalten bei Silvesterknallerei

Sie sehen, es sind eine Menge Themen – vielleicht fallen Ihnen ja noch ganz andere ein. Dies alles nur innerhalb der Spielstunden zu bewältigen, ist nicht möglich. Da nicht jeder gerne liest, ist es auch kein Ausweg, nur schriftliches Infomaterial auszugeben. Am besten kommt man seinem Ziel, möglichst viel Wissen zu vermitteln, durch eine Kombination näher: Vermittlung in der Spielstunde selbst, Ausgabe von schriftlichem Material bzw. Erteilung von Büchertipps, Organisation von Infoabenden.

16. Typische Probleme im Verlauf einer Übungsstunde

Sind Sie jetzt voller Elan und Ideen für Ihre Stunde? Bevor der Elan mit Ihnen durchgeht, möchte ich abschließend noch ein paar Worte dazu verlieren, worauf Sie sich in Ihrer Welpenspielstunde gefasst machen sollten. Es ist dies keine Sammlung hypothetischer Möglichkeiten, sondern eine Sammlung real erfahrener Situationen. Es kann hilfreich für Sie sein, wenn Sie sich diese Liste einmal zu Gemüte führen und sich jetzt schon Gedanken machen, wie Sie denn in einer solchen Situation reagieren könnten. Man wird nämlich mit Sachen konfrontiert, an die man nie gedacht hätte – und so steht man z.T. sprachlos da. Vielleicht kommen Sie nie in diese Situationen – dann freuen Sie sich über Ihr Glück. Sollten Sie aber auch solche Situationen erleben, hilft es Ihnen vielleicht, sich innerlich darauf vorbereitet zu haben.

Womit Sie als Übungsleiter rechnen müssen:

- Ein Welpenbesitzer ohne Impfpass möchte teilnehmen und redet stundenlang auf Sie ein, dass er doch von so weit her gekommen ist, nun alles umsonst ist, sein Welpe schließlich geimpft sei, ob er denn nicht seriös genug aussähe, dass man ihm misstraue.
- Welpenbesitzer, meist immer dieselben, quatschen bei der Erklärung der Geräte-/Erzie-

hungsübungen oder den Theoriebreaks miteinander, so dass Sie sich nicht konzentrieren, die anderen Teilnehmer Sie nicht verstehen können und die Dauerredner hinterher nicht wissen, was sie nun eigentlich machen sollen.

- Erfolgsorientierte Welpenbesitzer wollen ihre ängstlichen Welpen partout über ein Gerät zwingen, weil die anderen Welpen das ja auch schon können.
- Welpenbesitzer mit Angehörigen der so genannten »Kampfhunderassen« kommen neu in die Gruppe und werden argwöhnisch beäugt.
- Besitzer von Kleinhunden wollen ihren Hund ständig auf den Arm nehmen, werden hysterisch, wenn andere Hunde mit ihrem Welpen spielen wollen. Besitzer des »Opfers« verlangen, dass etwas unternommen wird.
- Zwei Welpen raufen und Sie als Übungsleiter greifen ein, ein Welpe fängt dabei jämmerlich an zu schreien: Der Besitzer und andere Teilnehmer sind schockiert über Ihre »Grobheit«.
- Ein Teilnehmer füttert den Welpen eines anderen Teilnehmers, der dies nicht wünscht und das übrigens schon wiederholt gesagt hat – wie Sie als Übungsleiter übrigens auch.
- Ein Welpe springt jemanden an, diese Person stößt den Welpen unwirsch zur Seite.
- Ein neuer Welpe verbringt die erste halbe Stunde nur in Nähe des Eingangs unter einer Bank verkrochen.
- In der Gruppe befindet sich ein Rambo, der alle niedermacht.
- Zwei bestimmte Welpen haben jedes mal nur ein Interesse daran, mit dem jeweils anderen zu raufen und steigern sich dabei grundsätzlich in eine wirklich massive Schlägerei hinein.
- Die Gesamtgruppenstimmung ist so aggressiv geladen, dass es an mehreren Stellen gleichzeitig knallt.
- Mehrere Hundebesitzer haben ein akutes Problem und wollen das in der Welpenstunde mit Ihnen klären – und zwar sofort und alle gleichzeitig.
- Kinder der Teilnehmer nehmen den Parcours auseinander.
- Kinder der Teilnehmer verhalten sich grob zu den Welpen.
- Kinder einer Familie streiten sich wüst, wer mit dem Welpen nun die nächste Übung machen darf.
- Ein Kind wird von einem großen Welpen umgerannt und brüllt wie am Spieß, die Mutter beginnt hysterisch zu zetern.
- Ein Welpe kommt grundsätzlich nicht auf Ruf, lässt sich nicht locken und schon gar nicht anleinen.
- Ein Welpenbesitzer geht grob mit dem eigenen Welpen um.
- Welpenbesitzer nutzen die Spielstunde dazu, einmal die Verantwortung für ihren Welpen abzugeben und genießen es, mit den anderen Besitzern zu quatschen, haben den eigenen Hund überhaupt nicht im Auge.
- Ein Welpenbesitzer stellt sich abseits des Geschehens, als hätte er gar keinen Welpen dabei und will sich die Zeit mit Rauchen und Telefonieren vertreiben, ständig piepst das Handy.
- Ein Welpenbesitzer hält sich nicht an Ihre Anweisungen (hat nie Leckerchen oder Spielzeug dabei, reißt an der Leine, redet im Exerzierplatz-Ton mit seinem Welpen).
- Ein Welpe kommt im Kettenwürger.
- Ein Welpe kommt mit Halstuch und Haarspange.
- Ein anderer kommt mit Brustgeschirr und Flexileine.
- Welpenbesitzer kommen mit Lackschuhen, hellen Hosen und teuren Jacketts.
- Ein Welpenbesitzer »vergisst« grundsätzlich die Leckerchen oder bringt nur die falschen (große harte Hundekuchen) mit.
- Ein Welpenbesitzer kommt immer alkoholisiert in die Stunde und steht dementsprechend neben sich.
- Ein Welpenbesitzer fällt Ihnen grundsätzlich ins Wort und kritisiert, was immer Sie auch sagen.
- Ein Welpenbesitzer beschwert sich über den Zustand der Wiese (völlig vermatscht), diese stelle eine unzumutbare Gefahr dar.

So helfen Sie sich:
Lösungsstrategien in Kurzform

Eine Vielzahl der Probleme haben Sie mit einem Teilnehmer nur ein einziges Mal – sofern Sie das Geschehen als Übungsleiter in den Griff bekommen.

Zum Impfpassproblem:
Erläutern Sie ganz genau, worin das Problem mit dem noch nicht ausreichenden Impfschutz liegt, wenn die Welpen erst die erste Impfung haben. Machen Sie klar, dass es deswegen so wichtig ist, dass kontrolliert wird, ob wirklich alle Welpen über diesen ersten Impfschutz verfügen. Verweisen Sie auf eventuelle Gesundheitsgefährdungen für den Welpen des neuen Möchtegernteilnehmers, bieten Sie ihm an, von außerhalb zuzusehen. Geben Sie ihm schon einmal Ihre Welpenbroschüre mit, bleiben Sie auf jeden Fall höflich und freundlich. Äußern Sie Verständnis für den Ärger, ganz umsonst einen unter Umständen weiten Weg gekommen zu sein.

Zur mangelhaften Ausstattung:
Sie erklären ruhig, warum Halstücher, Brustgeschirre, Haarspangen, lose herabhängende Halsbänder eine Gefahr für den Welpen darstellen und dass es nur zum besten des Welpen ist, wenn er ein normales Halsband trägt. Im Falle des Kettenwürgers erläutern Sie, warum dieser bei Ihnen auch aus anderen Gründen tabu ist. Erläutern Sie ferner, warum eine Flexileine für die Spielstunde unhandlich ist und versorgen Sie den betreffenden Welpen mit einem Halsband und einer Einmeterleine für diese Stunde (entsprechendes Zubehör sollten Sie natürlich für solche Fälle vorrätig haben).
Deuten Sie auf Ihre eigene Kleidung, jene der anderen Welpenbesitzer und erläutern Sie, warum Lackschuhe (Verletzungsgefahr wegen des rutschigen Bodens bei mangelhaftem Sohlenprofil) ebenso unangebracht sind wie helle Hosen. Erklären Sie, dass sich die Besitzer auf oft hinhocken müssen (Stichwort ärgerliche Grasflecken).
Erklären Sie, wozu Sie Leckerchen und zwar genaue diese benötigen und was es mit dem Spielzeug auf sich hat.
Kommt ein Welpenbesitzer mehrmals ohne: Eine Strafgebühr wird fällig, die der Teilnahmegebühr an der Stunde entspricht. (Sie haben ihn natürlich bei der letzten Stunde entsprechend vorgewarnt).

Zum Fehlverhalten der Besitzer (hören nicht zu, füttern fremde Welpen, rauchen, telefonieren):
Alle Welpenbesitzer erhalten bei ihrem ersten Besuch einen Handzettel, betitelt mit »Einige Bitten«, in dem erläutert wird, wie der Ablauf einer Stunde ist, und worum die Teilnehmer gebeten werden, z.B. nicht zu rauchen. Raucht jemand dennoch, gehen Sie ruhig während der Stunde zu dem Teilnehmer und erklären Sie nochmals, warum er dies unterlassen soll. Er hat nicht beide Hände für seinen Welpen frei, und wenn er sich bückt, kann sich ein Welpe an der glühenden Zigarette verletzen. Kippen können von den Welpen gefressen werden, etc. Das Problem ist eigentlich nach der ersten Stunde geregelt.
Ein größeres Problem liegt darin, die Teilnehmer davon abzuhalten, fremde Welpen zu füttern. Machen Sie Ihnen deutlich, dass Sie in der Spielstunde die Welpen schließlich nicht zum Betteln erziehen wollen.

Zu den Dauerrednern:
Reicht die sanfte Ermahnung unter vier Augen nicht aus, hilft oft nur noch die Bloßstellung vor der Gruppe. Das können Sie ruhig lustig gestalten, nach dem Motto: »Frau Strolchi, Aus jetzt« oder »Herr Rambo, möchten Sie erklären, wie die Übung weitergeht?« Lächeln Sie dabei, ziehen Sie das Ganze etwas ins Lächerliche, nehmen Sie so die Schärfe heraus – der Inhalt wird dennoch transportiert – meist mit durchschlagendem Erfolg.

Zu den Kindern:
Erklären Sie den Eltern, warum ein Erwachsener die Hauptbezugsperson des Welpen sein sollte. Machen Sie deutlich, dass Sie unmöglich auch

auf die Kinder aufpassen können. Erklären Sie den Kindern, warum es den Welpen verwirrt und er nicht so gut lernen kann wie die anderen Welpen, wenn sie ständig an ihm herumzerren und sich um den Welpen streiten. Loben Sie die Kinder, wenn sie etwas gut gemacht haben.

Zu den Stänkerern:
Das sind jene, die über matschige Wiesen, anspringende fremde Welpen, in die Kniekehle rennende Welpen oder die Teilnahme eines »Kampfhundes« motzen. Halten Sie vor der Gesamtgruppe einen kleinen Vortrag über die Regeln, nach denen der Welpentreff stattfindet:

1. Jeder Hund, egal zu welcher Rasse oder zu welchem Mix er gehört, ist gern gesehen. Verdeutlichen Sie, dass es keine Kampfhunderassen gibt und dass ein Teilnehmer, der nicht die Vielfalt Ihrer Gruppe akzeptieren will und/oder sogar noch abschätzige Kommentare macht, die Gruppe zu verlassen hat.
2. Die Teilnahme erfolgt auf eigene Gefahr. Wiesen unter Dauerbeschlag sind, vor allem im Winter, eben matschig, man kann auf ihnen ausrutschen. Fröhlich spielende Welpen können sogar erwachsene Menschen umrennen. Wer sich diesen Risiken nicht aussetzen will, muss eben zu Hause bleiben, bzw. seine Kinder dort lassen. Kinder sind gern gesehene Gäste, haben aber keine Narrenfreiheit; die Eltern haben sie zu kontrollieren. Wenn ein Kind sich wiederholt schädigend verhält, kann es an zukünftigen Stunden nicht mehr teilnehmen. Entweder kommt nur ein Elternteil ohne dieses Kind, oder der Welpe kann nicht mehr teilnehmen.

Zu Teilnehmern, die mit anderen Welpen grob umgehen:
Erläutern Sie, dass die Stunde auch wesentlich das Ziel verfolgt, die Welpen an fremde Menschen zu gewöhnen. Erfahren nun die Welpen von den Besitzern anderer Welpen Zurückweisung oder gar körperliche Reglementierung, ist dieses Ziel nicht nur gefährdet, sondern es kann nachhaltig negative Auswirkungen auf den Welpen haben. Machen Sie den Teilnehmern bewusst, dass sie auch darin gefordert sind, sich gegenseitig dabei zu helfen, dass ihr Welpe Vertrauen zu fremden Menschen entwickelt.

Erfolgsorientierte Welpenbesitzer versuchen auf Biegen und Brechen ihren Welpen zu etwas zu bringen:
Erläutern Sie den Unterscheid zwischen gesundem Misstrauen und Vorsicht auf der einen und Angst auf der anderen Seite. Erklären Sie, wie man Ängsten beim Welpen begegnet und damit langfristige Erfolge erzielt. Vor allem: Machen Sie darauf aufmerksam, dass es nicht darauf ankommt, dass ein Welpe etwas schnell bewältigt, sondern dass doch die Frage, wie ein Besitzer ihn dazu bekommt, mindestens von ebenso großer Bedeutung ist.

Mehrere Welpenbesitzer reden gleichzeitig auf Sie ein, weil ihnen ein Problem unter den Nägeln brennt:
Hören Sie kurz ernsthaft zu, verweisen Sie dann freundlich darauf, dass die derzeitige Gruppensituation es nicht erlaubt, auf das Problem näher einzugehen. Versprechen Sie, dass Sie mit dem Besitzer nach der Stunde noch in Ruhe sprechen werden, bzw., dass Sie das Problem in der Stunde nochmals für alle aufgreifen wollen, weil es viele betrifft. Ermuntern Sie den Besitzer auch, Sie aktiv anzusprechen, falls Sie ihn im Eifer des Gefechts vergessen sollten.

Alle bisher angesprochenen Probleme lassen sich in der Regel sehr schnell aus der Welt schaffen. Man muss nur den richtigen Ton treffen und vernünftige Erklärungen anbieten, verbunden mit sehr viel Lob und Unterstützung, wenn ein Welpenbesitzer auch nur im Ansatz zeigt, dass er sein Verhalten ändert.
Etwas anders sieht es bei den Problemen aus, die sich aus der Konstellation der Welpen und aus deren Verhaltens ergeben. Wenn man weiß, dass zwei Welpen wie wild aufeinander losgehen, postiert man sich natürlich in deren Nähe, um frühzeitig einschreiten zu können. Man ermutigt

die Besitzer, an verschiedenen Enden des Platzes mit ihren Welpen zu spielen, verkürzt eventuell auch mal die Freispielphasen. Aber meist sitzen die beiden Welpen schnell wieder aufeinander. Dies Problem ist zu lösen, wenn man über zwei Wiesen verfügt, die Welpen also trennen kann. Hat man keine zwei Wiesen, könnte man höchstens anbieten, dass in Zukunft die beiden Welpen zu unterschiedlichen Zeiten kommen, nur die Hälfte der Zeit mitspielen dürfen, die Halter natürlich auch nur die Hälfte bezahlen. Aber dies ist wirklich nur eine absolute Notlösung, wenn man das Gefühl hat, dass man bei den beiden Welpen nichts erreicht. Ansonsten bleibt nur die ständige erzieherische Einwirkung und die Hoffnung, dass man Erfolg hat. Meist klappt das auch, aber es gibt manchmal Konstellationen, wo man einfach nicht durchdringt.

Besteht einfach eine momentane aufgeladene Stimmung in der Gruppe, verkürzt man kurzerhand das Freispiel und macht Übungen, die viel Konzentration vom Welpen erfordern und/oder die etwas mehr Zeit in Anspruch nehmen. Auf jeden Fall sollte offen mit den Teilnehmern über das gesprochen werden, was da gerade abläuft und wie man darauf reagieren kann.

Hat man es mit einem Rambo zu tun, der grundsätzlich immer nur prügeln will, muss man ihn aus der Babygruppe herausnehmen und in eine ältere Gruppe versetzen. Das wirkt oft Wunder. Nur muss man dazu natürlich eine Gruppe für ältere Hunde haben!

Verkriecht sich ein Welpe bei seinem ersten Besuch nur ängstlich hinter irgendwelchen Deckungen, muss man sehr viel Zeit damit verbringen, beim Besitzer dieses Welpen zu stehen, ihm zu erklären, dass das Verhalten nicht unnatürlich ist und dass es bei der nächsten Stunde wahrscheinlich schon ganz anders aussehen wird. Vorteilhaft ist es, wenn man andere Welpen in der Gruppe hat, die anfangs genauso dasaßen und nun freudig mitspielen. Holen Sie sich den Besitzer dieses Welpen und bitten Sie ihn, dem Neuling zu berichten, dass sein Hund anfangs auch so war und sich dann so schnell verändert hat. Das gleiche gilt auch für Besitzer von Kleinhunden, die Angst um ihren Hund haben. Auch hier ist das Zweiwiesenmodell natürlich vorteilhaft: Man setzt den Kleinen zunächst mit zwei oder maximal drei anderen Welpen zusammen, von denen man weiß, dass die ziemlich »harmlos« sind. Gleichzeitig steht man in der Nähe des Besitzers und versucht, diesen emotional zu unterstützen. Man zeigt Verständnis für die Angst, macht aber auch deutlich, dass man auf jeden Fall aufpasst und da ist, um eventuell einzugreifen, und berichtet von anderen Welpen, die auch anfangs nur auf den Arm wollten.

Was Raufereien zwischen den Hunden betrifft, so ist hierbei das A und O, dass die Welpenbesitzer Ihnen vertrauen. Wenn Sie erklären, dass und warum hier nicht eingegriffen werden muss, müssen sie Ihnen glauben. Greifen Sie aber ein und erläutern dieses auch, müssen die Welpenbesitzer auch hier glauben, dass Sie wissen, was Sie tun.

Vermitteln Sie daher immer den Eindruck, dass Sie auch wirklich wach am Geschehen teilnehmen und nicht vor sich hin träumen, bis Sie die nächste Übung machen. Die Welpenbesitzer müssen Ihnen darin vertrauen, dass Sie das Geschehen zu jeder Sekunde voll im Griff haben, dann ertragen sie es auch, ihren Welpen unter einem anderen Welpen zu sehen oder ihren Welpen jämmerlich quieken zu hören, weil Sie ihn am Schlafittchen haben.

Im Grunde ist es nicht anders als in Ihren Beziehungen zu den Welpen: So wie die akzeptieren lernen, dass Sie in der Welpenspielstunde der Chef sind – weil sie sich nämlich als souveräne, überlegene Führungspersönlichkeit zeigen –, so müssen das auch Ihre Welpenbesitzer akzeptieren. Dann sind fast alle der Probleme, die ich oben geschildert habe, schnell zu den Akten gelegt.

17. Werbemaßnahmen

Ich habe jetzt so viel über den Sinn und die Gestaltung von Welpenspielstunden geschrieben, dass eine wichtige Frage offen geblieben ist: Wie gewinnen Sie Welpenbesitzer für Ihr Angebot?
Das Problem bei sich neu konstituierenden Welpengruppen ist, dass die Welpenbesitzer mit der Erwartung kommen, eine Gruppe von Welpen vorzufinden, mit der ihr Welpe spielen kann. Sind aber nur zwei andere Welpen da, ist eine häufige Reaktion die, dass sich die Welpenbesitzer sagen: »Für so wenig Spielgefährten treibe ich doch nicht diesen Aufwand.« Man sollte also ein Stammpotential von um die fünf Welpen haben – nur an das muss man erst einmal herankommen,
Wenn Sie sich erst einmal etabliert haben und Sie gut sind, brauchen Sie sich über Werbemaßnahmen keine Gedanken zu machen – das läuft dann allein über Mund-zu-Mund-Propaganda. Aber der Einstieg will geschafft sein.

Es gibt verschiedene Möglichkeiten, für Ihr Angebot zu werben. Die eine Möglichkeit ist die Erstellung von Faltblättern/Postern zum Auslegen/Aufhängen. Inhaltlich sollten diese folgende Informationen enthalten (natürlich in Kurzform):

- Welchen Sinn ein Welpentreff hat
- Welche Hunde welcher Rassen in welchem Alter teilnehmen dürfen
- Wo die Spielstunde stattfindet
- Wie lange eine Spielstunde dauert
- Wie die Teilnahmevoraussetzungen aussehen (Impfpass, Haftpflichtversicherung)
- Wer der Ansprechpartner ist und wie/wann dieser zu erreichen ist
- Was das Ganze kostet und wie die Zahlungsmodalitäten aussehen.

Ein Aushang in Zoogeschäften oder beim Tierarzt verspricht dabei den größten Erfolg. Was den Tierarzt betrifft, so sollte man versuchen, persönlichen Kontakt aufzunehmen, sich und sein Vorhaben vorzustellen und den Tierarzt von der Qualität der Arbeit zu überzeugen. Wenn ein Tierarzt einen Aushang in seiner Praxis duldet, ist das schon schön. Noch besser ist es natürlich, wenn der Tierarzt selber die Welpenbesitzer in seiner Praxis anspricht und Sie empfiehlt.
Sie können sich parallel Handzettel drucken lassen und diese auf Spaziergänge zu stadtbekannten Hundetreffpunkten mitnehmen, wo Sie sie dann an Welpenbesitzer verteilen.
Ein anderer Weg ist der, sich an die lokalen Medien zu wenden, also – falls vorhanden – an das Lokalradio und die Lokalzeitung. Lustige Geschichten über spielende kleine Teddys kommen immer gut. Wenn man da also einen entsprechenden Kontakt herstellen kann, hat man natürlich ein breites Publikum.
Hat die »seriöse« Lokalzeitung kein Interesse, kann man es bei den lokalen Anzeigeblättchen versuchen, die häufig nach etwas Text zwischen ihrer Werbung suchen. Auch wenn diese bei vielen Leuten gleich ungelesen im Papierkorb landen – einen Versuch ist es wert.
Wie gesagt: wenn die erste Anlaufphase vorüber ist, arbeitet der zufriedene Welpenbesitzer für Sie als bester Werbepartner!

Zum Schluss möchte ich Ihnen noch einige Tipps bezüglich notwendiger oder einfach nur arbeitserleichternder Formalien geben.

18. Formalien

Die Höhe der Teilnahmegebühr

Wie viel darf eigentlich eine Stunde kosten? Welche Zahlungsmodalitäten sollten vereinbart werden?
Kommen wir zunächst zu den Zahlungsmodalitäten: Ich habe es lange Zeit über das »Sparschweinchenmodell« geregelt: Jeder Besitzer hat am Ende der Stunde den entsprechenden Geldbe-

trag – in dem Fall Euro 2,50 – ins Schweinchen geworfen. Aber: Nicht jeder Teilnehmer ist ehrlich, oder sagen wir einfach, manche sind halt etwas vergesslich. So stimmt manchmal der Betrag nicht mit der Zahl der Teilnehmer überein. Ich verwende jetzt ein anderes Modell: Die erste Stunde bleibt weiterhin eine kostenlose Schnupperstunde. Kommt der Welpenbesitzer zum zweiten Mal, muss er eine Zehnerkarte kaufen, die jeweils zum Treff mitzubringen ist. Sie hat die Größe einer Scheckkarte und passt somit in die Geldbörse. Pro Treffen wird ein Feld auf dieser Karte abgehakt.

Ist die Zehnerkarte aufgebraucht, muss wiederum eine Karte gekauft werden, wobei sich die Besitzer zwischen einer Zehner- und einer Fünferkarte entscheiden können. Das hängt natürlich stark davon ab, ob sie zwei- oder nur einmal die Woche kommen. Diese Karte ist dann verbilligt.

Hintergrund für dieses Modell ist aber weniger der Ärger über nicht zahlende Teilnehmer, sondern etwas anderes: Man hat immer wieder Welpenbesitzer, die nicht regelmäßig kommen, manchmal sogar vier Wochen wegbleiben und dann wieder auftauchen. Das ist natürlich für eine auf einander aufbauende Lehrsituation nicht gerade günstig. Muss das Geld im voraus bezahlt werden, besteht vielleicht ein Anreiz, die Karte auch voll auszuschöpfen – und somit regelmäßiger zu kommen.

Außerdem entfällt das ewige Problem mit dem Wechselgeld. Dieses Modell befindet sich bei mir gerade in der Erprobungsphase, lässt sich bisher aber ganz gut an.

Schließlich ist ein Modell denkbar, indem ganz normal ein Vertrag zwischen dem Verein/der Hundeschule und einem Welpenbesitzer geschlossen wird. Dieser hat eine bestimmte Summe zu bezahlen und kann dafür die Welpenspielstunde und die nachfolgende Youngstersgruppe wahrnehmen, bis sein Welpe sechs Monate alt ist. Wie beim Kartenmodell muss der Welpenbesitzer also im Voraus zahlen.

Bleibt die Frage nach dem Betrag, der angemessen ist.

Die Idee, Welpenspielstunden kostenlos anzubieten, sei es aus Idealismus oder weil man sich zukünftige (zahlende) Kunden/Vereinsmitglieder erhofft, halte ich für falsch, denn: Leider herrscht in Deutschland eine Mentalität, wonach das, was nichts kostet, auch nichts wert sein kann.

Es besteht die Gefahr, dass man damit eine Ansicht unterstützt, wonach Welpenspielstunden ja sowieso nur verschrobene Ideen von Muttis sind, die mit Welpen spielen wollen. Aber es gilt, deutlich zu machen, dass eine gut geführte Welpenspielstunde eine anspruchsvolle, professionelle Angelegenheit ist, die entsprechend gewürdigt werden sollte.

Einen Betrag von unter 2,50 Euro halte ich für zu niedrig. Auch wenn ein Verein sich eine kostenlose Welpenstunde leisten könnte, würde ich ihm dies aus besagten strategischen Überlegungen heraus nicht empfehlen. Gleichzeitig dürfte klar sein, dass eine kommerzielle Hundeschule nicht nur von 2,50 Euro pro Teilnehmer leben kann. 100,– Euro für einen zehnstündigen Kurs inklusive schriftlichem Informationsmaterial und Theorieabende halte ich durchaus für angemessen, sofern die genannten Qualitätsstandards erfüllt sind.

Das Anmeldeformular

Sie brauchen natürlich ein Anmeldeformular. Dieses sollte folgende Punkte abfragen:

- Namen von Hund und Besitzer
- Adresse und Telefonnummer des Halters
- Alter des Hundes
- Geschlecht des Hundes
- Rassezugehörigkeit, bzw. den Rasse-Mix, sofern bekannt
- Seit wann ist der Welpe beim derzeitigen Besitzer?
- Woher stammt der Welpe?

Anmeldung zum Welpentreff

Teilnehmender Welpenbesitzer:

Name: ______________________________

Straße: ____________________ Wohnort: ____________________

Telefon: ____________________

Welpe:

Name: ______________________________

Geschlecht: □ Rüde □ Hündin Geburtsdatum: ______________

Rasse / Rassemix aus: ______________________________

seit wann beim derzeitigen Besitzer: ______________________________

andere Vorbesitzer: ______________________________

Woher stammt der Welpe: ______________________________

Bisherige Impfungen:

Staupe	am:	__________	Leptospirose	am:	__________
Parvovirose	am:	__________	Tollwut	am:	__________
Hepatitis	am:	__________	Zwingerhusten	am:	__________

Impfungen bei Tierarzt: ______________________________

Versicherungen:

Haftplichtversicherung: ______________________________

Versicherungsscheinnummer: ______________________________

Teilnahmegebühr: 5,-DM pro Treffen bitte ins Sparschwein werfen, das am Eingang steht. Die Teilnahme am Welpentreffen erfolgt auf eigene Gefahr. Jeder Hundehalter haftet für die von seinem Hund verursachten Schäden. Die Anweisungen der Übungsleiter sind zu befolgen. Die Welpen müssen die altersgemäßen Impfungen (S,H,L,P) besitzen und regelmäßig (alle zwei Monate) entwurmt sein. Welpen mit ansteckenden Krankheiten oder Floh-, Läuse- oder Milbenbefall dürfen nicht am Welpentreffen teilnehmen.

Ort / Datum: ____________________ Unterschrift: ____________________

- Ist der Welpe aus zweiter oder dritter Hand?
- Aufführung der einzelnen Impfungen mit Daten
- Die Nummer des Haftpflicht-Versicherungsscheines

Diese Angaben sind vom Besitzer bei seiner ersten Teilnahme zu machen, wobei der Eintrag der Impfdaten meist durch den Übungsleiter vorgenommen werden muss, weil den Welpenbesitzern die Aufkleber im Impfpass nichts sagen. Ferner sollte das Anmeldeformular auch die Bedingungen für die Teilnahme enthalten:

- Die Teilnahme erfolgt auf eigene Gefahr.
- Jeder Welpenbesitzer haftet für die von seinem Welpen angerichteten Schäden. Eine Haftpflichtversicherung ist Bedingung.
- Die Welpen müssen altersgemäß geimpft sein.
- Welpen mit ansteckenden Krankheiten oder mit Ungezieferbefall dürfen nicht teilnehmen.
- Den Anweisungen der Übungsleiter ist Folge zu leisten.
- Angaben über die Kosten des Treffs.

Dieses Anmeldeformular ist vom Welpenbesitzer mit Datum zu versehen und zu unterschreiben.

Kurzinformation über den Welpentreff

Bei seinem ersten Besuch sollte jeder Welpenbesitzer im Anschluss an die Stunde ein Infoblatt erhalten, auf dem zum einen Sinn und Ablauf des Welpentreffs erläutert werden, zum anderen auch Bitten von Ihnen an die Teilnehmer geäußert werden können. Auch für die Welpenbesitzer ist oft der erste Tag eine aufregende Sache und sie bekommen vieles nicht ganz mit. So ein Infoblatt kann dann zu Hause nochmals in Ruhe durchgelesen werden, was viele weiteren Fragen erübrigt, ebenso wie es unnötigen Ärger ersparen kann, sofern es erstens gelesen wird, und sich die Teilnehmer zweitens daran halten. Es sollte enthalten:

- Eine **Erläuterung des Sinns des Treffs**: Weder »Nur-Tobegruppe« noch »Frühst-Hundeschule«
- Eine **Erläuterung der Schutzmaßnahmen** für den Welpen (leerer Magen, keine Belastung vorher und nachher, Handtücher zum Trockenlegen, nicht mit kränkelndem Welpen kommen, nochmals auf Notwendigkeit der Impfung und Entwurmung hinweisen etc.)
- **Organisatorische Bitten** (regelmäßige Teilnahme, pünktliche Ankunft, Mitbringen von Leckerlis und Spielzeug, geeignete Kleidung, Halten an die Anweisungen der Übungsleiter, Mithilfe beim Abbauen/Aufräumen, auf eigene Kinder selber aufpassen, fremde Welpen nur nach Absprache mit deren Besitzern füttern, sofortige Entfernung von Kothaufen)

Wie ein solches Infoblatt aussehen könnte, sehen Sie im nachfolgenden Kasten.

Infoblatt: Ziele der Welpenspielstunde

Welpentreff-Prägungsspielstunde

Warum überhaupt Welpenspielstunden?

1. Wenn Welpen von Ihrem Züchter an die neuen Besitzer abgegeben werden, wird damit ein wichtiger Entwicklungsprozess beim Welpen unterbrochen: jener der Sozialisation an seine Artgenossen. Würde er bei seinen Geschwistern bleiben, würde er durch den Umgang mit der Mama, anderen erwachsenen Hunden des Rudels und mit seinen Wurfgeschwistern lernen, wie man sich unter Hunden verständigt, wie man sich angemessen zu verhalten hat.
   Da dies die Welpen in ihrem neuen Zuhause nicht mehr erleben können, müssen wir als Hundebesitzer versuchen, ihnen so gut es eben geht einen Ersatz zu bieten. Wenn Ihr Welpe lediglich andere, erwachsene Hunde auf dem Spaziergang trifft, ist das zwar besser als nichts, aber es ersetzt nicht den Kontakt zu Gleichaltrigen. Gleiches gilt für den Fall, wenn Sie bereits einen oder mehrere erwachsene Hunde im Haus haben, mit denen Ihr Welpe nun lebt.
   Beim Welpenspieltag hat Ihr Welpe die Gelegenheit, spielerisch zu lernen, wie man sich unter Hunden verständigt und wie man sich zu benehmen hat.

2. Selbst wenn Sie schon Erfahrungen mit Hunden haben: jeder neue Hund ist eine besondere Persönlichkeit und stellt den neuen Besitzer vor neue Fragen. Es gibt so viel über den Hund zu lernen, dass man nie auslernt. Wenn Sie Ersthundebesitzer sind, haben Sie natürlich viele Fragen, die ihnen häufig aus Zeitgründen beim Tierarzt gar nicht beantwortet werden können. Deswegen wollen wir in der Welpenspielstunde versuchen, Ihnen viel Wissen über den Hund und den richtigen Umgang mit ihm zu vermitteln. Die Übungsleiter sind Ansprechpartner für Ihre Fragen – also scheuen Sie sich nicht, sich mit Fragen und Problemen an Sie zu wenden.

3. Vor vielen Dingen in unserer zivilisierten Umwelt haben Hunde natürlicherweise Angst (z.B. vor Autos, flatternder Wäsche, zischenden Bremsen, lautem Kindergekreisch etc.). In der Welpenspielstunde werden sie behutsam an die verschiedensten Situationen herangeführt, die für Hunde angsterregend ein können. Die Welpen lernen, wovor sie keine Angst zu haben brauchen und Sie als ihre Menschen lernen, wie Sie mit der Angst Ihres Welpen richtig umgehen können.

4. Was für Menschenkinder gilt, gilt auch für Hundekinder: Man muss ihnen die Möglichkeit bieten, Erfahrungen zu sammeln, ihnen den nötigen Freiraum geben. Sie dürfen nicht überbehütet werden, damit sie ein gesundes Selbstbewusstsein entwickeln können, das so wichtig für ihre Entwicklung ist. Durch die kleinen Übungen an den unterschiedlichsten Geräten lernt Ihr Welpe, Herausforderungen zu bewältigen, er wird sicherer und traut sich dann selbstbewusst an neue Herausforderungen heran.

5. Natürlich gibt es auch Tipps zur Erziehung Ihres Welpen und es werden kleine Erziehungsübungen gemacht. Eines ist der Welpentreff jedoch nicht: eine »Frühst-Welpen-Dressur«, bei der bereits die Welpen angeleint im Kreis marschieren und »Sitz« und »Platz« üben. Mensch und Hund sollen spielerisch mit- und voneinander lernen.

6. Es gibt beim Welpentreff keine Pokale oder Urkunden für besonders perfekt »parierende« Welpen zu erlangen. Mensch und Welpe soll geholfen werden, ein harmonisches Team zu werden, in dem Sie zwar der tonangebende Part sind, aber das volle Vertrauen Ihres Welpen besitzen.
   In den ersten Lebensmonaten Ihres Welpen kommt es nicht auf das perfekte »Platz« an, sondern darauf:

   - dass Sie eine freudige, vertrauensvolle Beziehung zueinander entwickeln
   - dass der Welpe sein Bedürfnis nach Spiel mit den Artgenossen befriedigen und darüber Sozialverhalten lernen kann
   - dass der Welpe genügend Anregungen erhält, um sich geistig und körperlich optimal zu entwickeln
   - dass der Welpe lernt, mit unserer für Hunde sehr belastenden Umwelt angemessen umzugehen.

Im Welpentreff können wir Ihnen nur Anregungen geben – die Entwicklung Ihres Hundes in die richtigen Bahnen zu lenken, ist Ihre Aufgabe – eine manchmal zwar schwere, aber dennoch beglückende Aufgabe!

Was Sie konkret erwartet:

Wir treffen uns zu folgenden Terminen:
- Freitags, von 15.00–16.00 Uhr für die Gruppe der 8–16 Wochen alten Welpen
- Freitags, von 16.15–17.15 Uhr für die Gruppe der 16–24 Wochen alten Welpen
- Dienstags von 16.00–17.30 Uhr: Gemischte Gruppe (8 Wochen bis 6 Monate)

Wir treffen uns bei jedem Wetter!

Bei jedem Treffen gibt es eine Abfolge von:
- Freispiel
- Geräteübungen
- Erziehungsübungen
- Einem kurzen Vortrag zu den verschiedensten Themen
- Praktische Übungen wie Fiebermessen, Ohrreinigung, Krallenschneiden etc.

Nach Abschluss des Treffens räumen wir gemeinsam die Geräte wieder zusammen und Sie werfen bitte XX,– Euro ins Sparschweinchen am Ausgang.

Bei weiteren Fragen können Sie sich wenden an:

(Name, Adresse und Telefonnummer)

Infoblatt: Bitten an die Welpenbesitzer

Welpentreff–Prägungsspieltag

Einige Bitten an die Besucher des Welpentreffs

- Bitte füttern Sie Ihren Welpen mindestens zwei Stunden, besser noch drei Stunden vor dem Welpentreff. Ihm kann sonst bei der wilden Toberei schlecht werden, evtl. muss er sich erbrechen-
- Bitte bringen Sie das Lieblingsspielzeug Ihres Welpen mit.
- Bitte bringen Sie als besondere Leckerchen kleingeschnittenen Käse oder kleingeschnittene Fleischwurst mit – keine normalen, harten Hundeleckerchen!
- Bitte lassen Sie Ihren Welpen ca. zwei Stunden vor und zwei Stunden nach dem Welpentreff ruhen. Das Toben beim Treffen und die Verarbeitung aller Reize ist für die Kleinen sehr anstrengend. Deswegen sollten die Welpen ausgeruht zu uns kommen und hinterher die Gelegenheit haben, sich zu erholen.
- Bitte denken Sie daran, Handtücher zum Abtrocknen des Welpen mitzunehmen. Im Sommer badet er in unserer Badewanne, ab Herbst gibt es viel schlechtes Wetter. Er sollte nicht nass im Auto liegen.
- Bitte kommen Sie nicht, wenn Ihr Welpe einen kränkelnden Eindruck macht. Das Spielen könnte ihn körperlich überfordern und/oder er könnte andere Welpen anstecken, falls er eine ansteckende Krankheit hat.
- Bitte denken Sie daran, dass Welpen alle zwei Monate entwurmt werden sollten.
- Bitte kommen Sie möglichst regelmäßig. Besonders die Zeit bis zur 20. Lebenswoche ist ganz entscheidend! Für die Welpen ist es schön, neben den immer neuen Gesichtern regelmäßig ihre Spielpartner wiederzutreffen.
- Bitte versuchen Sie, pünktlich zu kommen, da ein sehr spät dazukommender Welpe Unruhe stiftet, bzw. es schwerer hat, sich in das schon tobende Spiel einzufinden.
- Bitte füttern Sie fremde Welpen nur nach Rücksprache mit deren Besitzern.
- Kinder sind gern gesehene Gäste. Nur achten Sie als Eltern bitte darauf, dass die Kinder nicht auf den Geräten herumturnen, da diese nicht stabil genug sind und leicht kaputt gehen können. Auch wäre ich Ihnen dankbar, wenn Sie selbst darauf achten, dass Ihre Kinder die Welpen nicht als Plüschtiere behandeln und unvorsichtig mit ihnen umgehen. Stressfreier für Sie ist es, wenn Sie eine Aufsichtsperson für Ihre Kinder mitbringen, damit Sie sich ganz auf den Welpen konzentrieren können.
- Bitte lassen Sie die Übungen auch nicht allein durch Ihre Kinder durchführen, sondern seien Sie immer in der Nähe des Welpen. Kinder können weder Gefahren gut genug abschätzen, noch können Sie einen Welpen artgerecht reglementieren. Die Kinder dürfen mitmachen – die Hauptperson ist aber der Erwachsene.
- Bitte rauchen Sie nicht während des Welpentreffs. Sie müssen beide Hände frei haben und wir möchten auch keine herumliegenden Kippen, die die Welpen eventuell fressen.
- Bitte lassen Sie Ihr Handy zu Hause. Ihre volle Konzentration auf Ihren Welpen ist erforderlich.
- Und schließlich: Bitte helfen Sie hinterher beim Einräumen der Geräte – manches kann ich allein gar nicht tragen.

Vielen Dank!

(Unterschrift)

Übersichtsliste für den Übungsleiter

Um den Überblick über alles zu behalten und sich nicht nur auf das eigene Gedächtnis verlassen zu müssen, ist es praktisch, sich eine Übersicht zu erstellen, in der folgende Informationen kurz notiert werden können:

- Die Daten, wann welcher Hund teilgenommen hat.
- Welche Übungen wann durchgeführt worden sind.
- Welche Theoriethemen wann abgehandelt worden sind.
- Auffälligkeiten einzelner Welpen (beobachtete wie vom Halter berichtete).

Wie solche Übersichten aussehen können, sehen Sie an zwei Beispielen auf den Seiten 144 und 145.

Ausführliche Broschüre zur Welpenentwicklung und Erziehung

Ein besonderer Service für Ihre Spielstundenteilnehmer ist es, wie oben schon besprochen, wenn Sie ihnen eine Informationsbroschüre rund um die wichtigsten Fragen der Welpenerziehung und Aufzucht zusammenstellen – oder ein geeignetes, auf dem Markt erhältliches Buch überreichen.

Diese Informationsbroschüre sollte folgende Themen kurz abhandeln:
Welpenentwicklung, Bindungsaufbau und Rangordnung, Lernverhalten des Hundes, Erziehungsprinzipien, Wichtigkeit/Form der Umweltgewöhnung, Verhalten im Umgang mit Artgenossen, Umgang mit problematischen Verhaltensweisen, Gesundheitsvorsorge, Fütterung, Bewegung, Zubehör, Spielzeug.

Infoblätter und Sammelhefter

Diese werden als lose Blätter nach jeder Stunde zu den verschiedensten Themen abgegeben.

So kurz gefasst eine Informationsbroschüre auch sein mag – es kommt doch schnell viel Text zusammen. Es hat sich daher als günstig erwiesen, zu einigen wichtigen Themen separate Infoblätter zu erstellen, die eine, maximal zwei Seiten umfassen sollten und am Ende der Stunde zum jeweils in der Stunde behandelten Theoriethema ausgegeben werden. Damit diese dann nicht so herumfliegen, könnten Sie einen Sammelhefter mit Ihrem Logo mit austeilen, in den sich die Teilnehmer diese Blätter dann zum Nachschlagen heften könnten.

Nachwort

Ich hoffe, dass Sie in diesem Buch für Ihre Welpenspielstunde viele neue Anregungen erhalten haben und/oder auf Ihrem bisherigen Kurs bestätigt worden sind. Mir ist klar, dass ich über einige Dinge geschrieben habe, die sicherlich strittig sind und von Ihnen vielleicht ganz anders gesehen werden. Aber kontroverse Diskussionen, sofern sachlich geführt, bringen die gemeinsame Sache voran.
Es stünde besser um die heutige Hundehaltung, wenn wir es schafften, bereits die Welpenbesitzer zur Teilnahme an den Spielstunden zu motivieren – vorausgesetzt, dort wird auch wirklich gute Arbeit geleistet.
Zum Abschluss finden Sie in Teil III nun noch Muster der bereits erwähnten Infoblätter, die im Anschluss an eine Welpenspielstunde ausgeteilt werden, nachdem das betreffende Thema innerhalb der Stunde behandelt worden ist.

Übersicht für eine Spielstunde

Datum:					Ablauf Übungen
	Name des Welpen	Alter in Wochen	Wievielte Teilnahme	Besonderheiten	Übungen zur Bindungsförderung:
1.					Übungen zur Rangordnung:
2.					
3.					Erziehungsübungen:
4.					
5.					Beschäftigungsübungen:
6.					
7.					Geräteübungen:
8.					
9.					sonstige Übungen:
10.					
11.					Anmerkungen:
12.					

Übersicht 1 wird jeweils für eine stattgefundene Spielstunde ausgefüllt. So sehen Sie auf einen Blick, wie groß die Gruppe war, welche Welpen teilgenommen haben, welche Welpen Auffälligkeiten gezeigt haben und welche Elemente Sie in die Stunde eingebaut haben.

Durch eine Sammlung dieser Übersichten können Sie erstens verhindern, sich mit den Übungen zu oft zu wiederholen, bzw. wichtige Übungen ganz wegzulassen. Sie können aber auch Entwicklungen auf den einzelnen Welpen bezogen nachvollziehen.

Übersicht: Teilnehmende Hunde

	Name des Halters	Name des Hundes	Alter (in Wo.) bei erster Teilnahme	Januar									Februar								März								
				02.01.	05.01.	09.01.	12.01.	16.01.	19.01.	23.01.	26.01.	30.01.	02.02.	06.02.	09.02.	13.02.	16.02.	20.02.	23.02.	27.02.	02.03.	06.03.	09.03.	13.03.	16.03.	20.03.	23.03.	27.03.	30.03.
1.																													
2.																													
3.																													
4.																													
5.																													
6.																													
7.																													
8.																													
9.																													
10.																													
11.																													
12.																													
13.																													
14.																													
15.																													
16.																													
17.																													
18.																													

Übersicht 2 ist als Übersicht über die teilnehmenden Hunde gedacht. Sie erlaubt es Ihnen, auf einen Blick zu erfassen, seit wann ein Welpe teilnimmt, und vor allem, in welcher Regelmäßigkeit. Ferner können Sie sich markieren, wann ein Welpe »fällig« für den Übergang in die »Youngstergruppe« ist.

Teil III: Informationsblätter

Übersicht

Nachfolgend finden Sie 9 Beispiele für Informationsblätter rund um das Thema Welpenerziehung und -aufzucht.

Literaturverzeichnis

- Bloch, Günther (1997): Der Wolf im Hundepelz. Hundeerziehung aus einer anderen Perspektive. Bad Münstereifel.
- Feddersen-Petersen, Dorrit. (1989): Hundepsychologie. Wesen und Sozialverhalten. Stuttgart
- Hoefs, Nicole/Führmann, Petra (1999): Das Kosmos-Erziehungsprogramm für Hunde. Stuttgart
- Kerl, Susanne (1999): Hunde kaufen mit Verstand. Der Ratgeber für Käufer und Züchter. Müller Rüschlikon Verlags AG, Cham
- Neville, Peter (1992):Versteh deinen Hund. Müller Rüschlikon Verlags AG, Cham
- Niepel, Gabriele (1999): Unser Welpe kommt. Hannover
- Niepel, Gabriele (2000): So wird mein Hund zum Freund. Sinnvolle Beschäftigung mit dem Familienhund im Alltag. Müller Rüschlikon Verlags AG, Cham
- Niepel, Gabriele (2000): Welpenprägungsspieltage. Ein Lehrvideo. Erhältlich über: F. Steffen, Tel.: 0521/ 202189
- Weidt Heinz, Berlowitz, Dina (1996): Spielend vom Welpen zum Hund. Leitfaden für die Entwicklung des jungen Hundes. Augsburg
- Wild, Rosemarie (2000): Hund und Kind. Für ein harmonisches Miteinander. Müller Rüschlikon Verlags AG, Cham
- Zeitschrift DER HUND (1997): Prägungsspieltage. Bauernverlag Berlin

Infoblatt: Hundesprache

Welpentreff-Prägungsspielstunde

Wie Sie Ihren Welpen verstehen und sich ihm selber verständlich machen können

Um eine Bindung zum Hund aufzubauen, ist es wesentlich, dass man sich als Mensch um die Verständigung mit seinem Hund bemüht. Natürlich kann er unsere Worte nicht den Buchstaben gemäß verstehen, aber er kann ihren Sinn entdecken.

Hunde »unterhalten« sich untereinander nur wenig über ihre Lautsprache, sondern viel mehr über ihre Körpersprache. Beurteilen Sie die **Körperhaltung** des Hundes als Ganzes. Steht er aufrecht locker, hat er sich groß gemacht, mit »aufgepumpter Brust«, oder steht er geduckt?

Wie ist das **Ohrenspiel**? Hängen oder stehen sie locker, werden sie zurückgelegt, werden sie nach vorn gestellt?

Was macht die **Rute**? Hängt sie entspannt herab, wird sie waagerecht getragen, ist sie unter dem Bauch verschwunden, oder ragt sie steil senkrecht nach oben?

Wie sieht das **Nackenfell** aus? Liegt es an wie immer oder ist es gesträubt, sodass der Hund aussieht als hätte er Stacheln?

Wohin blicken die **Augen**? Wird der Kopf vom Gegenüber abgewendet, wird dem Gegenüber entspannt in die Augen geschaut, wird ihm starr in die Augen geschaut?

Wie sieht der **Nasenrücken**, wie sieht die **Stirn** aus? Entspannt, leicht oder stark gekräuselt?

Wie sieht der **Fang** aus? Ist er locker leicht geöffnet, werden die vorderen Zähne entblößt, wird das gesamte Gebiss entblößt, zeigt er eher runde oder eher langgezogene Mundwinkel?

Um zu verstehen, was ein Hund in einer Situation gerade auszudrücken versucht, muss man das Gesamtbild des Hundes betrachten. Erst die Kombination von Körperhaltung, Rutenhaltung, Ohrenspiel und Gesichtsausdruck erlaubt es, zu verstehen, was im Hund gerade vorgeht.
Die bekannte Hundeforscherin Dorrit Feddersen-Petersen hat in ihrem Buch »Hundepsychologie« wunderbare Zeichnungen von Hunden angefertigt mit Erläuterungen, was die unterschiedlichen Ausdrücke zu bedeuten haben. Schauen Sie sich dieses unbedingt an. Es kann Ihnen helfen, auch die Sprache des eigenen Hundes besser zu verstehen.
Beobachten Sie Ihren Hund und lernen Sie, seine verschiedenen Körper- und Rutenhaltungen, den Ausdruck des Gesichts, die Bedeutung des Ohrenspiels, den Ausdruck der Augen zu deuten.

Vielfach deutet man aus Unkenntnis das Verhalten und die Körpersprache seines Hundes völlig falsch.

Was sagt mir mein Hund?

Der neutrale, sichere Hund:

- Kopf leicht angehoben
- Gliedmaßen leicht gewinkelt
- Rutenhaltung rasseabhängig, manche zeigen permanente Dominanzgeste
- Stehohren: nach oben gerichtet
- Hängeohren: Ohrwurzel nach vorne gezogen
- Blick: entspannt

Der aggressiv drohende Hund:

- Haare gestäubt, insbesondere das Nackenfell
- Rute weit über der Rückenlinie
- Zähne des vorderen Schnauzbereiches werden gebleckt
- Mundwinkel kurz und rund
- Starres Fixieren
- Nach hinten gezogene Ohrwurzeln
- »Aufgepumpte« Brust

Der demütige Hund, passive Unterwerfung:

- Blickkontakt wird vermieden
- Kopf wird weg gedreht
- Ohren zeigen nach hinten, unten
- Stirnhaut gestrafft
- Lippen waagrecht zurückgezogen
- Sich auf den Rücken legen
- Pföteln
- Lecken der eigenen Schnauze

Der unsichere Hund:

- Unruhiger Blick
- Straffe Gesichtshaut
- Gesenkter Kopf
- Eingeknickte Gliedmaßen
- Eingekniffene Rute
- Ohren nach hinten

Der Hund, der imponieren will:

- Imponierscharren mit beiden Hinterbeinen oder allen vier Pfoten
- Markieren
- Aufreiten (besteigen)
- Pfote auf Rücken des Gegenübers legen
- Kopf auf Nacken des Gegenübers legen
- Sich parallel zum andern stellen
- Sich seitlich vor den andern stellen (T-Stellung)
- Steifbeiniges Umkreisen

Der defensiv drohende Hund:

- Geduckter Körper
- Eingekniffene Rute
- Lange, spitze Mundwinkel
- Zähne werden bis zu den Backenzähnen gebleckt
- Zahnfleisch ist sichtbar
- Ohren eng an Hinterkopf angelegt

Der demütige Hund, aktive Unterwerfung:

- Gliedmaßen eingeknickt
- Schnelles Wedeln der Rute
- Stupsen gegen den Mundwinkel des Gegenübers
- Blick auf den anderen gerichtet
- Lippen zurückgezogen
- Ohren abgespreizt oder eng angelegt
- Hopsende, übertriebene Bewegungen
- Pföteln

Beispiele für Fehldeutungen hundlichen Verhaltens

Hundliches Verhalten	*Was meint der Hund?*	*Was interpretiert der Mensch?*
springt an	Begrüßungsgeste: »Hallo, schön dass du da bist.«	»Was für ein aufdringlicher, ungehorsamer Hund«
leckt durch's Gesicht	Zärtlichkeitsgeste: »Ich mag dich«	»Was für ein unhygienisches Fehlverhalten«
stupst an den Mund	Beschwichtigungsgeste: »Du bist der Boss, sei lieb zu mir«	»Was für ein absolut unhygienisches Fehlverhalten«
knabbert an den Händen	Zärtlichkeitsgeste/Spiel: »Ich mag dich, lass uns spielen«	Der Hund ist bissig!
Rute wedelt peitschenartig	Drohgeste: »Pass bloß auf, keinen Schritt weiter«	Der Hund wedelt, also ist er freundlich und harmlos
will nicht in die Augen schauen	Unterwerfungsgeste	»Was für ein sturer Hund«
zappelt, wenn man ihn auf den Rücken dreht	»Von dir lass ich mich nicht unterwerfen«	»Was für ein schön temperamentvoller Welpe«

Beispiele für missverständliche menschliche Körpersprache

Menschliches Verhalten	*Was meint der Mensch?*	*Was versteht der Hund?*
Hund starr in die Augen Blicken	»Hallo, wer bist denn du?«	Der bedroht mich, fordert mich heraus«
Auf dem Kopf streicheln	»Ich mag dich, ich tu dir nichts!«	»Der bedroht mich«
Über den Hund beugen	»Ich mach mich klein für dich«	»Der bedroht mich, will mich fangen«
Hinterherrennen	»Ich will dich doch nur vor dem herannahendem Auto beschützen«	»Fein – wir spielen Beute (ich) und Jäger (mein Mensch)«
Dem Hund Küsschen geben	»Ich mag dich und finde dich zum Knutschen«	»Der Schwächling biedert sich bei mir an«

Infoblatt: Bindung

Welpentreff–Prägungsspielstunde

Warum Bindung so wichtig ist

Wenn Sie einen Welpen zu sich nehmen, dann sollte es nicht Ihr vordringliches Anliegen sein, ihn schnell stubenrein zu bekommen, ihm das Anspringen und das zu feste Beißen in die Hände abzugewöhnen, ihm schon »Sitz«, etc. beizubringen. Viel wichtiger in den ersten Lebenswochen ist es, dass Sie eine Bindung zu Ihrem Hund aufbauen.

Was bedeutet Bindung?

Bindung meint, dass zwischen Ihnen und Ihrem Hund ein festes Band gegenseitiger Zuneigung und Vertrauens geknüpft wird. Bevor der Welpe zu Ihnen kam, hat er zu seiner Mutter und – wenn es ein guter Züchter war – auch zu diesem schrittweise eine Beziehung aufgebaut, die davon geprägt war, dass der Welpe sich aufgehoben gefühlt hat, seine Geschicke sozusagen vertrauensvoll in die Hände/Pfoten anderer legen konnte.
Wenn der Welpe nun da herausgenommen wird, werden sämtliche entstandenen Bindungen schlagartig abgebrochen – und das in einer Phase, in der der Welpe seelisch enorm verletzlich ist.
Deswegen müssen Sie alles daran setzen, dass der Welpe eine Bindung an Sie entwickelt: Sie müssen zu seinem bevorzugten Sozialpartner werden, dem er voll und ganz vertrauen kann.

Warum ist Bindung so wichtig?

Nur ein Hund, der in sicherer Bindung zu seinem menschlichen Sozialpartner lebt, kann sich den angsterregenden Dingen des alltäglichen Lebens stellen. Er empfindet seinen Menschen als sichere Burg, von der aus er seine Erkundungszüge starten und zu der er immer wieder zurückkehren kann, wenn es ihm zu mulmig wird. Er wird z.B. mit seinem Besitzer durch einen dunklen Tunnel gehen, weil er darauf vertraut, dass sein Mensch ihn wohl behütet. Ein Hund, dem es aufgrund fehlender oder mangelnder Bindung zu seinem Besitzer an Urvertrauen fehlt, lebt zeitlebens in permanenter Angst und Fluchtbereitschaft.
Aber aus noch einem Grunde ist Bindung wichtig: Ein Hund, der eine gute Bindung zu seinem Besitzer hat, ist viel stärker motiviert, etwas mit diesem und für diesen zu machen. Und das bedeutet wiederum, dass eine gute Bindung die Grundlage aller Erziehungsbemühungen ist. Sie können dem Hund auf spielerische und motivierende Art und Weise klar machen, was Sie von ihm wollen.

Wie können Sie die Bindung Ihres Welpen zu Ihnen fördern?

- Der Welpe teilt mit Ihnen Ihren Alltag. Er lebt natürlich im Haus, wird zum Schlafen auch nicht in die Küche oder Ähnliches weg gesperrt.

- Den Alltag teilen heißt auch, ihn an dem teilhaben zu lassen, was Sie so unternehmen: einkaufen gehen, Freunde besuchen, Essen gehen, Wäsche aufhängen, Kellertreppe putzen etc. – zur Arbeit kann man seinen Hund ja leider nur in den seltensten Fällen mitnehmen.

- Körperkontakt ist ganz wichtig: er darf auf Ihrem Bauch oder an Ihr Bein gekuschelt schlafen, er wird gestreichelt und liebkost. Wenn Sie nicht möchten, dass Ihr Hund mit auf dem Sofa liegt, so legen Sie sich einfach zu ihm auf den Boden.

- Sprechen Sie viel mit ihm in einem sehr freundlichen, eher leisen Tonfall. Blicken Sie ihn dabei freundlich an, lächeln Sie Ihren Hund auch an. Ihr Gesicht soll zum wichtigsten Orientierungspunkt für ihn werden – aus dem kann er ablesen, wie momentan gerade die Stimmung ist. Er kann dann z.B. allein von Ihrem Gesichtsausdruck ablesen, ob er eine Sache richtig gemacht hat.

- Spielen Sie täglich mehrmals mit ihm und denken Sie sich immer neue Spiele aus, die ihn auch fordern. Spielen Sie Spiele direkt an Ihrem Körper: Also z.B. einen Ball durch die Beine werfen, sich mit dem Hund kugeln, eine Beißwurst in die Kniekehle stecken, wo der Welpe sie hinaus zergeln muss etc.

- Stellen Sie dem Welpen kleine Anforderungen, die er meistern kann und loben Sie ihn dafür ganz überschwänglich. Zeigen Sie ihm, wie stolz Sie auf seine Leistung sind – wenn er es z.B. geschafft hat, auf einem Baumstamm zu balancieren, sich getraut hat, durch ein Rohr zu kriechen etc.

- Überfordern Sie den Welpen nicht, sondern schauen Sie genau hin, was Sie ihm zumuten können. Der Maßstab ist nicht, was andere Welpen sich schon trauen oder schon können, sondern der Entwicklungsstand und die Persönlichkeit Ihres speziellen Welpen.

- Gehen Sie beim »Spazieren gehen« nicht einfach so neben Ihrem Welpen her, der sich still für sich vergnügt, sondern machen Sie etwas gemeinsam: Einen plötzlichen Spurt, einen Abhang hinaufklettern, auf Baumstämmen balancieren, verstecken spielen.

- Halten Sie sich Ihrem Welpen gegenüber emotional unter Kontrolle: Lassen Sie Ihren Ärger, den Sie von der Arbeit mit nach Hause bringen, nicht am Welpen aus.

- Bleiben Sie Ihrem Welpen gegenüber immer konsequent auf einer Linie, was Gebote und Verbote betrifft. Ungerechtes Verhalten ihrerseits zerstört das Vertrauen des Welpen in Sie – er muss sich auf Ihre Zuverlässigkeit verlassen können.

Infoblatt: Dominanz

Welpentreff – Prägungsspielstunde

Warum ist die Klärung der Rangordnung so wichtig?

Auch wenn man es manchen Rassen gar nicht mehr ansieht: Alle unsere Hunde stammen vom Wolf ab. In den Jahrtausenden der Domestikation, also der Haustierwerdung des Hundes, hat man vor allem eine typisch wölfische Eigenschaft herausgezüchtet: die Scheu. Das war die Vorbedingung dafür, dass der Hund eng mit dem Menschen zusammenleben konnte. Doch ein wesentliches Grundverhaltensmuster des Wolfes ist dem Hund verblieben: Seine Orientierung auf ein Leben in einem Rudelverband, in dem eine klare Rangordnung besteht.

Wölfe und Wildhunde leben in der Regel in einem mehrere Tiere umfassenden Rudel, meist aus mehreren Generationen bestehend, selten in Paarbeziehungen, noch seltener als Einzelindividuen.

In jedem Rudel gibt es ein Hierarchie der männlichen und eine Hierarchie der weiblichen Mitglieder. Es gibt also jeweils ein männliches und ein weibliches sogenanntes »Alpha-Tier«, die ganz oben stehen.

Die Alphatiere haben besondere Rechte: Sie allein dürfen sich verpaaren, sie entscheiden, wann das Rudel zur Jagd aufbricht, was und wie gejagt wird, bei Nahrungsknappheit können sie sich zuerst satt essen. Sie liegen auf erhöhten Flächen, so dass sie alles im Blick haben. Andere Rudelmitglieder müssen den Weg freimachen, wenn das Alphatier kommt. Sie dulden es nicht, dass ein anderes Tier über sie hinübersteigt. Sie bestimmen generell, wie nah ihnen ein Rudelmitglied kommen darf.

Wenn ein Alphatier nach einem Ausflug ins Rudel zurückkehrt, kommen die anderen Rudelmitglieder unterwürfig an, lecken ihm die Lefzen ab – das Alphatier schreitet einfach hoheitsvoll hindurch. Das Wesentliche im Verhalten der Alphatiere ist: Sie agieren, die Rudelmitglieder reagieren.

Alphatiere sind nun keineswegs unbedingt die körperlich stärksten Tiere. Sie zeichnen sich vor allem durch ruhige Überlegenheit, konsequentes Handeln, erfolgreiches Tun (Jagderfolg) und das richtige Maßregeln anderer Rudelmitglieder, die sich zu viel herausnehmen wollen, zu rechten Zeit aus. Alphatiere haben sozusagen immer alles im Blick.

Die unter den Alphatieren stehenden Tiere sind nun nicht alle gleichberechtigt, sondern fechten untereinander die verschiedenen Rangpositionen aus. Das Rangordnungsgefüge eines Rudels ist nie statisch, sondern in Bewegung: Jungtiere werden geschlechtsreif, messen sich zunehmend zunächst untereinander und dann mit den nächsthöheren Rudelmitgliedern, die Alphatiere werden ebenfalls älter, damit auch irgendwann schwächer und müssen ihre Positionen räumen.

Entscheidend ist nun, dass zur Rangordnungsfeststellung keineswegs ständige Kämpfe stattfinden. Das wäre für das gesamte Rudel kontraproduktiv, denn durch Kämpfe geschwächte, verletzte Rudelmitglieder sind auf der gemeinsamen Jagd nicht voll einsatzfähig. Vieles geht daher über subtile Dinge im Alltag, über Verhaltensweisen und über Körpersprache. Man kann seine ranghöhere Stellung auch ohne körperliche Auseinandersetzung klarstellen.

Wenn Menschen mit einem Hund leben, müssen Sie ihm klarmachen, dass er unter den erwachsenen Familienmitgliedern steht – ansonsten kann es erhebliche Probleme geben, die von »einfacher« Gehorsamsverweigerung hin zu gefährlichen Angriffen des Hundes auf seine Besitzer reichen können.

Einen Hund demokratisch und antiautoritär erziehen zu wollen ist wider die Natur des Hundes und Ursache vieler Problemverhaltensweisen beim Hund. Es führt nicht nur zu Dominanzproblemen, also dass der Hund seine Besitzer nicht als Personen anerkennt, die ihm etwas zu gebieten und zu verbieten haben. Es führt häufig auch zu verunsicherten Hunden, die den angstmachenden Lebensalltag nicht bewältigen können, weil ihnen die Stütze durch einen starken Rudelchef fehlt.

Die eigene Autorität stellt man aber nicht über Prügel her, sondern indem man das Verhalten von Alphatieren kopiert:

- Egal, was der kleine Fratz auch anstellt: Sie bleiben gelassen, ruhig, überlegen.
- Der Mensch ist der, der agiert – der Hund reagiert: Sie bestimmen, wann gespielt und wann geschmust wird. Aufdringliches Kontakt einforderndes Verhalten, wie Bellen, mit der Pfote kratzen, Anspringen etc., wird ignoriert.
- Der Hund bekommt sein Futter immer erst dann, wenn Sie gegessen haben.
- Auch der Welpe sollte bereits für sein Futter etwas tun: Es wird ihm ein einfaches Sitz abverlangt, erst dann wird die Schüssel hingestellt.
- Setzen Sie im Alltag klare Ge- und Verbote und achten Sie auf die konsequente Einhaltung. Sie müssen beharrlicher sein als der Welpe – ohne sich Ihre eventuell zunehmende Wut anmerken zu lassen.
- Hundegerechte Strafmöglichkeiten sind: Kontaktabbruch, Ignorieren, böse, tiefe Stimme, böses Starren in die Augen des Welpen, über den Welpen hinüber beugen, Griff über den Fang, im Nackenfell packen und auf den Boden drücken, den Welpen blitzschnell auf den Rücken legen und dort halten, bis er nicht mehr strampelt und den Kopf zur Seite wendet. Besonders die letzte Maßnahme ist sehr massiv und sollte grundsätzlich nur dann angewandt werden, wenn der Welpe Sie als seinen Besitzer offensiv androht und wenn er sich vom Fangriff oder dem auf den Boden drücken nicht beeindruckt zeigt.
- Sie können bereits mit dem Welpen trainieren, dass grundsätzlich Sie als Erster durch eine Tür gehen.
- Gleiches gilt für Treppen: Der Hund darf nicht voran stürmen
- Setzen Sie sich öfters einmal in sein Körbchen und lesen sie dort ein wenig.
- Setzen Sie dem Hund Tabuzonen. Wenn Sie z.B. kein Problem damit haben, dass der Hund mit auf den Polstermöbeln sitzt, verbieten Sie ihm trotzdem einen einzigen Sessel/eine Sofaecke.
- Befehlen Sie ihm auch immer mal wieder, dass er sein Lieblingsplätzchen räumen muss.
- Wenn der Hund im Weg liegt, fordern Sie ihn ruhig auf, aufzustehen – auch wenn genug Platz wäre, um ihn herum zu kurven.
- Daneben sollten Sie aber auch bewusst über den liegenden Hund hinübersteigen.
- Machen Sie täglich etwas Fellpflege – auch wenn die nicht nötig wäre. Gewöhnen Sie Ihren Welpen auf sanfte Art daran, dass Sie ihn überall anfassen dürfen und dass Sie ihn z.B. auch auf den Rücken rollen und dort halten – die absolute Unterwerfungsposition für den Welpen.
- Setzen Sie sich immer mal wieder neben das Futterschälchen des Welpen, ziehen es ihm während des Fressens weg und legen ihm noch zusätzliches Futter mit hinein.
- Üben Sie von Anfang an, dass der Welpe etwas, was er im Fang hat, Ihnen herauszugeben hat. Probieren Sie es erst auf die sanfte Tour: Er hat z.B. ein Rinderohr im Fang, Sie bieten ihm ein Leckerchen an, das er noch lieber hat – vielleicht ein Stück Trockenpansen. In dem Moment, in dem er das Rinderohr fallen lässt, weil er an den Pansen will, sagen Sie »Aus« – so lernt er durch vielfache Wiederholung, dass »Aus« heißt, etwas wieder herzugeben. In einer nächsten Stufe sagen Sie »Aus« zu ihm, bieten ihm aber kein Ersatzobjekt an – vermutlich wird er seinen Schatz nicht hergeben. Jetzt greifen Sie mit einer Hand über seinen Fang, drücken die Lefzen hinter die Reißzähne gegen das Zahnfleisch, sagen »Aus«. Dies ist unangenehm für den Hund und er macht reflexartig den Fang auf.

Infoblatt: Spielen

Welpentreff-Prägungsspielstunde

So spielen Sie mit Ihrem Welpen richtig

Spielen mit dem Hund ist keine Kinderei und sollte sich auch nicht auf das Welpenalter beschränken. Es ist beim Hund nicht anders als beim Menschenkind: Im Spiel wird gelernt. Der ganze Organismus kommt auf Touren, die Motorik wird trainiert und ausgefeilt, das Gehirn auf Trab gebracht, das Selbstvertrauen gestärkt.

Leider spielen Hundehalter entweder sehr wenig mit ihren Hunden, vor allem, wenn die erst mal ausgewachsen sind, oder es werden recht stupide Spiele gespielt. Das Wegwerfen eines Balles oder eines Stöckchens ist wohl eines der beliebtesten Spiele – und dabei aber eines, das nicht dazu angetan ist, die Bindung zwischen Hund und Besitzer zu stärken. Denn: man spielt sozusagen von sich selbst weg. Man ist für den Hund nur im Moment des Werfens interessant. Doch richtig verstandenes Spielen sollte den Hund nicht nur fordern, sondern zugleich auch die Bindung zu seinem Besitzer stärken. Dies bedeutet am Beispiel des Ballwerfens z.B., dass Sie den Ball zunächst eng am Körper halten, zwischen den Beinen hindurchführen, ihn ganz verstecken, plötzlich wieder herholen, ihn sich auf die Schulter legen etc. bis Sie ihn dann irgendwann werfen. Auf die Art und Weise bleibt der Hund eng bei Ihnen, konzentriert sich darauf, ob er den Ball nicht ergattern kann oder darauf, wann er endlich fliegt.

Das zweite beliebte Spiel ist, mit dem Hund um die Wette zu zerren, sei es an einer Beißwurst, an zusammengeknoteten Socken oder an speziellen Baumwollknoten, die man kaufen kann. Doch diese Zerrspiele sind mit Vorsicht zu genießen. Wenn ein Hund diese häufig gewinnt, kann dies bei entsprechend veranlagten dominanten Hunden dazu führen, dass sie in ihren eigenen Augen in der Hierarchie des Rudels aufsteigen, weil Sie als Mensch Schwäche gezeigt haben. Mit Hunden, die nie irgendwelche Anzeichen zeigen, die Chefrolle übernehmen zu wollen, können Sie solche Zerrspiele ruhig spielen. Bei Hunden, die aber die Cheffrage durchaus stellen, sollten Sie solche Zerrspiele nicht zu ausdauernd spielen – und vor allem darauf achten, dass sie selbst der Sieger bleiben. Doch bei vielen großen und schweren Rassen haben Sie de facto keine Chance. Ist man in der Erziehung noch nicht soweit, dass der Hund auf Kommando auslässt, sollten Sie diese Spiele nicht mehr spielen.

Spielen mit dem Hund erfordert Kreativität, d.h. Sie sollten sich immer etwas anderes einfallen lassen. Spiele sind z.B.: Trainieren, auf Zuruf nur ein bestimmtes Gummitier anzubringen, Gegenstände verstecken und suchen lassen, Leckerchen-Weitwurf auf dem Spaziergang, Fangen von Bällen oder Leckerchen aus verschiedenen Positionen heraus, Rennen um die Wette, Versteckspielen auf dem Spaziergang oder auch zu Hause, Slalomlaufen zwischen Pollern, Springen über Hindernisse, Balancieren auf Baumstümpfen.

Trauen Sie sich ruhig, beim Spielen mit dem Hund ähnlich wie beim Spielen mit den eigenen Kindern selber wieder zum Kind zu werden: man kann sich herrlich gehen lassen und der Hund dankt es Ihnen mit glücklichen Augen.

Infoblatt: Erziehung

Welpentreff-Prägungsspielstunde

Was bedeutet Erziehung für das Team Mensch/Hund?

Die heutige moderne Hundeerziehung ist Welten entfernt von vielen überlieferten Methoden, wie »man« schon immer den Hund »hingebogen« hat.
Das A und O jeglicher Hundeerziehung ist nicht der möglichst frühzeitige Drill auf die Ausführung von Befehlen hin, sondern der Aufbau einer Bindung zwischen Mensch und Hund. Der Mensch muss sich für seinen Hund zum begehrtesten Teampartner machen. Dafür sind gemeinsame Aktionen von zentraler Bedeutung: Gemeinsames aktives Spazieren gehen, gemeinsames Spiel, gemeinsames Erkunden unwegsamen Geländes, gemeinsames Kuscheln. Hunde sind als hochsoziale Rudeltiere darauf eingestellt, eine enge Bindung zu einem menschlichen Gefährten einzugehen. Sie gehen diese Bindung aber nicht unbedingt, wie man vielleicht vermuten könnte, am liebsten zu dem Familienmitglied ein, das sie füttert – sondern zu dem, das sich aktiv mit ihm beschäftigt.
Neben den gemeinsamen Aktionen ist es für den Hund ebenso wichtig, eine Person zu finden, die ihm klare, verlässliche Regeln vorgibt, an die er sich zu halten hat. Diese klaren Regeln bedeuten für den Hund Sicherheit. Er weiß, dass ihm in der Gemeinschaft mit seinem menschlichen Partner nichts passieren wird. Das für den Hund kalkulierbare Verhalten des Menschen schafft Vertrauen. Dieses Vertrauen ist die Basis dafür, dass der Hund Ängste vor seiner Umwelt verliert und voller Selbstvertrauen die an ihn gestellten Anforderungen meistert.
Erziehung dient nicht nur dem Menschen, indem dieser z.B. mit seinem brav an der Leine gehenden Hund sicher durch die Stadt kommt. Erziehung bedeutet für den Hund auch geistig-seelische Anforderung – eine Anforderung, die unsere heutigen Hunde, die zumeist ohne eigentliche »Arbeit« als reine Familienhunde gehalten werden, dringend brauchen. Und Erziehung bedeutet für den Hund auch, Erfolgserlebnisse zu haben.
Auch wenn Hunde unsere verbale Sprache nicht verstehen können, so können sie doch die Bedeutung von unseren Worten, unserer Gestik und Mimik entschlüsseln. Und der Mensch kann, wenn er sich nur etwas bemüht, auch die »Sprache« des Hundes verstehen, so dass beide sehr erfolgreich miteinander kommunizieren können.
Der Mensch braucht Wissen über Wesen und Verhalten des Hundes, Einfühlungsvermögen, Geduld, Begeisterungsfähigkeit und Konsequenz. Für das Scheitern unserer Erziehungsbemühungen sind an erster Stelle wir selbst verantwortlich.

»Kapiert« ein Hund etwas nicht, sollten wir nicht auf die Dummheit oder den Starrsinn des Hundes schimpfen, sondern uns lieber fragen, ob der Fehler nicht bei uns selbst liegt.

Der Hund bringt von sich aus alles mit, um zum tollen Partner des Menschen zu werden. Es liegt an uns, was wir daraus machen.

Infoblatt: Lob und Strafe in der Hundeerziehung

Welpentreff-Prägungsspielstunde

So wenden Sie das System Lohne und Strafe richtig an

Leider glauben noch immer viele Hundebesitzer, der Hund lerne zuverlässig nur durch die Anwendung von Strafen, wobei die bevorzugte Strafe harte körperliche Einwirkung auf den Hund ist. Die moderne Hundeerziehung setzt nicht auf Abschreckung durch Bestrafung, sondern primär auf das Prinzip Motivation durch Belohnung, was Strafen allerdings nicht vollständig ausschließt.

Richtiges Belohnen
Das Prinzip ist dabei mehr als einfach: man belohnt den Hund für das Zeigen erwünschten und das Unterlassen unerwünschten Verhaltens. In einem Prozess der ständigen Wiederholung lernt der Hund, was erlaubt und was verboten ist und er lernt, dass es für ihn sehr angenehme Konsequenzen hat, das zu tun, was erwünscht ist. Dabei sind drei Prinzipien zu beachten:

1. Das Lob muss unmittelbar auf das Zeigen des erwünschten Verhaltens folgen. Wollen Sie dem Hund beispielsweise das »Sitz« beibringen, müssen Sie ihn in dem Moment loben, indem sein Popo auf dem Boden gelandet ist.

2. Sie müssen herausfinden, auf welche Form der Belohnung Ihr Hund am besten reagiert. Der eine tut alles für ein Leckerchen, der Nächste möchte mit Spielen belohnt werden, der Dritte genießt am meisten eine Streicheleinheit und der Vierte ist im siebten Himmel, wenn sich sein Besitzer überschwänglich über ihn freut und dies mit hoher Stimme zum Ausdruck bringt.

3. Sie sollten den Hund in der Lernphase jedes mal belohnen, wenn er ausführt, was Sie von ihm verlangen. Hat er aber erst einmal begriffen, was das Wort »Sitz« bedeutet, belohnen Sie ihn nicht mehr jedes mal – aber Sie dürfen nie gänzlich auf die Belohnung verzichten.

Man kann nur über belohnendes Lernen sehr viel beim Hund erreichen und ihn zu einem gehorsamen Begleiter erziehen, der dennoch seine eigene Persönlichkeit behält und nicht zum Duckmäuser degeneriert ist.

Richtiges Strafen
Aber: Ganz ohne Strafen kommt man in den meisten Fällen nicht aus. Einen Hund z.B. davon abzubringen, sich den Sonntagsbraten vom Tisch zu holen, ist schwerlich durch Belohnung zu erzielen. Auch in der Anwendung von Strafe gilt, dass sie sofort zu erfolgen hat, wenn der Hund ein unerwünschtes Verhalten zeigt und dass man das Verhalten immer und nicht nur nach Lust und Laune bestraft. Formen einer hundegerechten Bestrafung sind nicht das Schlagen mit bloßen Händen, der Leine oder anderen Gegenständen oder das Treten des Hundes. Strafen kann man zum einen durch Kontaktverweigerung, Spielabbruch, tiefes, scharfes Sprechen mit dem Hund. Konkrete körperliche Formen der Bestrafung sind das Packen im Nackenfell und Drücken auf den Boden (nicht schütteln!), ein Griff über den Fang und in manchen Fällen auch ein Umschmeißen des Hundes in die Rückenlage. Das Ausmaß der Strafe muss sich dabei stets am Grad der Sensibilität des Hundes orientieren. Wenn man sich jedoch zum Strafen entschließt, sollte diese Strafe auch deutlich sein.

Infoblatt: Hund und Kind

Welpentreff-Prägungsspielstunde

Wie Hund und Kind gut miteinander leben können

Beim Thema Kind und Hund scheiden sich die Geister. Die einen schwärmen von der wunderbaren Beziehung zwischen Kind und Hund, die anderen betonen die Gefahren für das Kind und/oder die Schattenseiten für den Hund. Zwei Dinge sind jedoch klar: Zwischen Kind und Hund kann sich eine wunderbare Beziehung entwickeln, von der beide profitieren. Ein Restrisiko kann man jedoch nie ausschließen und zwar nicht allein für das eigene Kind, sondern für all die anderen Kinder, die als Spielkameraden ins Haus kommen. Kinder und Hunde haben nämlich eines gemeinsam: Sie sind ungestüm und manchmal unberechenbar.
Kinder bedürfen der konsequenten Führung durch Erwachsene, um zu einer harmonischen Beziehung mit dem Hund zu gelangen.

Folgende Fehler sind unbedingt zu vermeiden:

- Man vernachlässigt den Hund, wenn ein Kind geboren wird.
- Man ist der Meinung, dass sich der Hund dem Kind unterzuordnen und sich alles gefallen zu lassen habe.
- Man schafft dem Hund keine Ruhezonen, in denen er unbehelligt vom Kind sein kann.
- Man geht davon aus, dass Kind und Hund schon alles intuitiv richtig machen werden.

Welche Hunde eignen sich am ehesten für Kinder?

- Hunde mit gering ausgeprägtem Dominanzverhalten
- Hunde mit gering ausgeprägtem Schutztrieb
- Hunde mit einer gering ausgeprägten Aggressionsbereitschaft
- Hunde mit einer hohen Reizschwelle
- Leichtführige Hunde, die gern mit dem Menschen zusammenarbeiten
- Temperamentvolle, spielfreudige Hunde.

Was ist beim Zusammenleben Kind–Hund zu beachten?

- Einen Hund nur aus Freude am Hund, nicht als Hund für das Kind anschaffen.
- Hund und Kind nie unbeaufsichtigt allein lassen – egal wie brav der Hund ist.
- Eltern müssen dem Kind den artgerechten Umgang mit dem Hund vorleben.
- Eltern müssen dem Kind beibringen, wie man die Körpersprache des Hundes versteht.
- Eltern müssen beim Kind Verständnis für das Lebewesen Hund schaffen.
- Eltern dürfen im Hund nicht ein pädagogisches Lernspielzeug für das Kind sehen.
- Eltern müssen ihre Kinder reglementieren, wenn die den Hund ,auch unbeabsichtigt, quälen.
- Für den Hund muss das Kinderspielzeug und für das Kind das Hundespielzeug tabu sein.
- Der Hund muss eine Ruhezone haben, in der er vor dem Kind geschützt ist.
- Kleine Kinder können Hunde nicht reglementieren und werden vom Hund auch nicht als höherrangig akzeptiert.
- Wenn Hunde zu wüst mit Kindern umgehen (z.B. wenn sie bei Laufspielen diesen in die Hose beißen) müssen die Erwachsenen als Rudelchefs eingreifen und dem Hund klarmachen, dass das verboten ist.

Infoblatt: Allein bleiben

Welpentreff-Prägungsspielstunde

So gewöhnen Sie Ihren Welpen ans Alleinbleiben

Hunde sind als sozial lebende Rudeltiere nicht darauf eingestellt, allein zu sein. Das ständige, lange Alleinlassen des Hundes – egal ob in Zwinger, im Garten, in der Wohnung oder im Auto ist ein artwidriger Zustand! Da wir unsere Hunde aber allein lassen müssen, bzw. manchmal auch allein lassen möchten, muss bereits der Welpe langsam, behutsam ans Alleinbleiben gewöhnt werden. Wenn Welpen in der Abwesenheit der Besitzer jaulen, bellen, in die Wohnung machen oder Dinge zerlegen, gründet sich dies in den meisten Fällen auf Trennungsangst, manchmal auch auf schlichter Langeweile. Die Welpen »strafen« Ihre Besitzer nicht für deren Weggang, indem Sie z.B. eine kostbare Truhe annagen, sondern agieren lediglich ihren seelischen Stress, im Falle des Anknabberns einfach ihr Kaubedürfnis in der Phase des Zahnens aus.
Bestrafen Sie niemals Ihren Welpen für eine »Untat«, die er in Ihrer Abwesenheit verbrochen hat. Er verknüpft die Bestrafung lediglich mit Ihrer Wiederkehr, was zu einer Störung seines Vertrauensverhältnis in Sie führen kann. Er verknüpft die Strafe nicht mit seiner Missetat! Strafe wirkt grundsätzlich nur, wenn man den Hund in flagranti ertappt. Auch wenn Sie meinen, der Welpe schaue Sie schuldbewusst an, so ist das in Wirklichkeit nur seine Reaktion auf Ihre ärgerliche Ausstrahlung, die der Hund bereits merkt, bevor Sie überhaupt einen Ton gesagt haben.
Hunde unterscheiden sich von Ihrer Wesensveranlagung her, wie gut sie allein bleiben können. Manche Menschen haben nie Probleme mit ihrem Welpen, andere müssen wirklich in winzigen Schritten trainieren. Generell gilt: Je sicherer und stabiler ein Welpe in seinem Wesen ist und je ausgelasteter und zufriedener er ist, desto besser kann er auch allein bleiben.
Wer Probleme mit dem Alleinbleiben hat, hat meistens auch Probleme mit seinem Selbstbewusstsein! Ein Hund, der nicht aus sich heraus sicher ist, sondern seine Sicherheit immer nur durch die Anbindung an seinen Menschen hat, steht natürlich unter Stress, wenn dieser ihm Sicherheit gebende Mensch nicht da ist.

Was Sie nicht tun sollten:

- Erwarten, dass der Welpe mit dem Älterwerden quasi von ganz alleine lernt, dass Alleinsein nichts schlimmes ist. Es geht nicht, dass Sie z.B. drei Urlaubswochen lang ununterbrochen mit ihm zusammen sind und dann erwarten, dass er von jetzt auf gleich die fünf Stunden, die Sie berufstätig sind, ruhig allein in der Wohnung bleibt.
- Große Verabschiedungsszenen nach dem Motto: »So, jetzt sei schön brav, Mama kommt gleich wieder, bin gar nicht lange weg«, verbunden mit tröstendem Knuddeln und Schmusen.
- Große Wiedervereinigungsszenen nach dem Motto: Tür auf, begeistert auf das arme zurückgelassene Hündchen stürzen, herzen und küssen, immer wieder dafür loben, wie brav es gewesen ist.
- Den Welpen immer dann allein lassen, wenn Sie es eben anders nicht einrichten können.

Was Sie tun sollten:

- Spätestens nachdem der Welpe eine Woche bei Ihnen ist, sollten Sie beginnen, täglich mehrmals das Alleinbleiben zu üben. Anfangs lehnen Sie z.B. die Tür an, wenn Sie in einen anderen Raum gehen und der Welpe hinterher gedackelt kommt. Für die Dauer des morgendlichen Duschens muss er vor der Badezimmertür sitzen, Sie bringen den Müll zur Haustür hinaus, ohne dass der Welpe Sie begleiten darf, hängen Wäsche auf, ohne dass er dabei zugucken muss etc.

- Steigern Sie die Dauer Ihrer Abwesenheit kontinuierlich Minuten weise.
- Üben Sie das Alleinbleiben anfangs vor allem zu Zeiten, zu denen der Welpe müde ist, z.B. nach einem ausgedehnten Spaziergang.
- Gehen Sie mehrfach in der Kleidung und Ausrüstung zur Haustür heraus, mit der Sie das Haus für längere Zeit verlassen. Also greifen Sie sich z.B. Ihre Aktentasche, mit der Sie immer ins Büro gehen, einen speziellen Mantel etc. Sie gehen aber nur kurz vor die Tür und kommen dann gleich wieder zurück. Hunde beobachten sehr genau und wissen nach kurzer Zeit, was Sie alles unternehmen, wenn Sie für längere Zeit aus dem Haus gehen. Zukünftig werten die Hunde dann diese Signale aus und wissen, dass Sie länger wegbleiben werden, woraufhin viele Hunde unverzüglich in Panik geraten.
- Verzichten Sie unbedingt auf Verabschiedungsszenen. Verlassen Sie kommentarlos das Haus – egal ob Sie nur kurz beim Nachbarn etwas abholen wollen oder zu einem Kinobesuch aufbrechen.
- Wenn Sie nach Hause kommen, sagen Sie maximal kurz »Hallo« zu ihrem Hund, legen erst in Ruhe den Mantel ab, stellen Taschen zur Seite, schenken sich vielleicht ein Glas Wasser ein, dann erst wird er etwas ausführlicher mit kurzen Streicheleinheiten begrüßt.
  Große Verabschiedungs- und Wiedervereinigungsszenen putschen die Situation lediglich emotional auf. Also: Auch wenn es schwer fällt, sich nicht selbst voller Freude bei der Heimkehr sofort auf den lieben Welpen zu stürzen: halten Sie sich im Zaum!
- Sperren Sie den Welpen nicht nur in einem Raum ein aus der Motivation heraus, dass er so nur einen Raum »verwüstet«. Die meisten Welpen können das Alleinsein besser verkraften, wenn Sie sich möglichst frei bewegen können.
- Räumen Sie vorausschauend die Dinge zur Seite, von denen Sie wissen, dass Ihr Welpe dafür ein brennendes Interesse hegt, also z.B. Schuhe, Plüschtiere, schmutzige Wäsche etc. Natürlich sind auch Lebensmittel und der Mülleimer festverschlossen. Sie ersparen sich Ärger, vor allem aber verhindern Sie Erfolgserlebnisse des Hundes, die ihn dazu verleiten würden, bei der nächsten günstigen Gelegenheit wieder zuzuschlagen.
- Geht er immer wieder an bestimmte Dinge, die Sie nicht wegräumen können (knabbert er z.B. eine Türzarge an), so können Sie diese mit »Bitter Apple«, einem Spray, dass Sie in Zoogeschäften bekommen, besprühen oder mit Tabasco. Das schmeckt dem Hund dann so eklig, dass er zukünftig darauf verzichtet.
- Versuchen Sie, niemals zum Hund zurückzukehren, wenn der gerade am Jaulen oder Bellen ist, weil er sonst denkt, sein Bellen als Hilferuf habe Sie erfolgreich zurückgeholt, so dass er diese Methode zukünftig immer wieder anwendet. Auch der hartnäckigste Beller muss einmal für eine Sekunde nach Luft schnappen. In dieser Sekunde öffnen Sie die Tür zu ihm.
- Machen Sie keine zu großen Trainingssprünge. Sie können nicht wochenlang langsam die Abwesenheit von wenigen Minuten auf eine Stunde steigern und dann erwarten, dass er vier Stunden verkraftet. Versuchen Sie in einem solchen Fall einen »Babysitter« für ihn zu finden, da die Gefahr besteht, dass er durch diese einmalige traumatische Erfahrung wieder völlig zurückgeworfen wird.
- Binden Sie ihn im Haus, im Garten und auf den Spaziergängen einfach mal für kurze Zeit an, ignorieren ihn und kehren zu ihm zurück, wenn er sich ruhig verhält. Alles ohne großes Getue!
- Erwidern Sie nicht grundsätzlich jedes seiner Kontaktangebote, sondern ignorieren Sie ihn auch mal, so dass er lernt, dass Sie nicht in jeder Minute für ihn verfügbar sind.
  Etwaiges Geheule wird einfach ignoriert.

Und wenn Sie angesichts neuer Verwüstungen oder dem Ärger mit den lieben Nachbarn, die sich über das Geheul beschweren, in Wut geraten, halten Sie einem Moment inne und fragen Sie sich, ob Sie es einem Kleinkind zumuten würden, stundenlang sich selbst überlassen zu sein. Vermutlich ja wohl kaum – aber Welpen sind eben auch nur »Kleinkinder«!

Infoblatt: Unternehmungen

Welpentreff-Prägungsspielstunde

Das sollten Sie mit Ihrem Welpen alles unternehmen

Um einen umweltsicheren Hund zu bekommen, reicht es nicht, nur die Welpenspielstunde aufzusuchen. Sie sollten sich überlegen, was alles auf Ihren Hund einmal zu kommen könnte, woran er gewöhnt werden sollte. Vielleicht fällt Ihnen zu den hier aufgeführten Unternehmen ja noch viel mehr ein?

- Fahrt mit Bus, Straßenbahn und Zug
- Besuch auf dem Bahnhof
- Besuch der Stadtbahnstation
- Fahrstuhlfahren. Besonders: Glasfahrstühle
- Gang durch Kaufhaus
- Bummel durch die Fußgängerzonen
- Längeres Verweilen auf dem Parkplatz eines großen Supermarktes
- Besuch im Tierpark
- Ausflug aufs Land: Kühe, Pferde, Schafe etc. betrachten gehen
- Fahrt durch eine Waschstraße
- Verweilen in einem Straßencafe/ im Biergarten, mit viel Passantenverkehr
- Mitnahme zu Kneipen-/Restaurantbesuchen
- Freunde, Verwandte, Nachbarn mit einem Besuch beglücken
- Längeres Verweilen in unmittelbarer Nähe eines Kinderspielplatzes zu bevorzugten Kinderspielzeiten
- Besuch eines Freilufttheaters für Kinder
- Besuch von Stadtfesten, Kirmes, Schützenfest, Flohmarkt etc.
- Längeres Verweilen an einem Verkehrsknotenpunkt
- Spazieren in der Nähe eines Schießübungsgeländes
- Überqueren von Brücken jeglicher Größenordnung.
- Spaziergang in einem Naherholungsgebiet
- Besuch von Hundefreilaufflächen, bzw. Orten, wo viele Hunde herumlaufen
- Besuch beim Tierarzt ohne Behandlung. Längeres Verweilen im Wartezimmer.
- Spaziergänge im Grünen an immer wieder wechselnden Orten. Wald, Wiese, Feld, möglichst auch mit der Gelegenheit in Bächen zu waten oder gar zu schwimmen.

Vielleicht haben Sie ja noch ganz andere Ideen?